新工科·普通高等教育汽车类系列教材

汽车电子控制技术

主编 杨保成
参编 陈 勇 蔡一正 解瑞东

机械工业出版社

本书在简单概述汽车电子控制技术发展及应用的基础上，详细介绍了车用传感器的工作原理，着重讲述了发动机电子控制系统、自动变速器、防滑及稳定性控制系统、电控悬架系统、电控助力转向系统、安全气囊系统与安全带、巡航控制系统等主要电控系统的结构组成及工作原理等知识，并对车载网络技术做了充分介绍。

本书兼顾理论性和实践性，既可满足本科院校学生理论深度上的学习要求，也可满足高等职业院校学生提高理论知识的学习要求。本书可作为高等院校汽车服务工程、车辆工程等专业的教材，也可以作为高等职业院校汽车检测与维修等专业的教材，还可供从事汽车检测维修行业的工程技术人员参考。

本书配有PPT课件，免费赠送给采用本书作为教材的教师，可以登录www.cmpedu.com注册下载，或联系编辑（tian.lee9913@163.com）索取。部分知识点配有动画、视频或微课讲解，读者可扫二维码进行观看。

图书在版编目（CIP）数据

汽车电子控制技术/杨保成主编. —北京：机械工业出版社，2021.7（2024.8重印）
新工科·普通高等教育汽车类系列教材
ISBN 978-7-111-68628-6

Ⅰ. ①汽… Ⅱ. ①杨… Ⅲ. ①汽车-电子控制-高等学校-教材 Ⅳ. ①U463.6

中国版本图书馆CIP数据核字（2021）第133236号

机械工业出版社（北京市百万庄大街22号　邮政编码100037）
策划编辑：宋学敏　责任编辑：宋学敏
责任校对：郑　婕　封面设计：张　静
责任印制：郜　敏
中煤（北京）印务有限公司印刷
2024年8月第1版第6次印刷
184mm×260mm·14.75印张·353千字
标准书号：ISBN 978-7-111-68628-6
定价：46.80元

电话服务　　　　　　　　网络服务
客服电话：010-88361066　机　工　官　网：www.cmpbook.com
　　　　　010-88379833　机　工　官　博：weibo.com/cmp1952
　　　　　010-68326294　金　书　网：www.golden-book.com
封底无防伪标均为盗版　机工教育服务网：www.cmpedu.com

前　言

随着汽车技术的快速发展，各种先进的汽车电子控制技术在汽车上的应用越来越广泛。近年来，虽然国内有关汽车电子控制技术方面的书籍较多，但适合汽车类应用型本科使用的专业教材较少。为了满足应用型本科院校汽车服务工程、车辆工程等汽车类专业的教学需求，使学生及相关技术人员能够更全面系统地掌握有关汽车电子控制技术的理论知识，特编写了本书。

本书注重汽车电子控制技术的理论系统性，在内容的阐述上由浅入深、循序渐进，符合学生的认知规律，同时兼顾了实践性和应用性，在熟悉理论知识的基础上，以期达到掌握实践技能的目的。为了便于读者进行学习及自我测试，在每章后给出了思考题。另外，部分知识点配有动画、视频或微课讲解，读者可扫二维码进行观看。

本书共9章，在简单概述汽车电子控制技术发展及应用的基础上，详细介绍了汽车电子控制系统的控制原理、控制系统的组成与结构、控制系统的工作原理以及车载网络技术等内容。

本书由常熟理工学院杨保成担任主编，并编写了第1、2、3、6章，淮阴工学院的陈勇编写了第4、5、7章，西安理工大学的解瑞东编写了第8章，盐城工学院的蔡一正编写了第9章。

本书在编写过程中参考和借鉴了公开出版的文献，在此向这些文献的作者一并致谢。

由于编者水平有限，书中难免有不妥和疏漏之处，敬请读者批评指正。

编　者

目 录

前言
第1章 绪论 …………………………… 1
1.1 汽车电子控制技术的发展概况 ………… 1
1.1.1 汽车电子控制技术的发展历程 … 1
1.1.2 汽车电子控制技术的发展趋势 … 2
1.2 汽车电子控制技术应用概况 …………… 3
1.2.1 电子控制技术在发动机及传动系统上的应用 …………………… 3
1.2.2 电子控制技术在安全性方面的应用 …………………………… 4
1.3 汽车电子控制系统的组成 ……………… 5
1.4 传感器 …………………………………… 6
1.4.1 空气流量传感器 ………………… 6
1.4.2 进气压力传感器 ………………… 12
1.4.3 节气门位置传感器 ……………… 13
1.4.4 温度传感器 ……………………… 16
1.4.5 发动机转速与曲轴位置传感器 … 17
1.4.6 凸轮轴位置传感器 ……………… 21
1.4.7 爆燃传感器 ……………………… 22
1.4.8 氧传感器 ………………………… 24
1.4.9 空燃比传感器 …………………… 26
1.4.10 车速传感器 …………………… 28
1.4.11 开关信号 ……………………… 28
1.5 电子控制单元 …………………………… 29
1.6 执行器 …………………………………… 31
思考题 …………………………………………… 31
第2章 发动机电子控制系统 …………… 33
2.1 电子燃油喷射系统 ……………………… 33
2.1.1 电子燃油喷射系统概述 ………… 33
2.1.2 电子燃油喷射系统的结构组成 … 38
2.1.3 电子燃油喷射系统的控制 ……… 43
2.1.4 电子燃油喷射系统的检测 ……… 50
2.2 发动机怠速控制系统 …………………… 52
2.2.1 怠速进气量的控制方式 ………… 52
2.2.2 怠速控制系统的控制原理 ……… 53
2.2.3 怠速控制执行机构 ……………… 54
2.3 发动机辅助控制系统 …………………… 59
2.3.1 排放控制系统 …………………… 59
2.3.2 进气增压控制系统 ……………… 66
2.3.3 可变配气相位控制系统 ………… 71
2.3.4 进气节流控制系统 ……………… 76
2.3.5 发动机其他辅助控制系统 ……… 79
2.4 汽油机缸内直喷系统 …………………… 82
2.4.1 缸内直喷汽油机的主要结构 …… 82
2.4.2 缸内直喷汽油机的燃烧模式 …… 83
2.5 发动机自动起停系统 …………………… 84
2.5.1 发动机自动起停系统的原理 …… 85
2.5.2 分离式起动机/发电机起停系统 … 85
2.5.3 集成起动机/发电机起停系统 …… 86
2.5.4 马自达 SISS 智能起停系统 …… 86
2.5.5 发动机自动起停系统的使用 …… 87
思考题 …………………………………………… 88
第3章 自动变速器 ……………………… 90
3.1 概述 ……………………………………… 90
3.1.1 自动变速器的类型 ……………… 90
3.1.2 电控自动变速器的基本组成和工作过程 ……………………… 90
3.1.3 换档操纵机构和变速器的基本操作要求 ……………………… 91
3.2 液力变矩器和行星齿轮变速机构 ……… 92
3.2.1 液力变矩器 ……………………… 92
3.2.2 行星齿轮变速机构 ……………… 94
3.2.3 液压系统 ………………………… 99
3.3 电子控制系统 …………………………… 100
3.3.1 电子控制系统概述 ……………… 100
3.3.2 电子控制系统的基本工作原理 … 102
3.3.3 自动变速器电子控制系统部件 … 104
3.4 电控自动变速器的检测与试验 ………… 107

  3.4.1 电控自动变速器的一般检测
        步骤 107
  3.4.2 电控自动变速器的检测试验 108
 3.5 无级变速器 109
  3.5.1 无级变速器概述 109
  3.5.2 无级变速器的组成结构及工作
        原理 110
 3.6 机械式自动变速器 113
  3.6.1 概述 113
  3.6.2 平行轴式自动变速器 114
  3.6.3 直接换档变速器（DSG） 116
 思考题 120

第4章 汽车防滑及稳定性控制系统 121
 4.1 概述 121
  4.1.1 汽车防滑及稳定性控制系统
        简介 121
  4.1.2 汽车防滑控制系统的基本理论 122
  4.1.3 附着系数与滑动率的关系 123
 4.2 汽车防抱制动系统 123
  4.2.1 防抱制动系统的发展概况 123
  4.2.2 防抱制动系统的优点 124
  4.2.3 防抱制动系统的控制通道及布置
        类型 124
  4.2.4 防抱制动系统的控制 127
  4.2.5 防抱制动系统的结构及原理 128
 4.3 汽车驱动防滑转系统 138
  4.3.1 概述 138
  4.3.2 汽车驱动防滑转系统的结构与
        原理 139
  4.3.3 LS400 ABS/TRC 系统电路 143
 4.4 电子制动力分配与制动辅助系统 147
  4.4.1 电子制动力分配系统 147
  4.4.2 制动辅助系统 148
 4.5 汽车电子稳定程序 149
  4.5.1 汽车电子稳定程序的组成 150
  4.5.2 汽车电子稳定程序的工作原理 151
 思考题 153

第5章 汽车电控悬架系统 154
 5.1 电控悬架系统概述 154
 5.2 半主动悬架系统 154
  5.2.1 半主动悬架系统的组成 154

  5.2.2 半主动悬架系统的工作原理 155
 5.3 主动悬架系统 156
  5.3.1 主动悬架系统的组成和基本
        结构 156
  5.3.2 空气悬架刚度与阻尼的自动
        调节 160
  5.3.3 车身高度自动控制 161
  5.3.4 LS400 汽车电控悬架系统 161
 思考题 165

第6章 汽车电控助力转向系统 166
 6.1 汽车电控助力转向系统概述 166
  6.1.1 电控助力转向系统的作用 166
  6.1.2 电控助力转向系统的组成与
        分类 166
 6.2 电控助力转向系统的结构与工作
     原理 168
  6.2.1 液压式电控助力转向系统 168
  6.2.2 电动式电控助力转向系统 170
  6.2.3 电控助力转向系统的部件结构 171
  6.2.4 电动式电控助力转向系统示例 173
 思考题 174

第7章 汽车安全气囊系统与安全带 175
 7.1 汽车安全气囊系统 175
  7.1.1 安全气囊系统的作用及类型 175
  7.1.2 安全气囊系统主要部件的结构及
        原理 176
  7.1.3 安全气囊系统的工作原理及动作
        时序 181
 7.2 汽车安全带 183
  7.2.1 汽车安全带的作用及种类 183
  7.2.2 安全带的结构及性能 184
  7.2.3 预紧式安全带 186
 思考题 187

第8章 汽车巡航控制系统 188
 8.1 汽车巡航控制系统的组成与工作
     原理 188
 8.2 巡航控制系统的电路与部件结构 189
 8.3 自适应巡航控制系统 192
 思考题 196

第9章 车载网络技术 197
 9.1 概述 197

9.1.1 汽车车载网络技术简介 …………… 197
9.1.2 常用的基本术语 …………………… 199
9.1.3 车载网络的分类及应用 …………… 201
9.1.4 车载网络的结构 …………………… 203
9.2 CAN 总线的传输原理与过程 …………… 205
9.2.1 CAN 总线简介 …………………… 205
9.2.2 CAN 总线的基本原理 …………… 206
9.2.3 CAN 总线系统元件 ……………… 208
9.2.4 CAN 总线的数据传输过程 ……… 210
9.3 车载网络系统各控制单元的连接 ……… 213
9.3.1 网关 ……………………………… 213

9.3.2 CAN 总线 ………………………… 214
9.3.3 驱动 CAN 总线 …………………… 216
9.3.4 舒适/信息 CAN 总线 ……………… 218
9.4 其他总线系统简介 ……………………… 221
9.4.1 LIN 总线 ………………………… 221
9.4.2 K 总线协议 ……………………… 223
9.4.3 BSD 总线 ………………………… 224
9.4.4 FlexRay 总线 …………………… 225
思考题 ……………………………………… 227
参考文献 …………………………………… 228

第1章

绪　　论

1.1　汽车电子控制技术的发展概况

1.1.1　汽车电子控制技术的发展历程

汽车电子控制技术的发展始于20世纪50年代末期，大致经历了以下不同的发展阶段。

第一阶段，即从20世纪50年代末到70年代中期，其基本特点是模拟电路控制的发动机汽油喷射控制系统及其他控制系统开始在汽车上得到应用。

1957年，美国奔德士（Bendix）公司成功研制了由真空管电子控制系统控制的汽油喷射装置，而真正批量实现产品化的是1967年博世（Bosch）公司的D型燃油喷射装置，它根据进气歧管压力控制燃油喷射。为解决D型喷射装置存在的系统精度较低、难以控制排放的问题，1972年博世公司推出了L型燃油喷射装置，它直接测量进气量以控制燃油喷射。

真正的电子控制点火系统是由美国克莱斯勒汽车公司于1976年首创，称为电子式稀混合燃烧系统，它根据进气温度、冷却液温度、转速、负荷等由控制器（微型计算机）计算出最佳点火时刻，指令点火。

第二阶段，即从20世纪70年代中期到80年代初期，其基本特点是集成电路和16位以下的微处理器在汽车上得到了广泛应用，仅具有某种单一控制功能的电控系统在汽车各系统和汽油机的电子控制系统中得以应用。

1977年，美国通用公司推出最早的数字控制点火系统，称为迈塞（MISAR）微机点火和自动调节系统。随着单片机技术的发展，出现了16位单片机，使得单一功能的控制技术被整机集中控制取代，同时实现了优化的点火正时和精确的空燃比控制。例如福特公司首先开发的同时控制点火时刻、排气再循环和二次空气喷射的发动机电子控制系统。

第三阶段，即1982—1995年，其基本特点是以微型计算机作为控制核心，能够实现多种控制功能的计算机集中管理系统逐步取代以前各自独立的电子控制系统，汽车电控系统的功能得到进一步拓展。

20世纪80年代初，根据节气门开度和曲轴转速确定喷射的M型燃油喷射装置问世。之后，电子燃油喷射系统在全世界逐步得到推广和发展。20世纪80年代后期，高性能的16位单片机出现（如MCS-96），适用于更加复杂的实时处理系统。高性能16位单片机丰富的软硬件资源和强大的性能可以使发动机的控制策略更加丰富和完善，特别是增强了系统的自学习、故障诊断及失效保护等方面的功能。

20世纪90年代，23位单片机开始逐步得到应用，硬件上还采用了可编程逻辑阵列、数字信号处理（digital signal processor，DSP）技术、微处理器外围芯片大规模集成化等电子技术。硬件功能的增强使得控制向整车方向发展，如别克轿车采用了多种电子控制系统：动力总成（含发动机和变速器）控制模块（powertrain control module，PCM）、防抱制动系统（antilock braking system，ABS）与牵引力控制系统（traction control system，TCS）、安全气囊系统（supplemental restraint system，SRS）及车身控制模块（body control module，BCM）等，其中 PCM 采用无分电器点火系统和进气道多点顺序喷射系统。发动机控制包括空燃比、燃油蒸发排放、怠速、排气再循环（exhaust gas recirculation，EGR）、冷却风扇、空调离合器、点火提前角和点火闭合期的控制。变速控制包括自动换档等。

第四阶段为 1995 年以后，其基本特点是 CAN 总线技术和高速车用微型计算机在汽车上的广泛应用，汽车电子控制系统对高复杂程度使用要求控制能力的提高，为汽车电子控制从传统电子控制向智能化电子控制系统发展创造了条件。

由于汽车上的电子电器装置数量急剧增多，为了减少连接导线的数量和减小质量，网络、总线技术在此期间有了很大发展。总线技术是将各种汽车电子装置连接成为一个网络，通过数据总线发送和接收信息。电子装置除了独立完成各自的控制功能外，还可以为其他控制装置提供数据服务。由于使用了网络化的设计，简化了布线，减少了电气节点的数量和导线的用量，使装配工作更为简化，同时也增加了信息传送的可靠性。通过数据总线可以访问任何一个电子控制装置，读取故障码对其进行故障诊断，使整车维修工作变得更为简单。

1.1.2 汽车电子控制技术的发展趋势

当前，汽车电子控制技术的发展趋势主要体现在集成化、网络化和智能化三个方面。

(1) 控制系统集成化 将发动机管理系统和自动变速器控制系统集成为动力传动系统的综合控制；将防抱制动系统、牵引力控制系统和驱动防滑控制系统综合在一起进行制动控制；通过中央底盘控制器，将制动、悬架、转向、动力传动等控制系统通过总线进行连接。控制器通过复杂的控制运算，对各子系统进行协调，将车辆行驶性能控制在最佳水平，形成一体化底盘控制系统（union chassis control system，UCCS）。

(2) 信息传输网络化 利用总线技术将汽车中各种电控单元、智能传感器、智能仪表等连接起来，从而构成汽车内部的控制器局域网，实现各系统间的信息资源共享。

根据侧重功能的不同，美国机动车工程师学会（SAE）早期将总线协议粗略地划分为 A、B、C 三大类。A 类是面向传感器和执行器的一种低速网络，主要用于后视镜调整、灯光照明控制、电动车窗控制等，目前 A 类的主流是 LIN；B 类是应用于独立模块间的数据共享中速网络，主要用于汽车舒适性、故障诊断、仪表显示等，目前 B 类的主流是低速 CAN；C 类是面向高速、实时闭环控制的多路传输网络，主要用于发动机、ABS 和自动变速器、安全气囊等的控制，目前 C 类的主流是高速 CAN。

但是，随着 X-by-Wire 线控技术的发展，下一代高速、具有容错能力的时间触发方式的通信协议，将逐渐代替高速 CAN 在 C 类总线协议中的位置，力求在未来几年之内使传统的汽车机械系统变成通过高速容错通信总线与高性能 CPU 相连的百分之百的电控系统，完全不需要后备机械系统的支持，其主要代表有 TTP/C 和 FlexRay。而在多媒体与通信系统中，MOST、10B1394 和蓝牙技术成为了今后的发展主流。此外，光纤凭借其高的传输速率和抗干扰能力，越来越广泛地用作高速信号传输介质。

(3) 汽车、交通智能化 汽车智能化相关的技术问题已受到汽车制造商们的高度重视。智能汽车是一个集环境感知、规划决策、多等级辅助驾驶等功能于一体的综合系统，集中运用了计算机、现代传感、信息融合、通信、人工智能及自动控制等技术，是典型的高新技术综合体。

智能汽车（intelligent vehicle）装备多种传感器，能够充分感知驾驶人和乘客的状况以及交通设施和周边环境的信息，判断驾乘人员是否处于最佳状态、车辆和人是否会发生危险，并及时采取对应措施。

汽车智能化还体现在汽车由交通工具到移动办公室的转变上。利用 Windows 操作系统开发的车载计算机多媒体系统，具有信息处理、通信、导航、防盗、语言识别、图像显示和娱乐等功能。

智能汽车与智能交通系统的发展是相辅相成的。智能交通系统（intelligent transportation system，ITS）是将先进的信息技术、通信技术、传感技术、控制技术及计算机技术等有效地集成运用于整个交通运输管理体系，建立起的一种在大范围内、全方位发挥作用的，实时、准确、高效、综合的运输和管理系统。汽车、交通智能化代表汽车和交通系统的发展方向。

在发动机的控制理论方面，发动机的控制从传统的查表法和 PID 控制方法向最优控制、自适应控制以及神经网络控制、模糊控制等现代控制理论方向发展，智能控制在发动机控制中的应用成为一个研究热点。

1.2 汽车电子控制技术应用概况

1.2.1 电子控制技术在发动机及传动系统上的应用

(1) 电子燃油喷射系统（electronic fuel injection，EFI） 电子燃油喷射系统根据进气量确定基本喷油量，再根据其他传感器（如冷却液温度传感器、节气门位置传感器）信号等对喷油量进行修正，使发动机在各种运行工况下均能获得最佳浓度的混合气，从而提高发动机的动力性、经济性和排放性。

(2) 电控点火系统（electronic spark advance，ESA） 电控点火系统最基本的功能是点火提前控制，该系统根据各相关传感器信号，判断发动机的运行工况和运行条件，选择最理想的点火提前角点燃混合气，从而改善发动机的燃烧过程，以达到提高发动机动力性、经济性和降低排放污染的目的。此外，电控点火系统还具有通电时间控制和爆燃控制功能。

(3) 怠速控制系统（idle speed control，ISC） 怠速性能的好坏是评价发动机性能优越与否的重要指标，怠速性能不良将导致油耗增加，排污严重，因此，需进行必要的控制。现代轿车中一般都设有怠速控制系统，由电子控制单元（electronic control unit，ECU，简称电控单元）控制并维持发动机怠速在某一稳定转速范围内。因此，怠速控制通常是指怠速转速控制，其实质就是对怠速工况时的进气量进行调节（同时配合喷油量及点火提前角的控制）。

怠速控制的基本原理是电控单元根据冷却液温度、空调负荷、空档信号等计算目标转速,并与实际转速相比较,同时检测节气门全关信号及车速信号,判断是否处于怠速状态,确认后则按照目标转速与实际转速之间的差值来驱动执行器调整控制进气量。

目前,除了怠速转速的稳定性控制之外,怠速控制还可以实现起动控制、暖机控制以及负荷变化控制等功能,这一多种功能的集中,不仅简化了机构,而且提高了怠速控制的精确性。

(4) **排放控制系统** 排放控制系统主要是对发动机排放控制装置的工作实行电子控制。排放控制的项目主要包括排气再循环控制、燃油蒸发排放控制、氧传感器和空燃比闭环控制、三元催化转化器控制、二次空气喷射控制以及曲轴箱强制通风控制等。

(5) **进气增压控制系统** 进气增压控制系统是对发动机进气增压装置的工作进行控制。目前,应用较普遍的是电控废气涡轮增压系统。电控单元根据检测到的发动机进气压力的大小,控制增压装置的工作,以达到控制进气压力、提高发动机动力性和经济性的目的。

(6) **可变配气相位控制系统** 可变配气相位能根据发动机的运行状况改变气门升程和气门开闭的时间,使发动机在所有工作转速下都能获得较佳的配气相位和气门升程,提高发动机的动力性和经济性。

除此之外,在发动机上应用的电子技术还有进气节流控制、电子节气门控制、故障自诊断与报警系统、失效保护及应急备用系统等。

(7) **自动变速器** 自动变速器可以根据发动机的负荷、转速、车速、制动器工作状态及驾驶人所控制的各种参数,经过计算机计算、判断后自动地通过电控液动实现变速器换档的最佳控制,即可得到最佳档位和最佳换档时间。其优点是加速性能好、灵敏度高且能准确反映行驶负荷和道路条件等。

目前,电控无级变速器、直接换档变速器等应用也越来越多了。

1.2.2 电子控制技术在安全性方面的应用

(1) **汽车防滑及稳定性控制系统** 汽车防滑控制系统主要包括防抱制动系统(ABS)、驱动防滑系统(acceleration slip regulation,ASR)、电子制动力分配系统(electric brake force distribution,EBD)和电子稳定程序(electronic stability program,ESP)等。

防抱制动系统(ABS)是一种开发时间最长、推广应用最为迅速的重要安全性部件。它通过控制防止汽车制动时车轮的抱死来保证车轮与地面达到最佳滑动率(15%~20%),从而使汽车在各种路面上制动时,车轮与地面都能达到纵向的峰值附着系数和较大的侧向附着系数,以保证车辆制动时不发生抱死拖滑、失去转向能力等不安全的工况,提高汽车的操纵稳定性和安全性,缩短制动距离。

电子制动力分配系统(EBD)的功能就是在汽车制动的瞬间,由传感器检测前后轮的转动状态,并由电控单元计算出各轮胎与路面间的附着力大小,然后分别调节各个车轮制动器的制动力矩,使之与路面附着力理想匹配,以进一步缩短制动距离,同时保证车辆制动时的稳定性。EBD与ABS结合,可大大提高ABS的功效。

驱动防滑系统(ASR)也称为牵引力控制系统(TCS或TRC),是ABS的完善与补充,它可以防止起步和加速时驱动轮打滑,既有助于提高汽车加速时的牵引性能,又能改善其操纵稳定性。

电子稳定程序（ESP）整合了防抱制动系统（ABS）和驱动防滑系统（ASR）的功能，实际上是一组车身稳定性控制的综合策略，而非作为独立配置存在。当车辆转弯受侧向力时，ESP能降低车辆打滑时的危险，防止汽车达到动态极限时失控。电子稳定程序能提升车辆的安全性、操控性和乘坐的舒适性。

（2）电控悬架系统 电控悬架系统能够根据车身高度、车速、转向角度及速率、制动等信号，由电控单元控制悬架执行机构，使悬架系统的刚度、减振器的阻尼力及车身高度等参数得以改变，从而使汽车具有良好的乘坐舒适性、操纵稳定性以及通过性。电控悬架系统的最大优点就是它能使悬架随不同的路况和行驶状态做出不同的反应。

（3）电控助力转向系统 电控助力转向系统根据动力源不同，可分为电控液动式助力转向系统和电控电动式助力转向系统。

电控液动式助力转向系统是在传统液压助力转向系统的基础上增设了流量控制电磁阀、车速传感器和电控单元等电子控制装置，电控单元根据车速信号控制电磁阀的开度，使转向动力放大倍率实现连续可调，从而满足高、低速时的转向助力要求。

电控电动式助力转向系统是利用直流电动机作为动力源，电控单元根据转向参数和车速信号控制电动机的输出转矩，电动机的输出转矩经电磁离合器后，通过减速机构减速增矩后，加在汽车的转向机构上，使之得到一个与工况相适应的转向作用力，提高了汽车的转向能力和转向响应特性。

（4）汽车安全气囊系统与安全带 汽车安全气囊系统（SRS）作为汽车上的一种辅助保护系统，是当汽车遭到正面或侧面严重冲撞时能很快膨胀的缓冲垫，其与座椅安全带配合使用，可以为乘员提供有效的防撞保护，有效降低汽车乘员（含驾驶人）的伤亡率，是保护乘员的重要安全装置。

（5）巡航控制系统 巡航控制系统（cruise control system，CCS）是利用电子技术，在一定的车速范围内，保证驾驶人不控制加速踏板，也能使汽车以设定的速度稳定行驶的一种电子控制装置。装有这种装置的汽车在高速公路上行驶时，可以省去驾驶人频繁踩加速踏板这一人为动作而自动维持预先设定的车速，从而可以大大减轻驾驶人的疲劳程度，提高行驶时的稳定性、安全性、舒适性和燃油经济性。

自适应巡航控制系统（adaptive cruise control，ACC）属于主动安全技术，是在按设定车速进行巡航控制的系统上，增加了与前方车辆保持合理间距控制功能的新系统，因此既具有定速巡航的能力，又具有应用车间距传感器信息自动调整汽车行驶速度，保持本车与同车道前行车辆安全间距的功能。

1.3 汽车电子控制系统的组成

任何一种电子控制系统的组成都可分为信号输入装置、电控单元（ECU）和执行器三部分。发动机电子控制系统的基本组成如图1-1所示。

图1-1 发动机电子控制系统的基本组成

(1) **传感器** 传感器是一种信号转换装置，安装在发动机的各个部位，用来检测发动机运行状态的各种电量参数、物理量参数等，并将这些参量转换成计算机能够识别的电量信号输入 ECU。

(2) **电控单元** 电控单元的功能是给各传感器提供参考电压，接收传感器或其他装置输入的信息，将其转变为微型计算机所能接受的信号；存储分析计算所用的程序、车型的特性参数、运算中的数据及故障信息；运算分析处理后给执行器发出指令；将输出的信息与标准值对比，查出故障并输出故障信息，并进行自我修正（自适应功能）。

(3) **执行器** 执行器是发动机电子控制系统的输出装置，其功能是接受 ECU 的控制指令来完成具体的操作动作，是具体执行某项控制功能的装置。在发动机电子控制系统中，执行器把从 ECU 传来的电信号转换为机械运动。它通过电能、发动机真空、气压或三者之间的组合作用推动发动机或汽车的某个装置运动，以完成相应的控制任务。在发动机电子控制系统中，主要的执行器有电动燃油泵、喷油器电磁阀、点火控制器、怠速控制阀、活性炭罐及其电磁阀。其他的执行器还有进气控制阀、EGR 阀、二次空气喷射阀、燃油泵继电器、故障灯等。随着控制功能的增强，执行器也将相应增加。

1.4 传感器

1.4.1 空气流量传感器

空气流量传感器又称为空气流量计（air flow meter，AFM），其作用是检测发动机的进气量，并将进气量转换成电信号输入发动机 ECU，作为燃油喷射和点火控制的主控制信号。

根据空气计量方式不同，空气流量传感器分为 D 型（压力型）和 L 型（空气流量型）两种。之所以称为 D 型，是因为 D 来源于德语"druck（压力）"的首个字母。该种方式利用压力传感器检测进气歧管内的绝对压力，ECU 再根据发动机转速和进气温度等信号计算进入气缸的空气量。测量方法属于间接测量，其测量精度不高，但成本较低。而 L 型则是因为 L 来源于德语"luftmengen（空气流量）"的首个字母，它是利用流量传感器直接测量进入进气管的空气流量。因为采用直接测量方式，所以其测量精度较高。L 型空气流量传感器又分为体积流量型（如叶片式和卡门旋涡式）传感器和质量流量型（如热丝式和热膜式）传感器。

1. 叶片式空气流量计

（1）**叶片式空气流量计的结构组成** 叶片式空气流量计的结构如图 1-2 所示。叶片式空气流量计主要由测量叶片、缓冲叶片、回位弹簧、电位器及旁通气道等组成，此外还包括怠速调整螺钉、油泵开关及进气温度传感器等。在流量计内设有缓冲室和缓冲叶片，利用缓冲室内的空气对缓冲叶片的阻尼作用，可减小因发动机进气量急剧变化而引起的测量叶片脉动。这种传感器结构简单、可靠性高，但进气阻力大、响应较慢且体积较大。在 20 世纪 70 年代至 80 年代，较多用于日本的轿车上。

（2）**叶片式空气流量计的测量原理** 叶片式空气流量计是一种利用力矩平衡原理和电位器原理而开发研制的流量传感器。

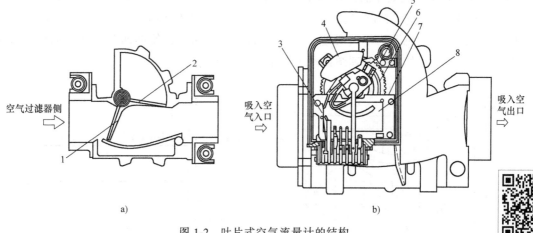

图 1-2 叶片式空气流量计的结构
a) 叶片部分结构 b) 电位器部分结构
1—测量叶片 2—缓冲叶片 3—汽油泵节点 4—平衡配重 5—调整齿圈
6—回位弹簧 7—电位器部分 8—印制电路板

微课：空气流量计的工作原理

叶片式空气流量计的工作原理如图 1-3 所示。当吸入发动机的空气通过空气流量计主通道时，叶片将受到吸入空气气流的压力及回位弹簧的弹力控制，空气流量增大，则气流压力增大，使叶片偏转，叶片转角增大，回位弹簧弹力增加，直到两力平衡为止。与此同时，电位器中的滑臂与叶片转轴同轴偏转，使接线插头"V_C"与"V_S"间的电阻减小，U_S 电压值降低，ECU 根据空气流量计送入的 U_S/U_B 信号，感知空气流量的大小。U_S/U_B 的电压比值与空气流量成反比，且线性下降。当吸入空气的空气流量减小时，叶片转角减小，接线插头"V_C"与"V_S"间的电阻值增大，U_S 电压值上升，则 U_S/U_B 的电压比值随之增大。

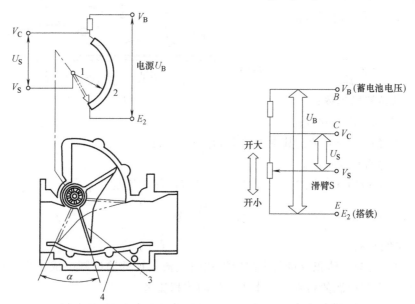

图 1-3 叶片式空气流量计的工作原理
1—电位器滑臂 2—电位器镀膜电阻 3—叶片 4—旁通气道

(3) 叶片式空气流量计的工作电路 叶片式空气流量计只能检测进气的体积流量,因而 ECU 须根据进气温度信号对喷油量进行修正。有些车型还把油泵控制开关装在叶片式空气流量计中,当发动机不工作(无进气)时,油泵开关断开,使燃油泵能在发动机熄火时立即停止工作。其工作电路原理图如图 1-4 所示。

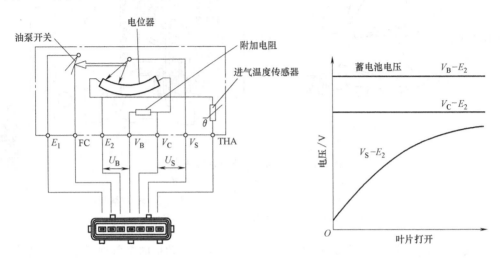

图 1-4 叶片式空气流量计工作电路原理图

2. 卡门旋涡式空气流量计

(1) 卡门旋涡原理 卡门旋涡式空气流量计在进气通道中设置一锥形涡流发生器,当空气流过时在涡流发生器后面产生两列规律交错的旋涡(称为卡门旋涡),如图 1-5 所示。当满足 $h/l = 0.281$ 时,两列旋涡才是稳定的。设卡门旋涡的频率为 f,则有

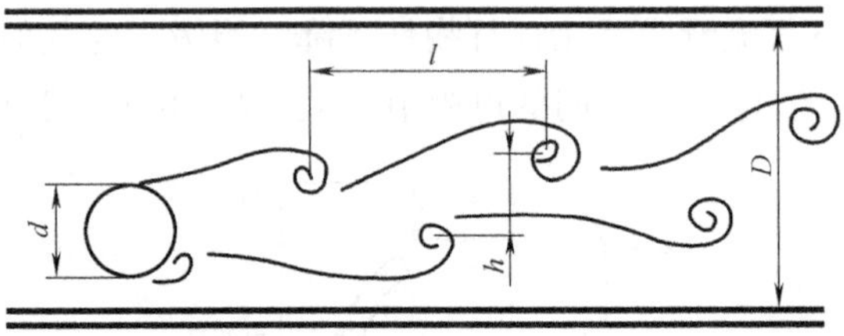

$$f = S_t \frac{v}{\beta d} \tag{1-1}$$

图 1-5 卡门旋涡产生的原理

式中　S_t——斯特罗巴尔数;
　　　v——空气流速(m/s);
　　　β——直径比,$\beta = d/D$,其中 D 为管道直径(mm);
　　　d——锥体直径(mm)。

若管道的截面积为 A,由式 (1-1) 可知,空气的体积流量为 q_V 为

$$q_V = A \frac{\beta d f}{S_t} = k f \tag{1-2}$$

式中　k——比例常数。

由式 (1-2) 可知,体积流量与卡门旋涡式空气流量计的输出频率成正比。利用这一原理,只要检测出卡门旋涡的频率便可求出空气的体积流量。

卡门旋涡根据旋涡频率的检测方式不同,可以分为光学检测方式和超声波检测方式两种类型。

(2) **光学检测式卡门旋涡空气流量计** 光学检测式卡门旋涡空气流量计的工作原理如图 1-6 所示。光学检测方式是利用涡流发生器产生旋涡时，其两侧压力会发生变化的特点来检测旋涡频率的。

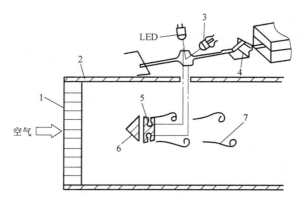

图 1-6 光学检测式卡门旋涡空气流量计的工作原理
1—空气进口 2—管路 3—光敏晶体管 4—板弹簧 5—导向孔 6—涡流发生器 7—卡门旋涡

空气流经过涡流发生器时，产生的旋涡会使涡流发生器 6 后面两侧的压力发生波动，这个波动经压力导向孔 5 作用在反光镜上，使反光镜发生振动，反光镜将发光二极管投射的光反射给光敏晶体管 3，光敏晶体管 3 便产生与涡流频率相对应的脉冲电压信号。频率高则进气量大。

(3) **超声波检测式卡门旋涡空气流量计** 超声波检测式卡门旋涡空气流量计的工作原理如图 1-7 所示。超声波检测方式是利用旋涡会引起空气疏密变化的特点来检测旋涡频率的。

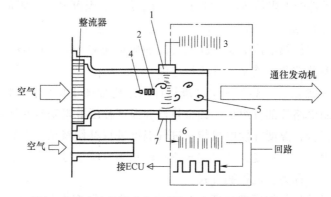

图 1-7 超声波检测式卡门旋涡空气流量计的工作原理
1—超声波发射探头 2—涡流稳定板 3—超声波信号发生器 4—涡流发生器
5—卡门旋涡 6—与涡流数对应的脉冲信号 7—超声波接收探头

超声波信号发生器 3 发出超声波，并经超声波发射探头 1 向涡流的垂直方向发射超声波，另一侧的超声波接收探头 7 接收到随空气疏密变化而变化的超声波，经接收回路放大处理后形成与涡流频率相对应的矩形脉冲波。频率高则进气量大。

3. 热丝式与热膜式空气流量计

热丝式与热膜式空气流量计是用于检测吸入发动机空气的质量流量的传感器。热丝式空气流量计的发热元件是铂金属丝,热膜式空气流量计的发热元件是铂金属膜。铂金属发热元件的响应速度快,检测精度不受进气气流脉动的影响(气流脉动在发动机大负荷、低转速运转时最为明显)。此外,该传感器还具有进气阻力小、无磨损部件等优点,因此目前大多数中高档轿车都采用这种传感器。

在进气气流的冷却作用下,铂金属发热元件在单位时间内的散热量 H 和发热元件的温度 T_H 与进气气流温度 T_G 之差成正比,其散热量 H 与进气气流质量流量 Q_M 之间的函数关系为

$$H = K\lambda^{1-m}\mu^{m-n}c_P^m(T_H - T_G)Q_M^n \tag{1-3}$$

式中　K——常数;

　　　λ——空气热导率;

　　　μ——空气黏性系数;

　　　c_P——空气比热容;

　　　m、n——与流体的性质及雷诺数有关,对于热丝式发热元件,$m = 0.3$,$n = 0.38 \sim 0.50$。

设发热元件的加热电流为 I、电阻值为 R_H,在热平衡状态下,散热量等于发热量,即

$$H = I^2 R_H \tag{1-4}$$

由式(1-3)和式(1-4)可得气流的质量流量 Q_M 与加热电流 I 之间的函数关系为

$$Q_M = \sqrt[n]{\left(\frac{R_H K_T}{T_H - T_G}\right) I^2} \tag{1-5}$$

在式(1-5)中,$K_T = K^{-1}\lambda^{m-1}\mu^{n-m}c_P^{-m}$ 温度系数 K_T 值与进气温度 T_G 有关,$K_T = (0.15\% \sim 0.18\%)/℃$;发热元件的电阻值 R_H 与自身温度 T_H 有关,温度升高,阻值增大。

由式(1-5)可知,通过控制发热元件的温度 T_H 与进气气流温度 T_G 之差为一恒定值,就可以根据发热元件的加热电流 I 求得进气气流的质量流量 Q_M。在热丝式与热膜式流量传感器中,采用了恒温差控制电路来实现流量检测。

(1) 热丝式空气流量计　热丝式空气流量计的结构如图1-8所示,它主要由铂金热丝、温度补偿电阻和控制电路等部分组成。铂金热丝和温度补偿电阻安装在取样管内,铂金热丝的作用是感知空气流量,温度补偿电阻能对进气温度进行补偿修正,控制电路控制铂金热丝与温度补偿电阻的温差保持不变,并将空气流量转化为电压信号。由于取样管置于主空气通道中央,这种检测方式称为主流检测方式。

热丝式空气流量计的工作原理如图1-9所示。在空气通道中放置热丝电阻 R_H,其热量被空气吸收。热丝周围通过的空气质量流量越大,被带走的热量越多。将热丝电阻 R_H 和温度补偿电阻 R_T 分别置于惠斯通电桥电路的两个桥臂上,控制电路控制热丝与吸入空气的温度差保持不变(一般为100℃),从而消除了进气温度对测量值的影响。当空气质量流量增大时,由于空气带走的热量增多,为保持热丝温度,控制电路使热丝电阻 R_H 通过的电流增大,反之,则减小。信号取样电阻 R_S 也是惠斯通电桥电路的一个桥臂,将通过热丝电阻 R_H 的电流信号转化为空气流量计的输出电压信号。

当热丝沾污后,其热辐射降低,会影响测量精度。为保证测量精度,热丝式空气流量计

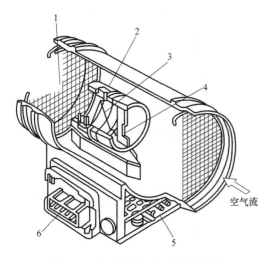

图 1-8　热丝式空气流量计的结构
1—金属网　2—取样管　3—铂金热丝
4—温度补偿电阻　5—控制电路　6—接线端子

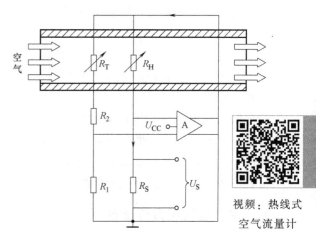

图 1-9　热丝式空气流量计的工作原理
R_H—热丝电阻　R_T—温度补偿电阻　R_S—信号取样电阻
R_1—电桥电阻　R_2—精密电阻　U_S—输出信号电压
U_{CC}—电源电压　A—混合集成电路

视频：热线式空气流量计

一般都有自洁功能。发动机转速超过 1500r/min，关闭点火开关使发动机熄火后，控制系统自动将热线电阻器加热到 1000℃ 以上并保持 1s，以便将附在热丝上的粉尘烧掉。

（2）**热膜式空气流量计**　热膜式空气流量计的结构如图 1-10 所示，其工作原理与热丝式空气流量计基本相同。其采用热膜取代铂金热丝，热膜是由发热金属铂固定在树脂薄片上制成。热膜式空气流量计具有结构简单、工作可靠等特点，而且不需要额外加热以消除热膜上的污染物，将传感元件的热传导部件安装在传感器后方（沿空气流动方向），可以防止沉积物对传感元件产生影响。这种流量计的主要缺点是空气流速不均匀，易影响测量精度。采用这种空气流量计的车型有上海大众的桑塔纳 2000 型时代超人、帕萨特 B5、奥迪 A6 1.8L

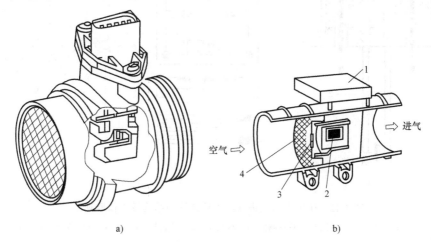

图 1-10　热膜式空气流量计的结构
a）外观　b）内部结构
1—控制电路　2—热膜　3—温度补偿电阻　4—金属网

ANQ 发动机、宝来 1.8L AGV 发动机等。

大众车系热膜式空气流量计的接线电路如图 1-11 所示。空气流量计上，端子 4 为 ECU 供电线（+5V）；端子 3 为信号线负极；端子 5 为信号线正极；端子 2 来自燃油泵继电器电源（12V）。

ECU 利用空气流量计的信号，确定喷油量和点火提前角。如果没有收到空气流量计的信号，ECU 用发动机转速传感器、节气门位置传感器或进气温度传感器的信号来代替。

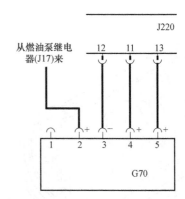

图 1-11 大众车系热膜式空气流量计的接线电路

1.4.2 进气压力传感器

进气压力传感器是进气歧管绝对压力传感器（manifold absolute pressure sensor）的简称，其功能是通过检测进气歧管内绝对压力（真空度）的变化来反映发动机的负荷状况，并将发动机的负荷状况转换成电压信号输送到发动机 ECU 中，与转速信号一起作为确定喷油器基本喷油量（喷油脉宽）的依据。进气压力传感器是一种间接测量发动机进气量的传感器，它主要用在 D 型电控燃油喷射系统中。

进气压力传感器按其信号产生原理可分为压敏电阻式、电容式等。由于压敏电阻式具有响应时间快、检测精度高、尺寸小且安装灵活等优点，因而被广泛用于 D 型喷射系统中。

压敏电阻式进气压力传感器主要由压力转换原件和把输出信号进行放大的混合集成电路等构成。其结构及工作原理如图 1-12 所示。

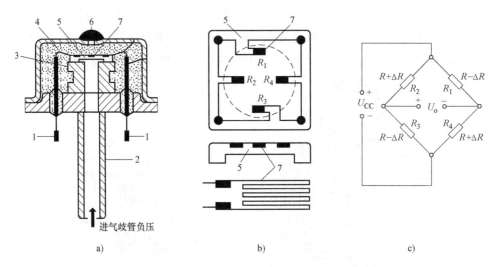

图 1-12 压敏电阻式进气压力传感器的结构及工作原理图
1—引线端子 2—真空管 3—硅杯 4—真空室 5—硅膜片 6—锡焊封口 7—应变电阻

应变电阻 R_1、R_2、R_3、R_4 构成惠斯通电桥并与硅膜片粘接在一起，硅膜片封装在真空室内。当发动机工作时，由于一侧受进气压力的作用，另一侧是真空，在进气歧管压力发生变化时，硅膜片产生应力变形，使扩散在硅膜片上的电阻的阻值改变，导致惠斯通电桥上电阻值的平衡被打破，当电桥的输入端施加一定的电压时，在电桥的输出端就可得到变化的信号电压。歧管内的绝对压力越高，硅膜片的变形越大，电阻 R 的阻值发生的变化就越大。即把硅膜片机械式的变化转变成了电信号的变化，再由集成电路放大后输出至 ECU。

进气压力传感器与 ECU 的连接电路如图 1-13 所示。

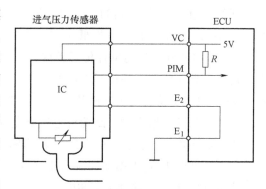

图 1-13 进气压力传感器与 ECU 的连接电路

1.4.3 节气门位置传感器

1. 节气门位置传感器的作用与类型

节气门位置传感器的作用是将节气门开度转换成电信号输入 ECU，以便 ECU 判别发动机的工况（如怠速工况、部分负荷工况、大负荷工况等），并根据发动机不同工况对混合气浓度的需求来控制喷油时间。

节气门位置传感器一般安装在节气门体上节气门轴的一端。节气门位置传感器有开关（触点）式、线性可变电阻式、触点与可变电阻组合式（综合式）三种。

2. 开关（触点）式节气门位置传感器

开关（触点）式节气门位置传感器的内部结构如图 1-14a 所示，其主要由与节气门轴联动的凸轮、节气门轴、活动触点、怠速触点、全负荷触点（又称为功率触点）等组成。怠速触点（IDL）和全负荷触点（PSW）用来检测发动机运行工况。ECU 通过活动触点端子（TL）给传感器提供电源，两个固定触点端子（IDL、PSW）给 ECU 输送节气门位置信号，从而判定发动机所处的工作状态。

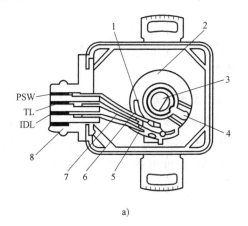

a)

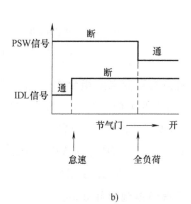

b)

图 1-14 开关（触点）式节气门位置传感器的结构与电压输出信号
a) 内部结构 b) 输出特性
1—导向槽 2—凸轮 3—节气门轴 4—控制臂 5—怠速触点 6—全负荷触点 7—活动触点 8—连接器

开关（触点）式节气门位置传感器的输出特性如图1-14b所示。当节气门关闭时，怠速触点（IDL）输出端子信号为低电平"0"，全负荷触点（PSW）输出端子信号为高电平"1"。ECU接收到节气门位置传感器输出的这两个信号时，如果车速为零，那么ECU判定发动机处于怠速状态，并控制喷油器喷油，使发动机维持怠速稳定运转；如果车速不为零，那么ECU判定发动机处于减速状态，并控制喷油器停喷。

当节气门开度增大时，凸轮将怠速触点（IDL）顶开，全负荷触点（PSW）保持断开状态，IDL端子输出高电平"1"，PSW端子输出也为高电平"1"。ECU判定发动机处于部分负荷状态，此时ECU根据空气流量传感器信号和发动机转速信号计算确定喷油量。

当节气门接近全部开启（80%以上负荷）时，凸轮转动使全负荷触点（PSW）闭合，PSW端子输出低电平"0"，怠速触点IDL端子输出高电平"1"。ECU接收到这两个信号时，便可判定发动机处于全负荷状态，控制喷油器增加喷油量。

3. 线性可变电阻式节气门位置传感器

线性可变电阻式节气门位置传感器采用线性电位器，由节气门轴带动电位器的滑动触点动作，其结构及电路原理如图1-15所示。ECU通过节气门位置传感器可以获得节气门从全闭到全开的所有开启角度的、连续变化的电压信号，以及节气门开度的变化速率，从而更精确地判定发动机的运行工况。

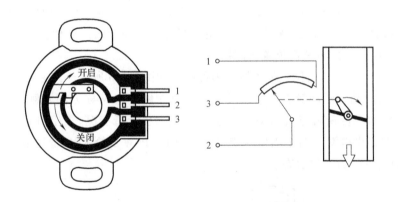

图1-15 线性可变电阻式节气门位置传感器的结构及电路原理
1、2、3—接线端子

4. 触点与可变电阻组合式（综合式）节气门位置传感器

触点与可变电阻组合式（综合式）节气门位置传感器是在线性可变电阻式节气门位置传感器的基础上加装了一个怠速开关，其结构如图1-16a所示，传感器与ECU的连接电路如图1-16b所示。ECU通过VC端子给传感器提供5V标准电压，节气门位置信号通过VTA端子输送给ECU，E_2端子搭铁。

5. 节气门控制组件J338

国产大众桑塔纳时代超人、俊杰、捷达车系、帕萨特等车系均采用了节气门控制组件，其结构如图1-17所示。它将节气门电位器、节气门控制器电位器、节气门控制器及怠速开关合为一体。节气门控制组件由发动机ECU控制，ECU收到怠速开关、节气门电位器和节

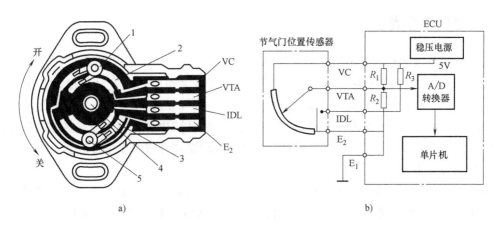

图 1-16 丰田轿车组合式节气门位置传感器的结构及电路原理
a) 内部结构 b) 电路原理
1—可变电阻滑动触点 2—镀膜电阻 3—绝缘部件 4—节气门轴 5—急速触点

气门控制器电位器有关目前节气门位置的信号后,控制节气门控制器动作,使发动机转速稳定在规定的怠速转速范围内。注意:节气门壳体不能打开,电位器和怠速开关不能人工调节。

大众车系节气门控制组件的接线如图 1-18 所示。其中节气门控制组件上端子 1 为节气门控制器的供电线正极,端子 2 为节气门控制器的供电线负极,端子 3 为急速开关信号线,端子 4 为 ECU 供电线 (+5V),端子 5 为节气门电位器信号线,端子 7 为供电线负极,端子 8 为节气门控制器电位器信号线。

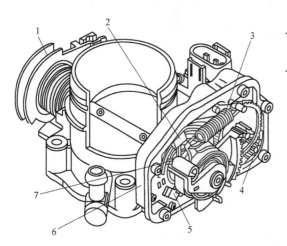

图 1-17 节气门控制组件结构
1—节气门拉索 2—节气门控制器电位器 3—紧急运行弹簧
4—节气门控制器(急速电动机) 5—节气门电位器
6—整体式急速稳定装置 7—急速开关

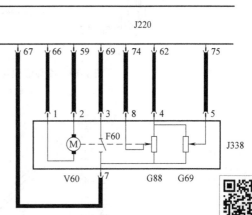

图 1-18 大众车系节气门控制组件的接线
V60—节气门控制器 F60—急速开关
G88—节气门控制器电位器 G69—节气门
电位器 J338—节气门控制组件 J220—ECU

视频:大众节气门控制组件的检测

如果 ECU 对节气门控制器的控制出现故障或者电动机损坏,节气门控制组件中的紧急运行弹簧将发生作用,使节气门处于紧急运行位置。

1.4.4 温度传感器

1. 温度传感器的作用与类型

温度传感器主要用于检测被测对象的温度，并转换为相应的电信号输送给 ECU，以使 ECU 进行与温度相关的修正控制。温度传感器按其结构与工作原理可分为热敏电阻式、双金属片式、热电偶式、半导体晶体管式。汽车电子控制系统中应用较多的是热敏电阻式温度传感器。在电子燃油喷射发动机上主要有冷却液温度传感器和进气温度传感器。

2. 冷却液温度传感器

热敏电阻式冷却液温度传感器安装在发动机缸体或缸盖的水套上，与冷却液接触，用来检测发动机冷却液的温度，并转换成电压信号输送给 ECU，ECU 根据发动机的温度信号修正喷油时间和点火时刻，从而使发动机工况处于最佳状态。

冷却液温度传感器的内部是一个负温度系数的热敏电阻，其结构及电路原理如图 1-19 所示。当冷却液温度升高时，传感器的电阻值降低；反之，当冷却液温度降低时，传感器的电阻值升高。冷却液温度传感器的输出特性如图 1-20 所示。

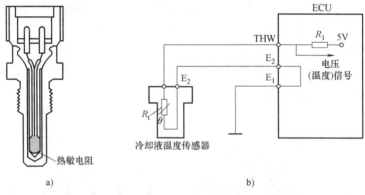

图 1-19 冷却液温度传感器的结构及电路原理

a) 结构　b) 电路原理

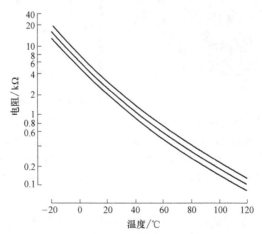

图 1-20 冷却液温度传感器的输出特性

视频：冷却液温度传感器的检测

3. 进气温度传感器

进气温度传感器（intake air temperature sensor，IATS）用来检测进气温度，并转换成电压信号输送给 ECU，以便根据进气温度的变化修正喷油量。进气温度传感器的结构及电路原理如图 1-21 所示，其结构及电路原理与冷却液温度传感器相同，只是由于它们的使用场合和测试环境有差异，它们的安装位置、外形和工作温度不同。

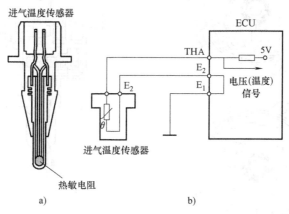

图 1-21 进气温度传感器的结构及电路原理
a）结构 b）电路原理

1.4.5 发动机转速与曲轴位置传感器

发动机转速传感器用来测量发动机的转速，并转成电信号送给 ECU，用以确定基本喷油量和基本点火提前角；曲轴位置传感器向 ECU 提供曲轴转角电信号，用以确定点火正时和喷油正时。在无分电器电控点火系统和按各缸工作顺序喷油的燃油喷射系统中，曲轴位置传感器还用于判缸。目前，发动机转速与曲轴位置传感器有磁感应式、光电式和霍尔式三种类型。

1. 磁感应式发动机转速与曲轴位置传感器

磁感应式发动机转速与曲轴位置传感器的基本原理与磁感应式点火信号发生器一样，但其结构与安装形式有多种。

(1) 安装于分电器内 在分电器的发动机电子控制系统中，发动机转速与曲轴位置传感器安装于分电器内，其结构形式如图 1-22 所示。用于触发产生曲轴位置信号的导磁转子 G 和触发产生转速信号的导磁转子 Ne 上下布置，均由分电器轴驱动，分别触发 G_1 及 G_2、Ne 感应线圈，产生交变的感应电压信号。ECU 根据 G_1 和 G_2 信号确定发动机曲轴位置；根据 Ne 信号确定发动机转速，并控制点火和喷油。

由于车型不同，G 转子和 Ne 转子凸齿的齿数以及 G 感应线圈的个数也不同。丰田车系磁感应式发动机转速与曲轴位置传感器的信号形式如图 1-23 所示。

(2) 安装于飞轮处 安装于飞轮处的磁感应式传感器本身无触发转子，而是利用飞轮的齿圈和飞轮上的正时记号触发产生感应电压。其中飞轮的轮齿和一个传感器构成了曲轴转角和发动机转速传感器，飞轮上的正时记号和另一个传感器构成了曲轴位置传感器，如

图 1-24 所示。

当发动机转动而使飞轮的轮齿和飞轮上的正时记号通过传感器铁心时,传感器磁路的磁

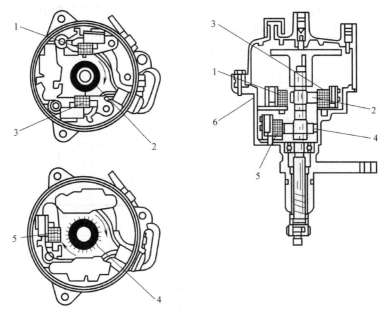

图 1-22 导磁转子触发的磁感应式传感器

1—G_1 感应线圈　2—G 转子　3—G_2 感应线圈　4—Ne 转子　5—Ne 感应线圈　6—分电器壳

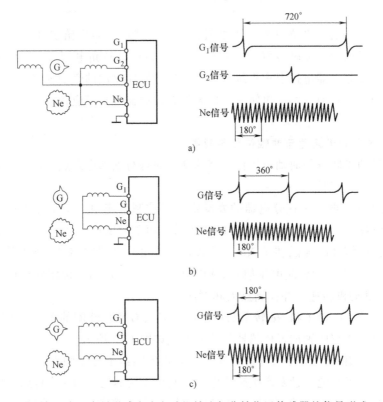

图 1-23　丰田车系磁感应式发动机转速与曲轴位置传感器的信号形式

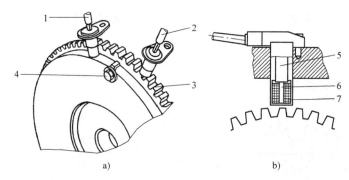

图 1-24 飞轮齿圈触发的磁感应式传感器

a) 安装位置 b) 内部结构

1—曲轴位置传感器 2—转速传感器 3—飞轮齿圈 4—曲轴位置标记 5—永久磁铁 6—铁心 7—感应线圈

阻发生变化,通过感应线圈的磁通量随之改变,从而使两传感器的感应线圈产生相应的电压脉冲信号。ECU根据两传感器的电压脉冲信号即可判别发动机转速与曲轴的相应位置。

另一种安装于飞轮处的磁感应式传感器如图1-25a所示,这种传感器在发动机飞轮上另装有一个(60-2)个齿的齿圈,齿圈齿缺位置与曲轴的位置相对应。当大齿缺转过传感器磁头时,传感器的输出信号相对于其他小缺齿而言为一宽脉冲信号,该信号对应于第1缸或第4缸压缩上止点前一定角度。由发动机凸轮轴位置传感器输入的信号来确定即将到来的是1缸还是4缸的上止点。发动机转动时产生的信号电压波形如图1-25b所示。ECU根据此信号计算发动机转速,并确定曲轴位置。

大众车型发动机转速传感器的接线如图1-26所示。其中端子3为点火正时/转速信号线,端子2为信号线负极,端子1为屏蔽线。

如果发动机ECU没有收到发动机转速传感器的信号,发动机立即熄火或不能起动。

视频:发动机转速传感器的检测

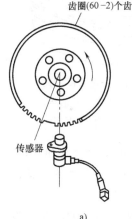

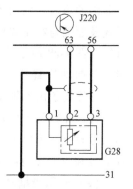

图 1-25 齿圈触发的磁感应式传感器

a) 传感器磁头及齿圈 b) 传感器信号电压波形

图 1-26 大众车型发动机转速传感器的接线

2. 光电式发动机转速与曲轴位置传感器

光电式发动机转速与曲轴位置传感器多安装于分电器内,如图1-27所示。它主要由发光二极管、光敏晶体管及遮光盘等组成，其基本结构组成与工作原理与光电式点火信号发生器相同。

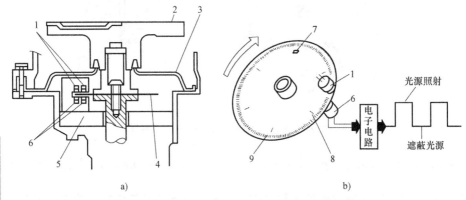

图 1-27 光电式发动机转速与曲轴位置传感器
a) 结构简图 b) 遮光盘及信号波形
1—发光二极管 2—分火头 3—密封盖 4—遮光盘 5—整形电路 6—光敏晶体管
7—120°信号孔（第 1 缸） 8—120°信号孔 9—1°信号孔

视频：光电式曲轴位置传感器

遮光盘 4 上制有一定数量的透光孔，利用发光二极管 1 作为信号源，随遮光盘 4 转动当透光孔与发光二极管 1 对正时，光线照射到光敏晶体管 6 上产生电压信号，经电子电路放大后输送给 ECU。转盘内、外两圈的透光孔数量不等，分别用以产生曲轴位置 G 信号、曲轴转角与发动机转速 Ne 信号。

3. 霍尔式发动机转速与曲轴位置传感器

霍尔式发动机转速与曲轴位置传感器的工作原理与霍尔式点火信号发生器相同，但由于安装位置不同，其结构形式也不同。

(1) 导磁转子触发的霍尔式传感器 安装在分电器内的霍尔式发动机转速与曲轴位置传感器的结构形式及原理与霍尔式点火信号发生器相似，这里不再重复。图 1-28 所示为美国通用公司的霍尔式发动机转速与曲轴位置传感器，此传感器安装于曲轴的前端，导磁转子由曲轴驱动。传感器的两个导磁转子内外布置，在内外导磁转子的侧面各设置一个信号触发开关，外信号轮均布 18 个叶片和窗口，内信号轮有三个叶片（100°、90°、110°）和三个窗口（20°、30°、10°）。其产生的曲轴位置信号和曲轴转角输出信号的电压波形如图 1-29 所示。

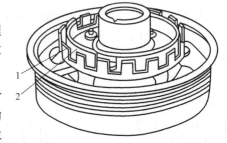

图 1-28 美国通用公司的霍尔式发动机转速与曲轴位置传感器
1—外导磁转子 2—内导磁转子

(2) 专用齿槽触发的霍尔式传感器 安装于飞轮处、在四缸发动机上使用的霍尔式发动机转速与曲轴位置传感器如图 1-30 所示。

在飞轮齿圈与驱动盘的边缘有对称的两组（六缸发动机为三组）槽，每组均布有四个槽，当槽对准信号触发开关下方时，传感器输出高电平（5V），而当无槽面对准信号触发开关下方时，传感器输出低电平（0.3V）。发动机转动时，传感器产生如图 1-30b 所示的电压

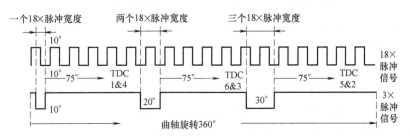

图1-29　霍尔式发动机转速与曲轴位置传感器输出信号的电压波形

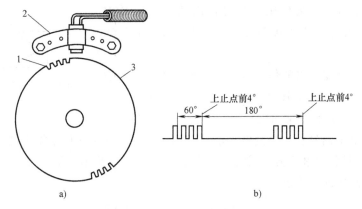

图1-30　安装于飞轮处的霍尔式传感器
a) 传感器原理　b) 传感器信号电压波形
1—槽　2—信号触发开关　3—飞轮

波形，ECU根据此脉冲信号即可判别曲轴的位置并计算发动机的转速。

1.4.6　凸轮轴位置传感器

凸轮轴位置传感器（camshaft position sensor，CPS）的作用是采集配气凸轮轴的位置信号，并输入ECU，以便ECU识别第1缸压缩上止点，从而进行顺序喷油控制、点火时刻控制和爆燃控制。凸轮轴位置传感器能够识别哪一个气缸活塞即将到达上止点，因而又称为气缸识别传感器。按照传感器的结构不同，凸轮轴位置传感器分为磁感应式、光电式和霍尔式。霍尔式在凸轮轴位置传感器中的应用较多。

霍尔式凸轮轴位置传感器是利用霍尔效应原理，产生与凸轮轴位置相对应的电压脉冲信号的传感器，其工作原理如图1-31所示。当转子1转动时，转子的触发凸齿便从霍尔集成电路与永久磁铁2之间的气隙中转过；当凸齿离开气隙时，永久磁铁的磁通便经霍尔集成电路和导磁钢片构成回路，此时霍尔

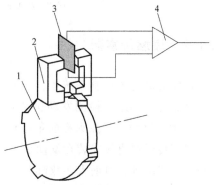

图1-31　霍尔式凸轮轴位置
传感器的工作原理
1—转子　2—永久磁铁
3—霍尔元件　4—放大电路

元件 3 产生电压（$U_H = 1.9 \sim 2.0V$），霍尔集成电路输出级的晶体管导通，传感器输出的信号电压 U_o 为低电平；当凸齿进入气隙时，霍尔集成电路中的磁场被凸齿旁路，霍尔电压 U_H 为零，集成电路输出级的晶体管截止，传感器输出的信号电压 U_o 为高电平。ECU 根据霍尔电压产生的时刻确定凸轮轴位置。

捷达 AT 和 GTx、桑塔纳 2000GSi 型轿车采用的霍尔式凸轮轴位置传感器与 ECU 的连接如图 1-32 所示。该传感器接线插座上有三个引线端子，1 为传感器电源正极端子，与 ECU 端子 62 连接；2 为传感器信号输出端子，与 ECU 端子 76 连接；3 为传感器电源负极端子，与 ECU 端子 67 连接。

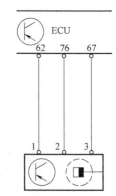

图 1-32 霍尔式凸轮轴位置传感器与 ECU 的连接

凸轮轴位置传感器输出的信号电压与曲轴位置传感器输出的信号电压之间的关系如图 1-33 所示。发动机曲轴每转两圈（720°），霍尔式传感器的转子就转过一圈（360°），对应产生一个低电平信号和一个高电平信号（其中低电平信号对应于第 1 缸压缩上止点前一定角度），即上升沿信号和下降沿信号，上升沿信号用于检测第 1 缸压缩上止点，下降沿信号用于检测第 4 缸压缩上止点。

视频：霍尔式传感器的检测

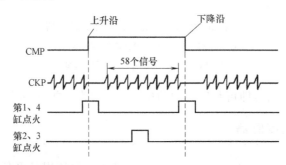

图 1-33 凸轮轴位置传感器与曲轴位置传感器输出的信号电压关系图
CMP—凸轮轴位置传感器　CKP—曲轴位置传感器

1.4.7 爆燃传感器

在发动机电子控制系统中，当点火时刻采用闭环控制时，可以有效抑制发动机产生爆燃。爆燃传感器用于检测发动机燃烧时有无爆燃，并把爆燃转换成电压信号输送给 ECU，ECU 根据爆燃信号对点火提前角进行修正，使点火提前角保持最佳，以防止再次爆燃。

爆燃传感器直接安装在发动机的气缸体上。按爆燃传感器的结构不同，可将其分为压电式和磁电式两种，目前大多数汽车采用了压电式爆燃传感器。压电式爆燃传感器又有共振型和非共振型两种，其结构如图 1-34 所示。

1. 共振型压电式爆燃传感器

共振型压电式爆燃传感器由压电元件、振荡片、基座和外壳等组成。压电元件紧贴在振荡片上，振荡片固定在基座上。振荡片随发动机振荡，振荡力作用于压电元件并产生电压信

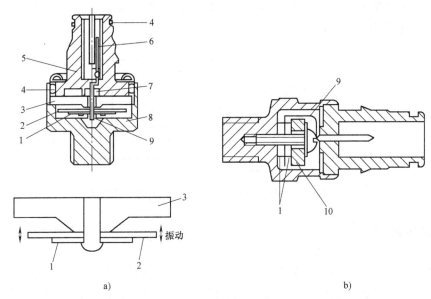

图 1-34 压电式爆燃传感器的结构
a) 共振型 b) 非共振型
1—压电元件 2—振荡片 3—基座 4—O 形环 5—连接器 6—接头
7—密封剂 8—外壳 9—引线 10—配重块

号输出。当产生发动机爆燃时的振动频率（约为 6kHz）与压电效应传感器自身的固有频率一致时，即产生共振现象。这时传感器会输出一个很高的信号电压送至 ECU，ECU 及时修正点火时间，避免爆燃的再次产生。共振型压电式爆燃传感器与 ECU 的连接及输出特性如图 1-35 所示。

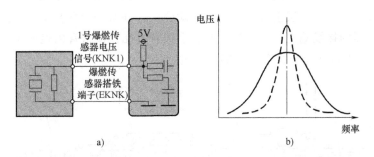

图 1-35 共振型压电式爆燃传感器与 ECU 的连接及输出特性
a) 与 ECU 的连接 b) 输出特性

2. 非共振型压电式爆燃传感器

非共振型压电式爆燃传感器内部无振荡片，但设置一配重块，配重块以一定的预紧力压紧在压电片上。当发动机振动时，配重块因受振动影响而产生加速度，并形成正比于振动加速度的压力作用于压电元件上，压电元件再将压力信号转换成电压信号。

由于非共振型压电式爆燃传感器在发动机爆燃时不会产生共振，其电压信号并无特别明显的增大，因此，爆燃是否发生还要靠专门的滤波器来判别。ECU 检测出该电压信号，并根据其值的大小判断爆燃强度，ECU 推迟点火提前角来消除爆燃。非共振型压电式爆燃传感器与 ECU 的连接如图 1-36 所示。

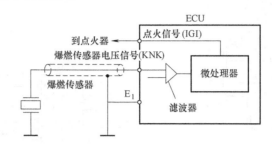

图 1-36　非共振型压电式爆燃传感器与 ECU 的连接

1.4.8　氧传感器

氧传感器俗称 λ 传感器，安装在发动机排气管上，用来检测发动机排气中的氧含量，产生一个与氧含量成比例的电压信号并输入发动机 ECU。ECU 根据该信号判断出实际空燃比，并对喷油器的喷油量进行修正，实现空燃比反馈控制，将空燃比控制在理论空燃比附近，使三元催化转化器的转换效率达到最佳，从而降低有害气体的排放并节约燃油。

汽车上应用的氧传感器分为氧化锆式和氧化钛式两种类型。氧化锆式氧传感器又分为加热型和非加热型两种。氧化钛式氧传感器一般是加热型。

1. 氧化锆式氧传感器

氧化锆式氧传感器主要由二氧化锆（ZrO_2）和护套组成，其结构如图 1-37 所示。锆管 1 由陶瓷体制成，固定在带有安装螺纹的固定套中，再插入排气管中。它的内表面与空气相通，外表面与排气相通。锆管的内、外表面覆盖一层多孔性铂膜作电极 2，为防止排气腐蚀铂膜，在锆管外表面的铂膜层上覆盖一层多孔陶瓷层，并有一个防护套管 7，套管上开有槽口或孔。氧传感器的接线端有一个金属护套，上面开有孔，使锆管内表面与空气相通，导线 5 将锆管内表面铂电极 2 经绝缘套从传感器引出。

微课：氧传感器的工作原理

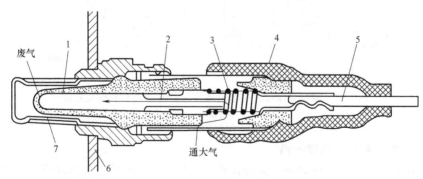

图 1-37　氧化锆式氧传感器的结构
1—锆管　2—铂电极　3—压紧弹簧　4—电极座（绝缘）　5—导线　6—排气管壁　7—防护套管

锆管的陶瓷体是多孔体，氧气可以渗入该多孔体固体电解质内。温度较高时，氧气发生电离。只要锆管内（大气）、外（排气）侧氧含量不一样，存在氧浓度差，则在固体电解质内部氧离子从大气一侧向排气一侧扩散，使锆管形成微电池，在锆管铂电极间产生电压，如图1-38所示。当混合气稀时，排气中氧含量多，两侧氧浓度差小，产生的电压小；当混合气浓时，排气中氧含量少，CO、CH、NO_x的含量较多，这些成分在锆管外表面的铂的催化作用下，与氧发生反应，消耗排气中残余的氧，使锆管外表面氧浓度变成零，这样使得锆管内外两侧的氧浓度差突然增大，两极间产生的电压也增大。

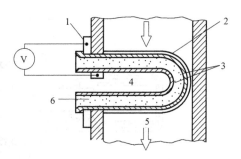

图1-38 氧传感器工作原理
1—正极接触点 2—外电极保护层
3—多孔铂极 4—空气（接触内电极）
5—排气（接触外电极） 6—氧化锆陶瓷体

锆管氧传感器产生的电压将在理论空燃比（$A/F=14.7$）时发生突变：稀混合气时，输出电压几乎为零；浓混合气时，输出电压接近1V，氧传感器的输出特性如图1-39所示。实际上的空燃比反馈控制只能使混合气在理论空燃比附近一个狭小的范围内波动，使氧传感器的输出电压在0.1~0.9V之间不断变化（通常每10s内变化8次以上）。

由于氧化锆需在400℃以上的温度时才能正常工作，为保证发动机排气管温度低时氧传感器也能工作，有的氧化锆式氧传感器中装有加热器，并且加热器也由ECU控制。氧化锆式氧传感器与ECU的连接如图1-40所示。

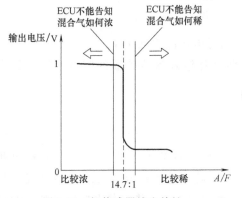

图1-39 氧传感器输出特性

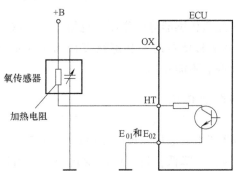

图1-40 氧化锆式氧传感器与ECU的连接

视频：氧传感器的检测

2. 氧化钛式氧传感器

氧化钛式氧传感器是利用二氧化钛材料的电阻值随排气中氧含量的变化而变化的特性制成的。其外形与氧化锆式氧传感器相似，主要由二氧化钛元件、金属外壳、陶瓷绝缘材料和接线端子等组成，其结构如图1-41所示。

在高温下，二氧化钛（TiO_2）具有高电阻性，周围气体氧含量少时，电阻随之下降。氧化钛式氧传感器与ECU的连接如图1-42所示。R_t用作温度补偿，以消除温度变化对测量精度的影响，其温度系数与二氧化钛敏感元件相同。

当混合气偏稀时，排气中氧的含量高，则氧化钛式氧传感器呈现高电阻的状态，此时1V电源电压经氧传感器电阻降压，返回ECU的输出信号OX电压低于0.45V；当混合气偏浓时，排气中氧的含量低，则氧化钛式氧传感器因缺氧而形成低电阻的氧化半导体，此时

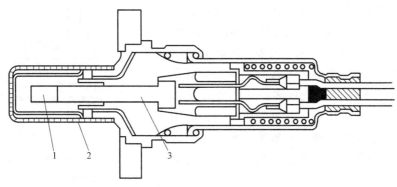

图 1-41 氧化钛式氧传感器的结构
1—二氧化钛元件 2—金属外壳 3—陶瓷绝缘材料

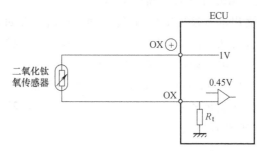

图 1-42 氧化钛式氧传感器与 ECU 的连接

1V 电源电压经氧传感器电阻降压，返回 ECU 的 OX 信号电压高于 0.45V。

氧化钛式氧传感器的安装螺纹直径为 14mm，而氧化锆式氧传感器的安装螺纹直径为 18mm，因此两者不能互换。

1.4.9 空燃比传感器

氧传感器产生的电压在理论空燃比（14.7∶1）时发生突变（见图 1-39），一旦超出此范围，其反应性能降低，信号电压变化微弱。当发动机需要进行稀混合气或浓混合气控制时，这种传感器就无法胜任了。与氧传感器相似，空燃比（A/F）传感器也探测排气中的氧浓度。相比而言，空燃比传感器能检测的空燃比的范围大（$0.7<\lambda<4$），且空燃比探测精度高，因而又称为宽型或宽比氧传感器。用空燃比传感器参与闭环控制，喷油脉宽修正将更加精确。在采用双氧传感器的排放系统中，上游传感器采用空燃比传感器，下游氧传感器采用加热型氧化锆式氧传感器。

德国博世公司生产的空燃比传感器是 6 线平面型氧化锆式氧传感器，其内有两组传感元件，读取氧含量的方式与常规的氧化锆管相同。该种氧传感器选用层状陶瓷氧化锆，采用筛网印刷技术将电极、导电陶瓷层、绝缘介质和加热器等集成在一起，厚度仅有 1.5mm，体积小、重量轻、不易被污染。

1. 空燃比传感器的工作原理

氧化锆式氧传感器有一特性，就是当氧离子移动时会产生电动势。空燃比传感器采用反向方法，ECU 将电压施加于氧化锆组件上，造成氧离子的移动，据此可由发动机 ECU 控制所需要的比例值。该传感器利用限流原理和氧浓度差电池原理的结合，将传感器分成两部分：一部分传感器为泵电池，另一部分传感器为氧浓度差电池，两部分传感器中间隔了一个扩散通道，如图1-43所示。

感应室上面一侧的电极暴露在扩散通道的排气中作为信号端，感应室下面一侧的电极暴露在参考空气中作为参考电极（搭铁）。在氧浓度差效应作用下，参考信号电压 U_C 与传统氧传感器一样，会随排气中氧含量的变化而变化。ECU通过改变泵送电流 I_P 的大小及方向，使感应室的参考信号电压 U_C 输出保持在0.45V，从而得到泵送电流 I_P 与过量空气系数 λ 值相对应的关系曲线，如图1-44所示。

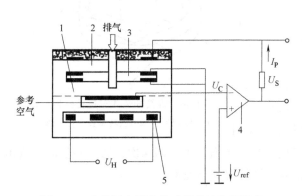

图1-43 全范围空燃比传感器的结构及原理
1—氧浓度差电池感应室 2—泵电池加压室
3—扩散通道 4—控制电路 5—加热组件

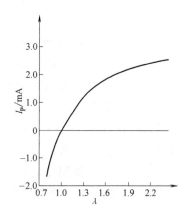

图1-44 泵送电流与过量空气系数的关系

当混合气浓时，ECU通过控制流向加压室上面一侧电极的电流 I_P，来限制加压室两侧电极的电压，改变氧离子的流向，从而调整扩散通道内的氧含量，使参考信号电压 U_C 维持在0.45V。当混合气变浓时，排气中氧的含量低，信号电压 U_C 上升，于是ECU降低泵送电流 I_P，体现在控制电压较低甚至为负电压值，以降低扩散通道内的氧含量，使之与排气的氧含量接近，信号电压降低，趋近于0.45V。当混合气变稀时，ECU提高泵送电流 I_P，体现在控制电压较高或为正电压值，以增加扩散通道内的氧含量，使之与排气的氧含量接近，信号电压上升，趋近于0.45V。

和有些氧传感器相同，空燃比传感器上也配有加热器，在排气温度低时用来保持探测性能。但是，空燃比传感器的加热器比氧传感器的加热器需耗用的电流大得多，故其10s内即可进入正常工作温度范围内。

2. 空燃比传感器控制电压特征

与常规的氧传感器不同，当混合气浓时，空燃比传感器控制电压 U_S 小；当混合气稀时，空燃比传感器控制电压 U_S 大。ECU输出的空燃比传感器控制电压 U_S 的波形如图1-45所示。

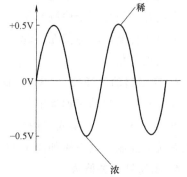

图1-45 ECU输出的空燃比传感器
控制电压 U_S 的波形

1.4.10 车速传感器

车速传感器检测汽车行驶速度，给 ECU 提供车速电信号，用于控制发动机怠速转速、汽车加（减）速期间的汽油喷射、点火控制、巡航控制以及限速断油控制。车速传感器有电磁感应式、霍尔式、光电式及舌簧开关式等。电磁感应式、霍尔式、光电式车速传感器的基本组成及工作原理与同类型的曲轴位置传感器相同，只是信号触发转子的驱动源不同。这里主要介绍舌簧开关式车速传感器。

舌簧开关式车速传感器一般装在里程表内，由磁铁和舌簧开关等组成，其结构如图 1-46 所示。舌簧开关 3 是在小玻璃管内装有两个细长的触头，触头由强磁性材料制成，受玻璃管外磁极的控制。相间布置有 4 个磁极的磁铁转子 1 可以在软轴驱动下转动。当磁铁转子 1 转动时，磁铁对舌簧开关臂的磁化呈周期性

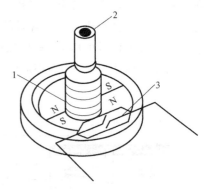

图 1-46　舌簧开关式车速传感器的结构
1—磁铁转子　2—接转速表　3—舌簧开关

变化，使舌簧开关 3 周期性地开闭。转子每转 1 周，舌簧开关开闭 4 次，通过测量电路输出 4 个脉冲信号，ECU 根据此脉冲信号的频率即可计算得到车速参数。

1.4.11 开关信号

在汽车电子控制系统中，ECU 还必须根据一些开关的信号确定发动机或其他系统的工作状态。常用的开关信号有起动开关（STA）信号、空调开关（A/C）信号、空档起动位开关（NSW）信号、制动灯开关信号、动力转向开关（PS）信号及巡航控制开关信号等。

1. 起动开关（STA）信号

起动开关信号用于判断发动机是否处于起动状态，确认发动机处于起动状态时，将加大喷油量。起动开关信号电路如图 1-47 所示。ECU 与起动开关接线端和起动机的起动开关连在一起，在起动开关接通的同时向 ECU 提供起动开关信号。

2. 空调开关（A/C）信号

空调开关信号用于检测空调压缩机是否在工作，ECU 的空调开关信号输入端与空调压缩机电磁离合器的电源接在一起，ECU 可根据空调开关信号控制发动机的怠速转速和怠速时的点火提前角。

3. 空档起动位开关（NSW）信号

在装有电控自动变速器的汽车中，ECU 根据空档起动位开关信号可判断自动变速器是处于 P 位或 N 位（停车或空档），还是处于行驶状态。空档起动位开关信号主要用于起动和怠速系统的控制，其电路如图 1-48 所示。

4. 制动灯开关信号

汽车制动时向 ECU 输出制动信号，ECU 根据输入制动灯开关信号修正喷油量及点火提前角。

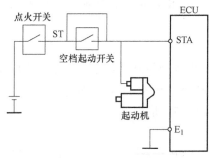
图 1-47 起动开关信号电路图

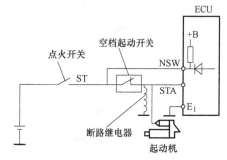
图 1-48 空档起动位开关信号电路图

5. 动力转向开关（PS）信号

装置动力转向的汽车，当汽车在行驶中由中间向左右方向转动时，转向助力泵工作，ECU 接到动力转向开关信号后及时修正喷油量和点火提前角。

6. 巡航开关信号

当汽车在巡航控制状态行驶时，巡航开关向 ECU 输出信号，由 ECU 自动控制车速。

1.5 电子控制单元

电子控制单元（ECU，简称电控单元）的功能是采集和处理各种传感器的输入信号，根据发动机工作的要求（喷油脉宽、点火提前角等），进行控制决策的运算，并输出相应的控制信号，控制执行器工作。当前电控发动机中除了控制喷油外，还控制点火、EGR、怠速等，由于共用一个 ECU 对发动机进行综合控制，又被称为发动机管理系统。ECU 主要由输入电路、A/D 转换器、微处理器和输出电路组成，如图 1-49 所示。

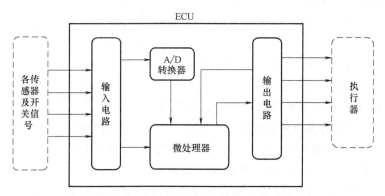
图 1-49 电子控制单元（ECU）的组成

1. 输入电路

从传感器来的信号，首先进入输入电路。输入电路会对输入信号进行预处理，一般是滤除杂波和把正弦波变为矩形波后，再转换成电压信号。另外，输入电路还向传感器提供稳定的电源，确保各传感器正常工作。输入电路的作用如图 1-50 所示。

2. A/D 转换器（模/数转换器）

从传感器输出的信号有相当一部分是模拟信号，经输入电路处理后，虽已变成相应的电压信号，但这些信号还不能被微处理器直接处理，需经过相应的 A/D 转换器，将模拟信号转换成数字信号后再输入微处理器。

3. 微处理器

微处理器是发动机电子控制的中心，它能根据需要把各种传感器送来的信号，用内存程序和数据进行运算处理，并把处理结果送往输出电路。微处理器主要由中央处理器（CPU）、存储器和输入/输出接口（I/O）等组成，如图 1-51 所示。

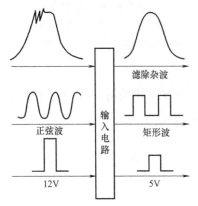

图 1-50　输入电路的作用

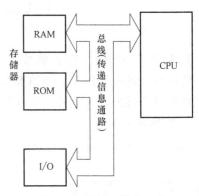

图 1-51　微处理器的组成

（1）**中央处理器**（CPU）　CPU 主要由运算器、寄存器及控制器组成，如图 1-52 所示。CPU 的工作是在时钟脉冲发生器的操作下进行的，当微机通电后，时钟脉冲发生器立即产生一连串具有一定频率和脉宽的电压脉冲，使计算机全部工作同步，保证同一时间内完成一定的操作，实现控制系统各部分协调工作的目的。

（2）**存储器**　存储器的主要功能是存储信息，其一般分为 RAM 和 ROM 两种。

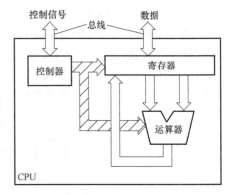

图 1-52　CPU 的组成

RAM（随机存储器）主要用来存储计算机操作时的可变数据，如用来存储计算机的输入、输出数据和计算过程产生的中间数据等。当电源切断时，所存入 RAM 的数据均完全消失，因此一般 RAM 都通过专用电源后备电路与蓄电池直接连接。但拔掉蓄电池缆线时，数据仍会消失。

ROM（只读存储器）是只能读出的存储器，用来存储固定数据，即存放各种永久性的程序和数据，如喷油特性脉谱、点火控制特性脉谱等。这些资料一般都是在生产时由厂家一次存入的，新的数据不能存入，电源切断时 ROM 中的信息不会消失。

ROM 存储的大量程序和数据，是计算机进行操作和控制的重要依据，它们都是通过大量实验获得的。存入 ROM 中数据的精确性（如各种工况和各种因素影响下发动机的喷油控制数据、点火控制数据），是满足微机控制发动机动力性、经济性和排放等的最重要的保证。

近年来，在汽车电子控制系统中使用了一些新型只读存储器。

1) 可编程 ROM（PROM）：将设计的程序固化进去，ROM 内容不可更改。

2) 可擦除、可编程 ROM（EPROM）：可编程固化程序，且在程序固化后可通过紫外线光照擦除，以便重新固化新数据。

3) 电可擦除可编程 ROM（EEPROM）：可编程固化程序，并可利用电压来擦除芯片内容，以便重新固化新数据。

(3) 输入/输出接口（I/O） I/O 是 CPU 与输入装置（传感器）、输出装置（执行器）间进行信息交流的控制电路。根据 CPU 的命令，输入信号以所需要的频率通过 I/O 接口接收，输出信号则按发出控制信号的形式和要求通过 I/O 接口以最佳的速度输出。输入、输出装置一般都通过 I/O 接口才能与微处理器连接。它具有数据缓冲、电压信号匹配、时序匹配等多种功能。

4. 输出电路

输出电路是微处理器与执行器之间建立联系的一部分装置，它将微处理器发出的指令转变成控制信号来驱动执行器工作。由于微处理器输出的电信号较弱，不能直接控制执行器。因此，输出电路中大多采用由大功率晶体管组成的输出驱动器，由计算机输出信号控制晶体管的导通与截止，从而控制执行器的搭铁回路。因此，输出电路一般起着控制信号的生成和放大等作用。

输出电路驱动执行器的方式大致有两种：一种是向执行器提供搭铁通路，由执行器直接连接电源，如图 1-53a 所示；另一种是向执行器提供电压脉冲，由执行器本身搭铁，如图 1-53b 所示。

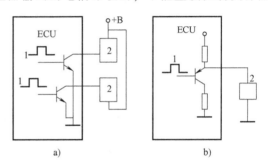

图 1-53　控制器的输出电路
a) 向执行器提供搭铁通路　b) 向执行器提供电压脉冲
1—控制脉冲　2—执行器

1.6　执行器

执行器的作用是严格按照 ECU 输出的控制指令完成具体的操作动作，经控制参量迅速调整到设定的值，使控制对象在设定的状态下工作。汽车电子控制系统的执行器按照执行机构动作所用的驱动装置结构原理的不同，主要分为电动机类和电磁阀类两种。

具体的执行器主要有喷油器、点火器、怠速控制阀、巡航控制电磁阀、节气门控制电动机、EGR 阀、进气控制阀、二次空气喷射阀、活性炭罐排泄电磁阀、油泵继电器、风扇继电器、空调压缩机继电器、自诊断显示与报警装置、仪表显示器等。

思　考　题

1. 简述汽车电子控制技术的发展趋势。
2. 汽车电子控制系统的基本组成及各部分的作用是什么？

3. 叶片式空气流量计的基本组成是什么？它是如何检测空气流量的？

4. 卡门旋涡式空气流量计的测量原理是什么？

5. 热式空气流量计的工作原理是什么？有哪两种类型？

6. 节气门位置传感器有哪些类型？线性可变电阻式节气门位置传感器的工作原理是什么？

7. 热敏电阻式温度传感器的测量原理是什么？

8. 发动机转速与曲轴位置传感器有哪些结构类型？各种类型的发动机转速与曲轴位置传感器是如何工作的？

9. 氧传感器的作用是什么？氧化锆式和氧化钛式氧传感器的工作原理是什么？

10. 共振型压电式爆燃传感器的工作原理是什么？

11. 请分析空燃比传感器的工作原理。

12. 汽车电子控制系统常用的开关信号有哪些？

13. ECU 主要有哪几部分组成？

第2章

发动机电子控制系统

2.1 电子燃油喷射系统

2.1.1 电子燃油喷射系统概述

1. 汽油机燃油喷射技术发展概况

汽油机燃油喷射技术的发展起因是人们对汽油机性能的要求。人们对发动机动力性的期望，促使汽车工程师把飞机发动机燃油喷射技术移植到车用汽油机上。人们对降低发动机燃油消耗和有害物排放量的要求，促成汽油机走上了电子控制的发展历程。从机械控制汽油喷射到发动机集中管理系统，汽油机控制技术在近50年的时间里，经历了三个技术发展阶段。

第一阶段，即1952—1958年。这一阶段的主要特征是以提高发动机动力性为主要目的，把飞机发动机燃油喷射技术移植到汽车发动机上，汽油机走上了汽油喷射的发展道路。1952年，博世公司研制成功第一台机械控制缸内喷射汽油机，并成功地安装在戴姆勒-奔驰（Daimler-Benz）300L型赛车上。1958年，博世公司研制成功了机械控制进气管喷射汽油机，并成功地安装在梅赛德斯-奔驰（Mercedes-Benz）220S型轿车上。机械控制汽油喷射技术的成功研制，不仅提高了汽车的动力性，而且为以后电子控制汽油喷射技术的开发提供了宝贵经验。

第二阶段，即1958—1979年。这一阶段的主要特征是以减少有害物排放及降低能耗为主要目的，以空燃比精确控制为基本措施的各种电子控制汽油喷射系统相继开发成功，汽油机运行控制进入电子控制的新阶段。在这一阶段，汽油喷射控制实现了从机械控制到数字电路控制的发展，为汽油机电子控制的开发奠定了基础。

1957年，美国奔德士（Bendix）公司成功研制了由真空管电子控制系统控制的汽油喷射装置，德国博世公司在此基础上进行了改进，开发出D-Jetronic电子燃油喷射系统，并于1967年开始批量生产。安装了D-Jetronic电子燃油喷射系统的VW1600型轿车，大大降低了有害物的排放量。为解决D型喷射装置存在的系统精度较低、难以控制排放的问题，1972年，博世公司推出了L-Jetronic燃油喷射装置，可直接测量进气量以控制燃油喷射。

第三阶段为1979年以后。这一阶段的主要特征是以微机为控制核心的发动机集中管理系统在汽油机上得到广泛应用，发动机集中管理的控制功能不断拓展，使汽油机的综合性能得到了全面提高。

1979年，德国博世公司在L-Jetronic系统的基础上，将电控点火系统和电子燃油喷射系统组合在一起，开发了 M-Motronic 系统，即发动机集中管理系统。发动机集中管理系统将所有发动机运行控制和管理功能集中到一个微机上，消除了以前的单一控制系统按控制功能设置控制单元和传感器的弊病，对于不同控制功能共同需要的传感器，只要设置一个共用传感器就能满足控制要求，不仅简化了控制系统，降低了制造成本，而且提高了控制系统的工作可靠性。1981 年，博世公司在 L-Jetronic 系统的基础上开发了 LH-Jetronic 系统。该系统采用热线式空气流量计，能直接测出进入发动机空气的质量流量。在 1987 年至 1989 年期间，博世公司又相继开发出了用于中小型乘用车的电控单点汽油喷射系统，即 Mono-Jetronic 系统和 Mono-Motronic 系统。

20 世纪 90 年代，为了满足更加严格的排放指标和根据"京都议定书"确定的分阶段降低汽车 CO 排放量的要求，世界各国主要汽车公司逐步增加发动机集中管理系统的控制功能，这样既满足了当时排放法规的要求，还加大了能满足未来排放法规要求的开发力度。1995 年，日本三菱汽车公司开发了电控缸内直喷汽油机，即 GDI 系统。它采用汽油缸内直喷技术，可以实现汽油机的分层稀薄燃烧，有利于大幅降低汽油机的燃油消耗和有害物排放，成为 21 世纪汽油机发展的主要方向。在此期间，博世公司也开发成功了具有节气门控制功能的 Me-Motronic 系统和采用缸内直喷技术的 MED-Motronic 系统。

我国在汽油机电控技术应用方面起步较晚，从 1994 年上海大众推出采用 D-Jetronic 电子燃油喷射系统的桑塔纳型轿车算起，到 2002 年年底，国产轿车汽油机已全部采用电子控制系统，其发展速度是超常规的。北京和上海已分别在 2002 年和 2003 年开始执行欧 II 标准。2020 年 7 月 1 日起，在全国开始实施机动车国六第一阶段排放标准。汽油机电控技术的普遍应用和排放标准的逐步严格，促进了我国汽油机电控技术的发展，缩短了我国与发达国家在汽车电子化进程上的技术差距。

2. 电子燃油喷射系统的优点

目前，大多数汽油机都采用电子燃油喷射系统（electronic fuel injection，EFI）。电子燃油喷射系统的基本作用是按照汽油机各种工况的要求控制喷油量，与进入的空气混合形成适当浓度的可燃混合气，以实现空燃比的最佳控制。因此，汽油机电子燃油喷射系统具有以下优点。

1）进气阻力小，提高了发动机的充气系数。汽油喷射系统没有喉管，减少了进气阻力，提高了发动机的充气效率，从而提高了发动机的动力性。

2）汽油雾化性能良好，使油气混合更均匀。由于增大了燃油的喷射压力，喷射的汽油颗粒小，雾化良好，有助于各缸形成均匀的混合气，使各缸均有良好的燃烧，降低油耗和排气污染。此外，还能使发动机冷机起动容易，暖机性能提高。

3）空燃比控制精度高。能根据发动机负荷的变化，精确控制混合气的空燃比，在发动机不同工况下，还能对喷油量进行修正，可使发动机始终处在最佳的空燃比状态下工作。

4）可实现汽车减速断油控制，既能降低排放，也能节省燃油。

5）电子燃油喷射系统配用排放控制系统后，大大降低了 HC、CO 和 NO_x 等有害物的排放。

3. 电子燃油喷射系统的基本类型

(1) 按电子燃油喷射方式分类 按喷射方式不同，电子燃油喷射系统可以分为缸内喷射和进气管喷射两大类。

1）缸内喷射。该喷射方式是将喷油器安装在缸盖上直接向缸内喷油，如图 2-1c 所示。因此，要求喷油器阀体能承受燃气产生的高温高压。另外，发动机设计时需保留喷油器的安装位置。缸内喷射是近年来燃油喷射技术的发展趋势之一。

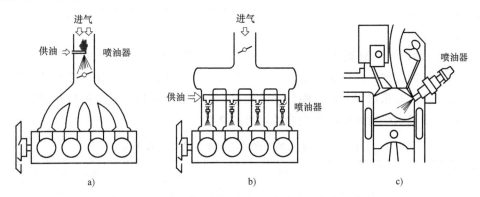

图 2-1　汽油机电子燃油喷射系统的基本类型和特点
a）单点喷射　b）多点喷射　c）缸内直接喷射

2）进气管喷射。该喷射方式是目前普遍采用的喷射方式。根据喷油器和安装位置的不同又可分为单点喷射和多点喷射两种。

单点喷射（single-point injection，SPI）系统是在节气门上方有一个中央喷射装置，将燃油喷入进气流，形成混合气进入进气歧管，再分配到各气缸中，如图 2-1a 所示。因此，单点喷射又称为节气门体喷射（throttle body injection，TBI）或中央燃油喷射（central fuel injection，CFI）。

多点喷射（multi-point injection，MPI）系统是在每个气缸的进气口处装有一个喷油器，由电控单元控制进行分缸单独喷射或分组喷射，汽油直接喷射到各缸的进气门前方，再与空气一起进入气缸形成混合气，如图 2-1b 所示。多点喷射又称为多气门喷射（multi-port injection，MPI）、顺序燃油喷射（sequential fuel injection，SFI）或单独燃油喷射（individual fuel injection，IFI）。多点喷射系统直接向进气门前方喷射，是目前最普遍的喷射系统。

（2）按空气量的检测方式分类　按空气量的检测方式不同，电子燃油喷射系统可以分为间接式检测方式和直接式检测方式两大类。

1）D 型电子燃油喷射系统（间接式检测方式）。D 源于德文单词"druck（压力）"的第一个字母。D 型电子燃油喷射系统利用绝对压力传感器检测进气管内的绝对压力，电控单元根据进气管内的绝对压力和发动机转速推算出发动机的进气量，再根据进气量和发动机转速确定基本喷油量。D 型电子燃油喷射系统也称为速度密度式（speed-density）燃油喷射系统。

2）L 型电子燃油喷射系统（直接式检测方式）。L 源于德文单词"luftmengen（空气流量）"的第一个字母。L 型电子燃油喷射系统利用空气流量计直接测量发动机的进气量，电控单元不必进行推算，即可根据空气流量计信号计算与该空气量相应的喷油量。由于消除了推算进气量的误差影响，其测量的准确程度高于 D 型，故对混合气浓度的控制更精确。L 型电子燃油喷射系统也称为质量流量式（mass-flow）燃油喷射系统。

(3) 按有无反馈信号分类 按有无反馈信号,电子燃油喷射系统可分为开环控制系统和闭环控制系统。

1) 开环控制系统(无氧传感器)。它是将通过实验确定的发动机各工况的最佳供油参数预先存入电控单元,在发动机工作时,电控单元根据系统中各传感器的输入信号,判断自身所处的运行工况,并计算出最佳喷油量,通过对喷油器喷射时间的控制来控制混合气的浓度,使发动机优化运行。

2) 闭环控制系统(有氧传感器)。在该系统中,发动机排气管上加装了氧传感器,根据排气中氧含量的变化,判断实际进入气缸的混合气空燃比,再通过计算机与设定的目标空燃比值进行比较,并根据误差修正喷油器喷油量,使空燃比保持在设定的目标值附近。

汽油机电子燃油喷射系统的类型和特点见表2-1。

表2-1 汽油机电子燃油喷射系统的类型和特点

基本类型			结构特点	混合气形成过程
间接喷射	多点喷射系统	L型、LH型	通过空气流量传感器和发动机转速传感器确定基本喷油脉宽;每个进气歧管各安装一个喷油器;喷油压力约为0.25MPa	喷油器将定量的燃油向各缸进气歧管喷射,与空气混合为可燃混合气吸入气缸内
		D型	通过进气压力传感器和发动机转速传感器确定基本喷油脉宽;每个进气歧管各安装一个喷油器;喷油压力约为0.25MPa	同上
	单点喷射系统		通过空气流量传感器(或进气压力传感器或节气门位置传感器)和发动机转速传感器确定基本喷油脉宽;在节气门上方安装一个喷油器;喷油压力约为0.10MPa	喷油器将定量的燃油喷射在节气门上方,与空气混合为混合气吸入发动机气缸内
直接喷射			通过空气流量传感器(或进气压力传感器)和发动机转速传感器确定基本喷油脉宽;在每缸燃烧室安装一个喷油器;喷油压力约为12.0MPa	喷油器将定量的燃油喷射到燃烧室内,与空气混合为可燃混合气

4. 典型的电子燃油喷射系统简介

(1) L型、LH型电子燃油喷射系统 L-Jetronic系统(即L型叶特朗尼克系统)是多点电子燃油喷射系统的基本类型之一,由德国博世公司开发生产。LH-Jetronic系统(即LH型叶特朗尼克系统)和Motronic系统(即莫特朗尼克系统)等均是在L型电子燃油喷射系统的基础上发展起来的。其共同特点是系统中采用空气流量传感器检测进气量,电控单元根据发动机转速信号和空气流量信号确定基本喷油量。

L型、LH型电子燃油喷射系统的组成分别如图2-2和图2-3所示。L型采用叶片式空气流量计检测进气量,而LH型采用热线式或热膜式空气流量计检测进气量,二者在系统组成和工作原理上极为相似。

(2) D型电子燃油喷射系统 D型电子燃油喷射系统的组成如图2-4所示。其主要特点是采用进气歧管绝对压力传感器检测进气歧管内绝对压力(真空度)的变化,作为发动机进气量的间接检测信号。与L型电子燃油喷射系统相比,除进气系统和进气量的检测方式不同外,其他的结构与工作原理基本相同。

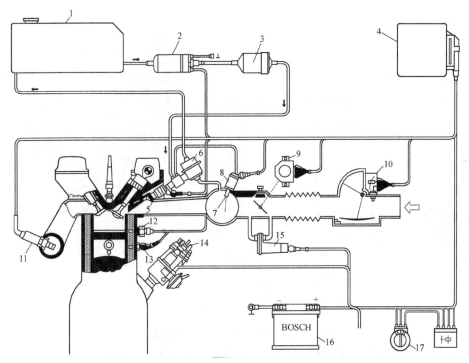

图 2-2 L 型电子燃油喷射系统的组成

1—燃油箱 2—电动燃油泵 3—燃油滤清器 4—电控单元 5—喷油器 6—油压调节器 7—进气歧管 8—冷起动阀 9—节气门开关 10—空气流量计 11—氧传感器 12—冷却液温度传感器 13—温度时间开关 14—分电器 15—急速空气阀 16—蓄电池 17—点火开关

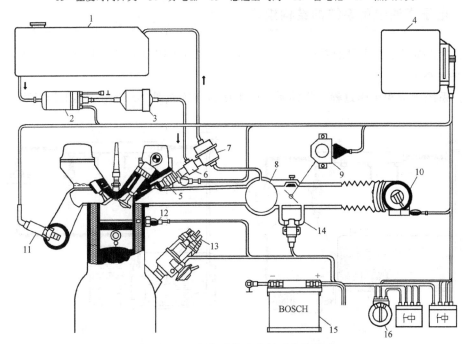

图 2-3 LH 型电子燃油喷射系统的组成

1—燃油箱 2—燃油泵 3—燃油滤清器 4—电控单元 5—喷油器 6—燃油管 7—油压调节器 8—进气歧管 9—节气门位置传感器 10—空气流量计 11—氧传感器 12—冷却液温度传感器 13—分电器 14—急速空气阀 15—蓄电池 16—点火开关

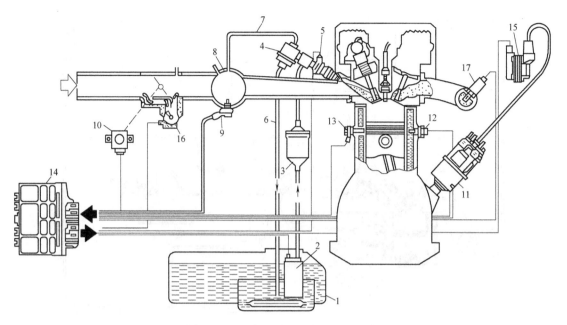

图 2-4 D 型电子燃油喷射系统的组成

1—燃油箱 2—电动燃油泵 3—燃油滤清器 4—油压调节器 5—喷油器 6—回油管 7—真空管 8—进气歧管
9—进气压力传感器和进气温度传感器 10—节气门位置传感器 11—分电器和霍尔式传感器 12—冷却液温度传感器
13—爆燃传感器 14—电控单元 15—点火器和点火线圈 16—急速空气阀 17—氧传感器

2.1.2 电子燃油喷射系统的结构组成

电子燃油喷射系统由供油系统、空气供给系统和电子控制系统三个子系统组成。

1. 供油系统

（1）系统组成和工作过程　供油系统的组成与布置如图 2-5 所示。其工作过程是：电动

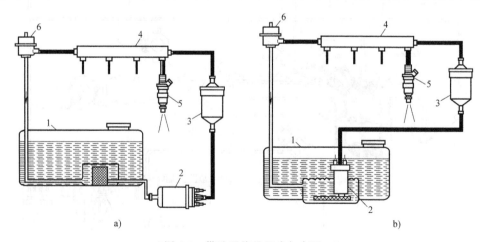

图 2-5 供油系统的组成与布置

a) L 型　b) LH 型

1—燃油箱　2—电动燃油泵　3—燃油滤清器　4—燃油油轨　5—喷油器　6—油压调节器

燃油泵 2 将燃油从燃油箱 1 中泵出，经燃油滤清器 3 滤清后进入燃油管，经油压调节器 6 调节燃油压力，使燃油压力与进气压力之差保持恒定。燃油管将燃油输送给冷起动阀和各喷油器，喷油器根据电控单元输出的喷油信号，定时定量地将燃油喷射到进气歧管内。

L 型电子燃油喷射系统的电动燃油泵安装在油箱外部。LH 型供油系统采用燃油箱内装式燃油泵，以简化系统布置，提高系统可靠性。LH 型供油系统取消了冷起动喷油器，冷车起动时通过电控单元控制各缸喷油器以增加喷油量。

（2）**电动燃油泵** 电动燃油泵的作用是向燃油系统输送一定压力的燃油。

电动燃油泵的结构如图 2-6 所示，其主要由永磁直流电动机 3 和燃油泵 2 两部分组成。电动机转子与油泵转子同轴，由壳体封闭为一体，内部充满燃油。电动燃油泵工作时，电动机驱动油泵转子一起旋转，将燃油加压后从出油口 B 泵出。燃油流经电动机时对电动机进行冷却，在使用时，不要等油箱中的燃油全部耗尽后再加油，以免烧坏油泵。

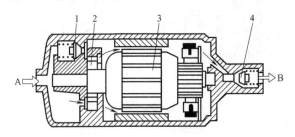

图 2-6　电动燃油泵的结构

1—限压阀　2—燃油泵　3—永磁直流电动机　4—单向阀　A—进油口　B—出油口

进油口 A 一端设有限压阀 1，防止管路堵塞时造成油压过高，在油压超过 300kPa 时，限压阀打开，超压的燃油流回进油口。出油口一端设有单向阀 4，防止发动机熄火后供油管路中燃油倒流，以维持一定的系统油压。

按照泵油原理不同，燃油泵可分为滚柱式油泵、涡轮泵、内齿轮泵和侧槽泵四种。

滚柱式油泵的工作原理如图 2-7 所示，油泵转子 1 在电动机的驱动下，进油口 A 一侧容积由小变大，将燃油从进油口吸入；出油口 B 一侧容积由大变小，将燃油加压后从出油口泵出，给燃油系统供油。

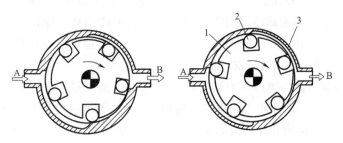

图 2-7　滚柱式油泵的工作原理

1—转子　2—滚柱　3—泵体　A—进油口　B—出油口

滚柱式燃油泵在外装式和内装式中均有采用，但滚柱式燃油泵泵油时油压脉动大，必须安装油压脉动阻尼器，外装式近年来已很少采用。目前，轿车广泛采用内装式涡轮泵。

涡轮式电动燃油泵主要由永磁直流电动机 3、涡轮泵 10、卸压阀 4、单向出油阀 5 等组成，其结构如图2-8所示。

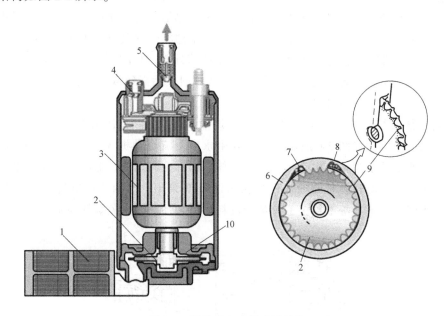

图2-8 涡轮式电动燃油泵结构
1—滤网 2—叶轮 3—永磁直流电动机 4—卸压阀 5—单向出油阀
6—泵壳体 7—出油口 8—进油口 9—叶片 10—涡轮泵

涡轮泵主要由叶轮、叶片、泵壳体和泵盖组成，叶轮安装在燃油泵电动机的转子轴上。燃油泵电动机通电时，叶轮与电动机电枢一起转动，由于叶轮（转子）的外圆有很多齿槽，在其前后利用摩擦而产生压力差，重复运转令泵内产生涡流而使压力上升，由泵室输出。这种泵由于使用薄型叶轮，所需转矩较小，可靠性高。此外由于不需消声器，故可小型化，因此涡轮式电动燃油泵被广泛用于多种车型上。

为了防止管路堵塞时造成油压过高，燃油泵设有卸压阀。当油泵出口压力达到0.35～0.5MPa时，卸压阀打开，泄出的燃油返回油箱。出油口一端设有单向阀，防止发动机熄火后供油管路中燃油倒流，以维持一定的残余油压，便于下次起动发动机。

(3) **燃油滤清器** 燃油滤清器的作用是滤除汽油中的杂质。滤清器壳体内有一个纸质滤芯，滤芯的孔径约为$10\mu m$，后面串接一个纤维制成的过滤网，以提高滤清效果。在维护时应按规定的行驶里程（通常为40000km）更换燃油滤清器。

(4) **燃油压力调节器** 燃油压力调节器（简称油压调节器）的作用是调节供油总管的燃油压力，使供油总管的燃油压力与进气歧管的压力之差保持不变，这样喷油器的喷油量不受进气压力的影响，而由喷油器的开启时间决定，其结构如图2-9a所示，由金属壳体组成的内腔被膜片3分成两室，膜片的一侧为预压缩的弹簧4，膜片的另一侧为一定压力的燃油。当燃油压力超过预调压力时，油压克服弹簧压力使膜片向下移动，由膜片控制的阀门1将回油孔开启，多余的燃油流回油箱，使燃油压力下降。燃油供给系统的压力随进气歧管压力的变化而变化，但燃油供给系统的压力与进气压力之差是恒定的，该数值约为0.25MPa，如图2-9b所示。燃油压力与进气歧管压力之差由油压调节器中的弹簧弹力限定，调节弹簧预紧力即可改变两者的压力差,即改变喷油压力。

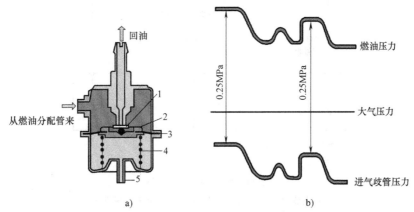

图 2-9 燃油压力调节器
a) 结构　b) 调节特性
1—阀门　2—阀座　3—膜片　4—弹簧　5—接进气歧管

（5）喷油器　喷油器的作用是在电控单元的控制下向各缸进气歧管定时定量地喷油。如图 2-10 所示,喷油器主要由滤网 1、电插头 2、电磁线圈 3、回位弹簧 4、衔铁 5、针阀 6 及轴针 7 等组成。喷油器内装有电磁线圈 3,喷油器头部的针阀 6 与衔铁 5 制成一体。当电磁线圈 3 不通电时,针阀 6 在回位弹簧 4 的作用下将喷油孔封住。当发动机 ECU 接通喷油器电路时,电磁线圈 3 通电,产生的电磁力将衔铁 5 和针阀 6 吸起,使燃油从针阀 6 头部的环形间隙喷出,一般针阀的升程约为 0.1mm。当电磁线圈 3 断电时,在回位弹簧 4 的作用下,针阀 6 立即将阀口关闭,喷油器停止喷油。ECU 每次控制喷油器电磁线圈 3 通电的时间称为喷油脉宽,一般为 2~10ms,喷油器的喷油量取决于针阀 6 的开启时间,开启时间越长,喷油量越多。

喷油器的驱动方式分为电流驱动和电压驱动两种。电流驱动只适用于低阻喷油器,而电压驱动既可用于低阻喷油器,又可用于高阻喷油器,如图 2-11 所示。低阻喷油器是指电磁线圈的电阻值为 1~3Ω 的喷油器;高阻喷油器是指电磁线圈的电阻值为 12~17Ω 的喷油器。

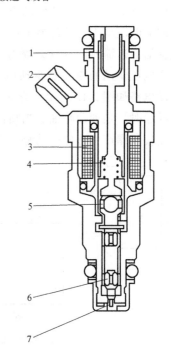

图 2-10 喷油器
1—滤网　2—电插头　3—电磁线圈
4—回位弹簧　5—衔铁　6—针阀　7—轴针

1)电流驱动。在电流驱动回路中无附加电阻,低阻喷油器直接与蓄电池连接,通过 ECU 中的晶体管对流过喷油器电磁线圈的电流进行控制。由于无附加电阻,回路阻抗小,开始导通时,大电流使针阀迅速打开,喷油器具有良好的响应性。针阀打开后,需要的保持电流较小,可以防止喷油器线圈发热,减少功率消耗。

2)电压驱动。在电压驱动回路中使用低阻喷油器时,必须在回路中加入附加电阻。为

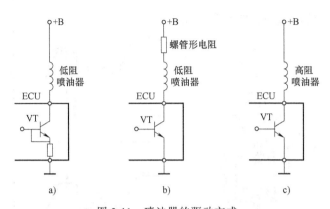

图 2-11 喷油器的驱动方式
a) 电流驱动 b) 低阻电压驱动 c) 高阻电压驱动

使喷油器响应性好，在低阻喷油器中减少了电磁线圈匝数以减小电感，在回路中加入附加电阻，可以防止匝数减少后线圈中电流加大，使线圈发热而造成损坏。

电压驱动方式较电流驱动方式的构成更简单，但加入附加电阻使回路阻抗增加，导致流过线圈的电流减少，喷油器上产生的电磁力降低，针阀开启迟滞时间长。一般来说，电流驱动喷油器的迟滞时间（无效喷射）最短，其次为电压驱动低阻型，电压驱动高阻型最长。

在电压驱动的喷油器驱动电路中，由蓄电池直接供电，ECU 控制喷油器的搭铁回路，其驱动电路如图 2-12 所示。当 ECU 中的喷油器驱动电路 IC 使功率晶体管导通，喷油器搭铁电路导通时，喷油器喷油。当喷油器搭铁断开时，喷油器电磁线圈内的电磁场发生突变，这个突变使线圈产生感应电动势，喷油器波形出现尖峰。

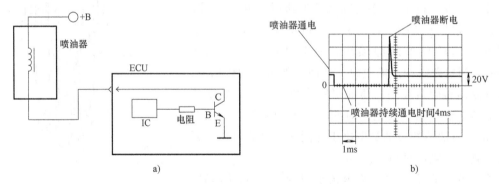

图 2-12 电压驱动方式下的喷油器驱动电路及波形
a) 喷油器驱动电路 b) 喷油器波形

2. 空气供给系统

空气供给系统一般由空气滤清器、节气门体、节气门、怠速空气阀、进气总管及进气歧管等部分组成。另外，为了随时调节进气量，进气系统中还设置了进气量的检测装置。空气供给系统的组成如图 2-13 所示。空气经空气滤清器 4 滤清后，由空气流量计 3 进行检测，再通过节气门 2 进入各缸进气歧管。节气门由驾驶人通过加速踏板操纵，控制进气量的大小。在节气门旁通道上装有怠速空气阀 5，以控制怠速进气量的大小，从而实现怠速控制。

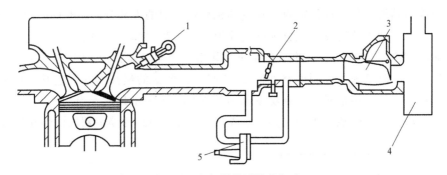

图 2-13 空气供给系统的组成
1—喷油器 2—节气门 3—空气流量计 4—空气滤清器 5—急速空气阀

3. 电子控制系统

电子控制系统由检测发动机工况的各传感器、电控单元（ECU）和执行器三部分组成，如图 2-14 所示。

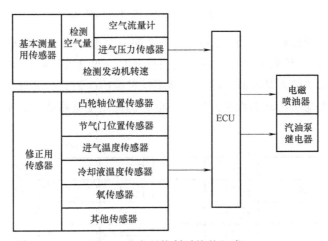

图 2-14 电子控制系统的组成

在发动机正常工作时，各传感器不断检测发动机的转速、空气流量、冷却液温度、进气温度、排气中氧的含量等信号，经输入接口电路输送给 ECU。ECU 首先根据发动机转速和空气流量信号与存储器中的程序和数据进行对比，计算出相应工况下的基本喷油量，并转换为基本喷油脉宽，再根据节气门位置、冷却液温度、进气温度等传感器提供的信号加以修正，得到发动机在这一工况下各缸的最佳喷油量，并将计算结果转换为控制信号，向各缸喷油器输出喷油脉冲信号，实现发动机空燃比精确控制。这一切都是在极短的时间内（不大于 10ms）完成的，在发动机工作期间周而复始地进行着。

2.1.3 电子燃油喷射系统的控制

1. 喷油时序的控制

对于多点间歇喷射发动机，按照喷油时刻可分为同步喷射和异步喷射两种。在起动、加速等过渡工况，喷油系统以异步方式喷射，为临时性喷射。同步喷射是指与发动机旋转同步,在既定的曲轴转角位置进行喷射。在发动机稳定工况的大部分运转时间,喷油系统以同步喷射方式工作。同步喷射发动机分为同时喷射、分组喷射和顺序喷射三种喷油时序控制。

(1) **同时喷射** 多缸发动机的所有喷油器共用一个驱动器,由 ECU 控制同时喷油和停油。四缸发动机同时喷射的控制电路如图 2-15 所示,各缸的喷油器并联连接。ECU 根据曲轴位置传感器送入的基准信号,控制功率晶体管 VT 的导通和截止。当功率晶体管 VT 导通时,各缸的喷油器同时喷油;当功率晶体管 VT 截止时,各缸的喷油器同时停止喷油。

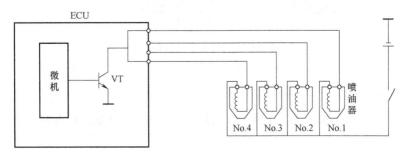

图 2-15 四缸发动机同时喷射的控制电路

四冲程发动机曲轴每旋转一周(360°),各缸同时喷油一次,发动机于一个工作循环内(720°)喷油两次,两次喷射的燃油,在进气门打开时一起进入气缸,如图 2-16 所示。这种早期应用的同时喷射的缺点是各缸的喷油时刻不是很准确,因此,各缸混合气的形成也不是很均匀,因而影响发动机的动力性和经济性。但它的优点是电路简单,不需要判缸信号。

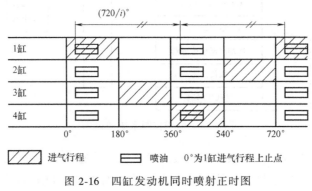

图 2-16 四缸发动机同时喷射正时图
i—气缸数

(2) **分组喷射** 分组喷射一般是将所有气缸的喷油器分成 2~4 组,每组有 2~3 个喷油器同时喷射。四缸发动机一般把喷油器分成两组,每组的喷油器并联工作。ECU 分组控制喷油器,两组喷油器轮流交替喷射。四缸发动机分组喷射的控制电路如图 2-17 所示。其喷油正时由 ECU 根据凸轮轴位置传感器信号或点火信号决定。

四冲程发动机在一个工作循环内(720°),ECU 中的晶体管各导通一次,使两组喷油器各喷油一次。即发动机每转一周,有一组喷油器喷油一次,如图 2-18 所示。这种分组喷射比同时喷射在喷油准时和各缸的燃料分配等性能上有所提高。

(3) **顺序喷射** 顺序喷射是指 ECU 分别独立控制各缸喷油器的喷油时间和喷油量。四缸发动机顺序喷射的控制电路如图 2-19 所示。喷油器驱动回路数与气缸数目相等。

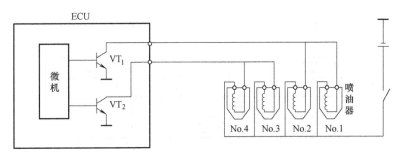

图 2-17　四缸发动机分组喷射的控制电路

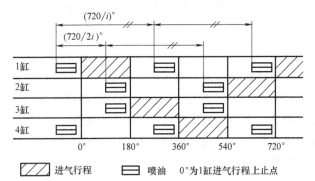

图 2-18　四缸发动机分组喷射正时图
i—气缸数

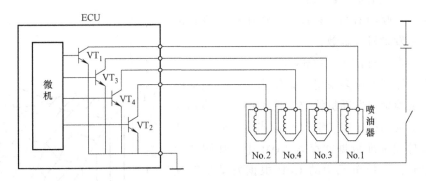

图 2-19　四缸发动机顺序喷射的控制电路

ECU 根据凸轮轴位置传感器（G 信号）、曲轴位置传感器（Ne 信号）和发动机的做功顺序，确定各气缸工作位置。当确定各缸活塞运行至排气行程上止点某一位置时，ECU 输出喷油控制信号，控制晶体管导通，接通喷油器电磁线圈电路，该喷油器开始喷油。

发动机在一个工作循环内（720°），ECU 控制各缸喷油器，按照工作顺序各喷油一次。图 2-20 所示为四缸发动机顺序喷射正时图。这种多点喷射中的顺序喷射比同时喷射和分组喷射效果都好。各缸的燃料分配均匀，喷油时间准确，能提高发动机的动力性和经济性，同时还能减少发动机有害物的排放。其缺点是控制电路较为复杂，需要判缸和正时两个信号，缺少这两个信号发动机将不能起动。然而，对现代电控技术来讲，这已不算问题，因此，顺序喷射在电喷发动机中得到了广泛应用。

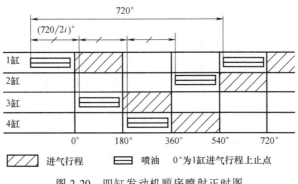

图 2-20 四缸发动机顺序喷射正时图

i—气缸数

2. 喷油量的控制

喷油量控制是电子燃油喷射系统最主要的控制功能之一，其目的是使发动机在各种运行工况下，都能获得最佳的喷油量，以提高发动机的经济性和降低排放污染。

(1) 基本喷油量的确定 基本喷油量用于保证发动机在正常的工作温度下运行时有最佳的空燃比。基本喷油量可根据发动机转速参数和空气流量参数进行计算确定，并通过驱动电路控制喷油器每个工作循环的喷油（通电）时间 T_P，即

$$T_P = \frac{120 G_a}{CZn} \tag{2-1}$$

式中　G_a——空气流量（g/s）；

C——与喷油器结构和理论空燃比有关的常数；

Z——发动机气缸数；

n——发动机转速（r/min）。

燃油喷射控制系统多采用查询法求得基本喷油时间，即通过试验确定发动机特定工况下的最佳喷油时间，取得多组发动机转速、空气流量或进气管压力所对应的喷油时间标准数据并存入 ROM 中，如图 2-21 所示。工作时，电控单元中的 CPU 根据发动机转速和空气流量（或进气管压力），从 ROM 中查询得到基本喷油时间，通过插值法计算得到该工况下的喷油时间。用查询法求得最佳的基本喷油时间，可实现非线性控制，使燃油喷射的控制精度更高。

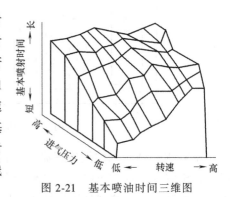

图 2-21 基本喷油时间三维图

(2) 喷油量的修正控制 通过喷油量的修正控制可使发动机在各种情况下都有最适当的空燃比，使发动机始终工作在最佳状态。

在发动机冷起动阶段，氧传感器无输出信号。发动机按可编程只读存储器提供的预定空燃比控制其工作，这一阶段称为开环控制阶段。当点火开关打开时，取下列 T_1、T_2 中的大值作为喷油脉冲输出信号，即

$$T_1 = 1.3 T_e + T_S \tag{2-2}$$

$$T_2 = T_{ST}K_{NST}K_{TST} \tag{2-3}$$

式中　T_e——有效喷油量；

　　　T_S——电压修正值；

　　　T_{ST}——基本喷油脉冲；

　　　K_{NST}——转速修正系数；

　　　K_{TST}——时间修正系数。

当氧传感器到达正常工作温度，开始向电控单元提供排气氧含量的信息时，控制系统则进入闭环控制阶段。此时喷油脉冲 T_0 依下式计算：

$$T_0 = T_P\alpha(1+K_{TW}+K_{AS}+K_{AI}+K_{MR})K_{FC}+T_S \tag{2-4}$$

式中　T_P——基本喷油脉冲；

　　　α——空燃比反馈修正系数；

　　　K_{TW}——冷却液温度修正系数；

　　　K_{AS}——起动时和起动后喷油量增量修正系数；

　　　K_{AI}——怠速后喷油量修正系数；

　　　K_{MR}——空燃比修正系数；

　　　K_{FC}——停油系数；

　　　T_S——电压修正值。

发动机每转一转，计算一次，每次都重新计算喷油脉宽，并利用计算结果控制喷油器工作，通常能实现以下控制内容：

1) 在冷机起动和起动后的高怠速暖机过程中都实行开环控制。起动时供给足够多的初始喷油量，起动后高怠速暖机期间再随着冷却液温度的升高逐渐减油直到进入正常稳定怠速工况时为止。

2) 在稳定工况（含热机怠速工况和负荷工况）下按要求的空燃比供油。如果汽油机没有配置三元催化转化器，则在所有稳定工况都实行开环控制，根据当前的转速、负荷及需要的空燃比确定基本喷油脉宽，再根据一些具体条件进行修正。如果汽油机配置了三元催化转化器，则只在划定的大负荷工况区才实行上述开环控制，而在热机怠速工况和部分负荷工况下实行空燃比反馈闭环控制，使空燃比保持在 14.7∶1 附近的一个很窄的范围内。

3) 加速时在稳定工况基本喷油脉宽的基础上进行加浓修正，修正量与冷却液温度、节气门开度变化率等有关，并随时间减少。减速时则进行减稀修正。当发动机由高速突然关闭节气门时，先停止喷油，待转速降到正常怠速范围再恢复供油。

4) 在发动机超速时停止供油以保安全，有的还在汽车车速超限时停止供油。在点火开关断开或点火开关虽接通但发动机未起动时也断油，以防止"淹缸"。

（3）断油控制

1) 减速断油。发动机在高速运行下急减速时，节气门完全关闭，为避免混合气过浓导致燃油经济性和排放性能变差，ECU 控制喷油器停喷。

2) 发动机超速断油。为避免发动机超速运行，当发动机转速超过额定转速时或在汽车运行速度超过限定值时，ECU 控制喷油器停止喷油。

3. 燃油泵控制电路

（1）燃油泵开关控制的燃油泵控制电路　丰田汽车 4S-FE 发动机采用叶片式空气流量计，内部装有燃油泵开关，其燃油泵控制电路如图 2-22 所示。其开路继电器内置双线圈，控制燃油泵的工作。

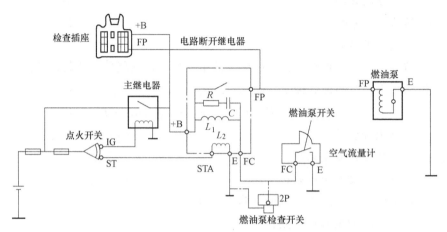

图 2-22　4S-FE 发动机燃油泵控制电路

当发动机起动时，点火开关的 ST 端子向电路断开继电器 L_2 线圈供电，使继电器常开触点闭合，燃油泵工作电路构成回路，燃油泵开始泵油。发动机顺利起动后，叶片式空气流量计内的燃油泵开关受进气气流的作用而闭合，燃油泵继电器 L_1 线圈供电，使继电器触点继续吸合，燃油泵一直接通，直到关闭发动机为止。

（2）ECU 控制的燃油泵控制电路　ECU 控制的燃油泵控制电路如图 2-23 所示。发动机起动时，点火开关的 ST 端子向电路断开继电器 L_2 线圈供电，使继电器常开触点闭合，燃油泵开始工作。当发动机运转时，ECU 接收到发动机转速传感器的电信号，并通过内部的控制电路使晶体管 VT 导通，线圈 L_1 通电而使电路断开继电器触点闭合，燃油泵通电工作。ECU 通过 Ne 信号检测发动机运转状态，如果发动机熄火，ECU 内部电路使晶体管 VT 截止，线圈 L_1 断电，电路断开继电器触点断开，燃油泵停止工作。

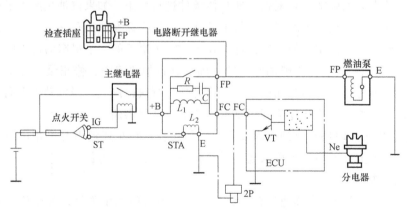

图 2-23　ECU 控制的燃油泵控制电路

（3）具有转速控制的燃油泵控制电路

1）电阻器式燃油泵转速控制电路。图 2-24 所示为雷克萨斯 LS400 的燃油泵控制电路，它在燃油泵控制电路中增设了一个电阻器和燃油泵继电器。电阻器的阻值一般为 0.7Ω 左右，安装在减振器旁，采用铝制外壳。发动机工作时，ECU 根据发动机转速和负荷，对燃油泵继电器进行控制，从而控制电阻器是否串入燃油泵控制电路，以此控制燃油泵电动机上的不同电压，进而实现燃油泵转速变化。

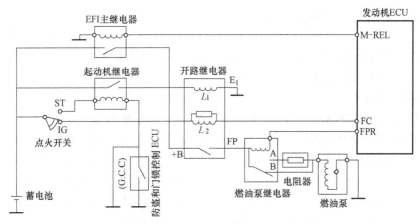

图 2-24　电阻器式燃油泵转速控制电路

发动机高速、大负荷运转时，FPR 端子高电位，燃油泵继电器触点 B 闭合，此时电阻器被旁路，燃油泵高速运转。发动机低速、小负荷运转时，FPR 端子低电位，燃油泵继电器触点 A 闭合，电阻器串入燃油泵电路，燃油泵低速运转。

2）专设燃油泵 ECU 控制的转速控制电路。图 2-25 所示为皇冠 3.0 的燃油泵控制电路，为了对燃油泵转速进行控制，专设了一个控制燃油泵工作的燃油泵 ECU。

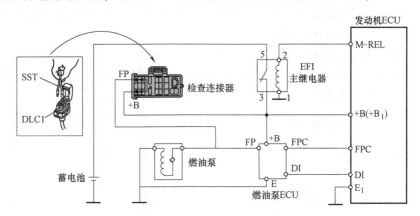

图 2-25　专设燃油泵 ECU 控制的转速控制电路

当发动机中低速工作时，发动机 ECU 向燃油泵 ECU 的 FPC 端子输出较低电平信号，燃油泵 ECU 的 FP 端子输出 9V 左右的直流电，控制燃油泵低速运转。发动机 ECU 根据 CKP（曲轴位置传感器）、TPS（节气门位置传感器）、VSS（车速传感器）等信号综合处理，判定是否需要提高功率。当发动机高速、大负荷运转时，发动机 ECU 向燃油泵 ECU 的 FPC 端子输出高电平信号，燃油泵 ECU 的 FP 端子输出电源电压，控制燃油泵高速运转。

现今电动燃油泵已全部由电控单元控制。比较简单的一种控制只具有在发动机不起动时断油的功能。当点火开关接通时，ECU 令一个继电器接通输油泵电源开始输油，但倘若过了 2s 还没有收到发动机已起动的信号（转速达 400r/min，超过了起动机拖动发动机的转速），则 ECU 即令继电器切断输油泵电源而处于等待状态，待以后收到起动信号后再予接通。这样可以防止在发动机起动阶段燃油大量喷入而造成"淹缸"，淹缸会使发动机更难起动。

2.1.4 电子燃油喷射系统的检测

电子燃油喷射系统技术状态的好坏直接影响发动机的动力性、经济性和可靠性，因此，燃油喷射系统的检测往往是检测与诊断的重点内容。

1. 燃油泵的检测

（1）**燃油泵的就车检查** 对于丰田车系，可用专用导线将诊断座上的 +B 和 FP 短接，而其他车系可用蓄电池直接给燃油泵供电。打开点火开关，但不起动发动机，在油箱盖口，应能听到燃油泵运转的声音，用手摸进油软管应感觉到有压力。若听不到燃油泵的工作声音或进油管无压力，应检修燃油泵，否则应检查燃油泵电路导线、继电器、熔丝等。

（2）**燃油泵的拆下检查** 燃油泵若有故障，可拆卸燃油泵，测量燃油泵两端子之间的电阻值，应为 $2\sim3\Omega$。用蓄电池直接给燃油泵供电，应能听到燃油泵电动机转动的声音（注意：通电时间不能过长）。

2. 喷油器的检测

（1）**简单检查** 在发动机工作时，用手触摸或用听诊器检查喷油器，应能感觉到针阀有振动或听得到声响。否则，说明喷油器或其电路有故障。

（2）**喷油器电阻检查** 拆开喷油器线束连接器，用万用表测量喷油器两端子之间的电阻，低阻喷油器应为 $2\sim3\Omega$，高阻喷油器应为 $13\sim16\Omega$，否则应更换喷油器。

注意：低阻喷油器不能直接与蓄电池连接，必须串联一个 $8\sim10\Omega$ 的附加电阻。若为低阻喷油器，还应检测串接电阻是否正常。

（3）**喷油器控制电路检测** 各车型喷油器控制电路基本相同，一般都是通过点火开关和主继电器（或熔丝）给喷油器供电，ECU 控制喷油器搭铁。只是不同发动机喷油器的数量、喷射方式、分组方式不同，ECU 控制端子数量不同。喷油器控制电路如图 2-26 所示。

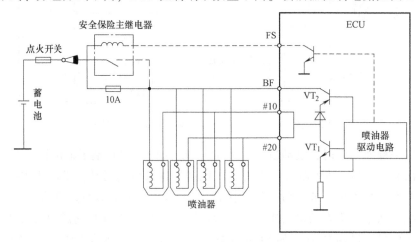

视频：喷油器的检查

图 2-26 喷油器控制电路

喷油器控制电路可以使用万用表、示波器或 LED 测试灯等工具进行检测。严禁带电插拔线束插头，或使用指针式万用表或大功率测试灯，以免引起瞬时大电流造成 ECU 内部电子元件损坏。LED 测试灯检测喷油器控制电路的方法如下：

将 LED 测试灯连接在喷油器插头两个插孔中，打开点火开关，如果 LED 灯一直亮，表示晶体管 C 极和 E 极短路（参见图 2-12）。如果 LED 灯不亮，起动发动机，若 LED 灯仍不亮，表示晶体管 C 极和 E 极断路；如果起动发动机时，LED 灯会闪亮，则说明喷油器和 ECU 无故障。

3. 燃油压力的测试

（1）**燃油系统测试项目** 燃油系统测试项目如下：

1）供油压力。它是指发动机怠速运转中燃油系统的实际工作油压，正常油压值为 250~300kPa，如果燃油压力表的指针剧烈摆动，油压可能不正常。

视频：燃油压力测试

2）调节压力。调节压力是指发动机怠速运转中将油压调节器真空管拆开后，燃油系统升高后的油压减去供油压力的差值，应在 28~70kPa 之间。

3）最高油压。最高油压是指发动机怠速运转中，将回油管夹住时燃油系统的油压，应为供油压力的 2~3 倍。

4）供油量。在发动机怠速运转中，读取燃油系统的供油压力，然后急加速到 3000r/min（发动机转速）以上，立刻读取此时油压值，应高于供油压力 21kPa 甚至更多。

5）系统残压。在发动机怠速运转中，读取燃油系统油压。然后将发动机熄火，并等待 20min，其系统油压应保持在 140kPa 以上。如果无法保持残压，则再次起动发动机，并在建立油压后熄火。此时如果将回油管夹住后即能保持正常残压，表示油压调节器漏油；如果夹住进油管后，才能保持正常残压，则表示燃油泵（单向阀）漏油；如果同时夹住进油管及回油管仍无法保持残压，表示喷油器漏油。

（2）**燃油系统的压力释放** 在检测系统油压前首先进行系统压力释放，其目的是防止在拆卸油管时，系统内的压力油喷出，造成人身伤害和火灾。具体方法如下：

起动发动机，维持怠速运转。在发动机运转时，拔下燃油泵继电器或电动燃油泵电源接线（或电路熔丝），使发动机自行熄火。再次起动发动机 2~3 次，即可完全释放燃油系统压力。

（3）**燃油系统油压检测步骤**

1）燃油系统压力释放。

2）燃油压力表的连接。将燃油压力表（简称油压表）接入油路中。注意：有些系统管路中有油压测试孔，有些则没有。有油压测试孔的可将油压表直接接在油压测试孔上，没有油压测试孔的可拆下进油管，将三通接头串接在进油管路中，然后在三通管上接入油压表。

3）系统油压测试。起动发动机，燃油泵开始工作，观察怠速和不同转速下的系统油压。怠速时的油压和不同转速下的油压略有不同，但变化不大。常见系统油压故障有油压过高和油压过低两种。油压过高将使混合气过浓；油压过低将使混合气过稀。

4）系统最高油压检查。将回油管夹住，使回油管停止回油，此时油压表的指示油压应比没夹住回油管时的高 2~3 倍，否则说明燃油泵性能下降，泵油压力不足。

5）残压检查。发动机停熄后，燃油管路中应在一定时间内保持一定的残余压力，以保证热车起动和车辆再次起动。如果发动机停熄后,残余油压很低或等于零,将造成起动困难或不能起动的故障。

6) 检查完成后的注意事项。检查完毕后,释放燃油压力,拆下油压表,装复燃油系统,然后预置燃油压力,起动发动机确定有无泄漏。

预置燃油压力的目的是为避免下次起动发动机时,因系统内无压力而导致起动时间过长。一般可以通过反复打开和关闭点火开关数次来完成燃油压力的预置。

(4) 燃油压力不正常的原因分析

1) 油压过高。油压过高的原因包括油压调节器故障或回油管堵塞。这时可拆下油压调节器回油管,将一软管套在油压调节器回油管端,软管另一端置于容器中。起动发动机,若此时油压正常,说明回油管堵塞;否则为油压调节器故障。

2) 油压过低。油压过低的原因包括燃油箱中燃油不足、燃油泵滤网堵塞、燃油泵故障、燃油泵出油管安装不当、燃油滤清器堵塞或油压调节器故障。起动发动机并怠速运转,夹住油压调节器回油管并观察油压表指示值。若油压能上升至400kPa以上,说明油压调节器故障。若油压仍过低,应依次检查燃油滤清器是否堵塞、燃油箱中油量是否过少、油管安装情况、燃油泵滤网是否堵塞,若一切正常,应更换燃油泵。

3) 残余油压过低。系统残余油压很低或为零的主要原因包括燃油泵单向阀关闭不严、油压调节器泄露、喷油器漏油或燃油系统管路漏油。其诊断步骤如下:

首先从外观检查燃油系统管路中有无泄漏问题。然后起动发动机并怠速运转,夹住油压调节器回油管,将发动机熄火,观察油压表指示压力。若油压不下降,说明油压调节器泄露;若油压仍下降,再次起动发动机并怠速运转,同时夹住进油管和油压调节器回油管,将发动机熄火,观察10min后的油压变化。若油压缓慢下降,说明喷油器漏油;若不下降,说明燃油泵单向阀关闭不严,应更换燃油泵。

2.2 发动机怠速控制系统

怠速控制(idle speed control, ISC)就是怠速转速的控制。根据发动机工作温度和负荷,由ECU自动控制怠速工况下的空气供给量,维持发动机以稳定怠速运转。因此,怠速控制的实质就是控制怠速时的空气吸入量。

怠速控制系统的主要作用是实现发动机起动后的快速暖机以及在空调运行、起步等发动机负荷变化时自动维持发动机怠速稳定运转,即在保证发动机排放要求且运转稳定的前提下,尽量使发动机的怠速转速保持最低,以降低怠速时的燃油消耗量。

2.2.1 怠速进气量的控制方式

怠速进气量的控制有两种基本方式:一是控制节气门的旁通空气道的旁通空气式;二是直接控制节气门关闭位置的节气门直动式,如图2-27所示。

1. 旁通空气式

ECU通过控制怠速控制阀改变旁通空气道的空气流量来实现怠速的控制,就是旁通空气式怠速控制如图2-27a所示。这种控制方式动态响应好,结构简单且尺寸较小,目前较为

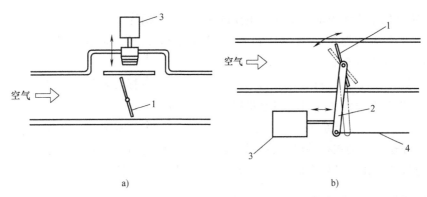

图 2-27 怠速进气量的控制方式
a) 旁通空气式 b) 节气门直动式
1—节气门 2—节气门操纵臂 3—怠速控制执行器 4—加速踏板拉杆

常见。

2. 节气门直动式

节气门直动式怠速控制取消了旁通气道和怠速控制阀。在怠速时，ECU 通过控制执行机构直接驱动节气门开启一个角度（一般为 2°～5°），从而实现怠速的控制，如图 2-27b 所示。这种控制方式工作可靠性好，控制位置的稳定性也较好，其缺点是动态响应性较差，执行机构较为复杂且体积较大。节气门直动式怠速控制装置广泛应用于大众车系，此时的节气门体统称为节流阀体或节气门控制组件。

2.2.2 怠速控制系统的控制原理

怠速控制系统主要由各传感器、ECU 和怠速执行机构组成，如图 2-28 所示。发动机怠速运行时，ECU 根据节气门位置传感器、车速传感器输出的信号，判断发动机是否处于怠速状态，然后根据冷却液温度、空调开关、档位开关等传感器输入信号，在存储器中查出该工况下的目标转速（即能稳定运转的怠速转速），再与发动机转速传感器传来的实际转速进行比较，计算出转速差，最后向怠速执行机构输出控制信号，改变怠速进气量，以提高或降低发动机的转速，使发动机稳定运转。

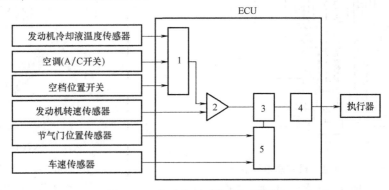

图 2-28 怠速控制系统的组成框图
1—目标转速 2—比较电路 3—控制量计算 4—驱动电路 5—怠速状态判断

目标转速是根据诸多因素决定的，主要的影响因素如下：

1）发动机冷却液温度。当发动机冷却液温度较低时，系统给出较高的目标转速（1200r/min）以加速暖车。

2）外加负载。当打开空调（A/C）开关时，系统将目标转速提高150r/min；当近光灯开启时，为补偿其电力消耗，目标转速将提升50r/min。

3）系统电压补偿。当系统电压低于12V时，系统会自动提高目标转速50r/min。

4）车速补偿。车辆在行驶时，目标转速较停车时提高50r/min。

5）减速调节。减速及停车时，逐步递减至停车状态目标转速。

2.2.3 怠速控制执行机构

怠速控制执行机构主要有步进电动机式、开度电磁阀式和开关电磁阀式等怠速控制阀。

1. 步进电动机式怠速控制阀

步进电动机式怠速控制阀广泛用于旁通空气式和节气门直动式怠速控制机构中。其主要由步进电动机、螺旋机构及空气阀等组成，如图2-29所示。步进电动机由转子6（永久磁铁）和定子绕组3（电磁线圈）构成，而转子6又与丝杠5组成丝杠机构，该机构将步进电动机转子的旋转运动转变为阀杆的直线运动，阀与阀杆制成一体。步进电动机式怠速控制阀安装在节气门体上，阀伸入到设在怠速空气道内的阀座处。

当步进电动机的转子6转动时，螺母将带动丝杠5作直线移动，通过阀杆2带动空气阀上下移动。ECU通过对定子绕组3通电顺序和输入脉冲数量的控制，即可改变怠速空气阀的位置（即开度），这样可增加或减小阀与阀座1之间的间隙，从而控制怠速空气量。由于给步进电动机每输入一定的脉冲只转过一定的角度，其转动是不连续的，因而称为步进电动机。

丰田汽车公司采用的步进电动机内的定子由4组相互独立的线圈构成，如图2-30所示。步进电动机转子每转一步为1/32圈。步进电动机的工作范围为0~125个步进级。

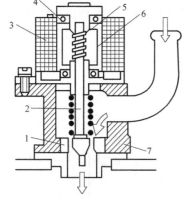

图2-29 步进电动机式怠速控制阀
1—空气阀阀座 2—阀杆 3—定子绕组
4—轴承 5—丝杠 6—转子 7—空气阀阀体

图2-30 步进电动机定子与转子相互作用的原理

步进电动机与发动机 ECU 连接，其控制电路如图 2-31 所示。当 ECU 4 根据节气门开度信号和车速信号判定发动机处于怠速运转时，EFI 主继电器向步进电动机的 B_1 和 B_2 端子供给蓄电池电压。微处理器按一定顺序使 $VT_1 \sim VT_4$ 晶体管导通，控制 ISC_1、ISC_2、ISC_3、ISC_4 端子轮流搭铁，分别给步进电动机各电磁线圈供电，驱动步进电动机调节旁通空气量，使发动机转速达到目标值。当按 $VT_1 \rightarrow VT_2 \rightarrow VT_3 \rightarrow VT_4$ 顺序使晶体管导通时，带动阀门前伸，减小旁通气道面积；当按 $VT_4 \rightarrow VT_3 \rightarrow VT_2 \rightarrow VT_1$ 顺序使晶体管导通时，带动阀门退回，增加旁通气道面积。

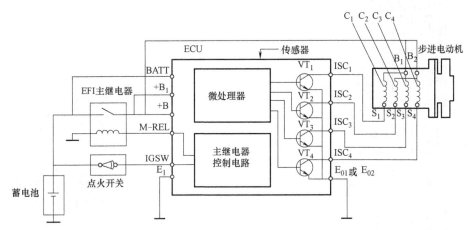

图 2-31 步进电动机式怠速控制基本电路

为了改善发动机的起动性能，发动机熄火后，ECU 控制怠速控制阀全部开启，在关闭点火开关后，必须继续给 ECU 和怠速控制阀供电。EFI 主继电器由 ECU 的 M-REL 端供电，保持接通状态，怠速步进电动机运转至怠速控制阀全部开启后才断电。

发动机起动时，由于怠速控制阀预先设为全开，在起动期间经过怠速控制阀的旁通空气量最大，发动机易于起动。当发动机起动后，ECU 根据冷却液温度，控制发动机转速，即低温时使怠速控制阀开启量较大，怠速转速升高，以加速暖机过程。在暖机过程中，怠速控制阀随冷却液温度上升而逐渐关闭，冷却液温度达到 70℃ 时，暖机控制结束。结束暖机后，进入闭环控制，此时以怠速转速作为反馈信号，根据转速的增减来相应改变怠速控制阀的开度。如果实际转速与 ECU 存储器中存放的目标转速相差超过 20r/min，ECU 控制怠速控制阀增减旁通空气量，使发动机实际转速与目标转速相同。

目标转速值视发动机工况而定，如空档起动开关是否接通、空调开关是否接通等。当用电设备增多时，由于蓄电池电压降低，可相应地增加旁通空气量，提高发动机的怠速转速。

2. 开度电磁阀式怠速控制阀

开度电磁阀式怠速控制阀有直动电磁阀式和转动电磁阀式两种。

(1) 直动电磁阀式 直动电磁阀式怠速控制阀的结构是一种比例电磁阀的结构形式，由电磁线圈 3、阀杆 2 及阀 1 等主要部件组成，如图 2-32 所示。电磁线圈 3 通电产生电磁吸力，吸引阀杆 2 克服弹簧弹力做轴向移动，使阀 1 打开。阀 1 的开度取决于电磁线圈 3 驱动电流的大小，由 ECU 通过输出占空比信号进行控制。当驱动电流大时，电磁吸力大，阀门开度增大，反之，阀门开度减小。波纹管 6 的作用是为了消除阀上、下压差对阀门开启位置的影响。这种怠速控制阀虽然响应速度非常快,但阀的高精度开度控制难度相对较大,因此,直动电磁阀式怠速控制阀已比较少见。

(2) **转动电磁阀式** 转动电磁阀式怠速控制阀有两种形式,一种是转子为永久磁铁,电磁线圈绕在定子上;另一种是定子为永久磁铁,电磁线圈绕在转子上。图2-33所示为定子是永久磁铁、转子上绕有两组电磁线圈的转动电磁阀式怠速控制阀。

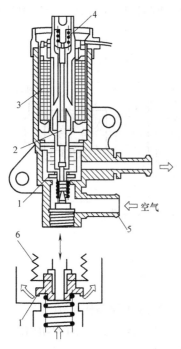

图 2-32 直动电磁阀式怠速控制阀
1—阀 2—阀杆 3—电磁线圈 4—弹簧
5—壳体 6—消除负压用的波纹管

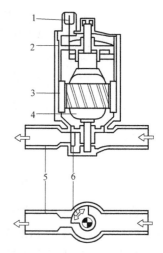

图 2-33 转动电磁阀式怠速控制阀
1—电接头 2—壳体 3—永久磁铁
4—电枢 5—旁通空气道 6—旋转阀片

转动电磁阀式怠速控制阀的控制电路如图2-34所示。发动机工作时,当ECU根据相关传感器及开关信号检测到发动机怠速转速低于目标转速时,会自动提高控制信号的占空比,并经驱动电路(反相器及VT_1、VT_2)分出同频反向的电磁线圈电流控制脉冲ISC_1、ISC_2,

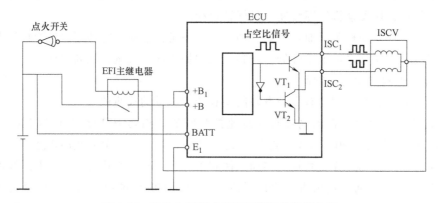

图 2-34 转动电磁阀式怠速控制阀的控制电路

使两个电磁线圈通电并产生相应的磁力,吸引转子转动相应的角度,带动旋转阀片改变旁通空气道的面积,以改变进气量,进行怠速控制。

ECU 通过改变控制信号的占空比,使两个线圈的通电时间发生变化来改变阀的开启程度。占空比是指脉冲信号的通电时间与通电周期之比,如图 2-35 所示。当占空比为 50% 时,两个线圈的通电时间相等,正、反向电磁力相互抵消,旋转阀片不转动;当占空比小于 50% 时,旋转阀片逆时针旋转,旁通空气道被关小;当占空比大于 50% 时,旋转阀片顺时针旋转,旁通空气道被打开。

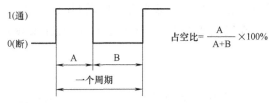

图 2-35 占空比概念

奥迪 100 型轿车在控制信号的占空比减小到 18% 左右时,旋转滑阀完全关闭;占空比增大到 82% 左右时,旋转滑阀完全开启。

3. 开关电磁阀式怠速控制阀

开关电磁阀式怠速控制阀的结构如图 2-36 所示,其控制电路如图 2-37 所示。

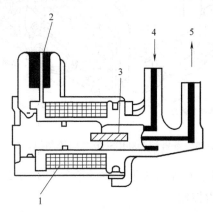

图 2-36 开关电磁阀式怠速控制阀的结构

1—电磁线圈 2—接线端子 3—阀 4—来自空气滤清器 5—至进气管

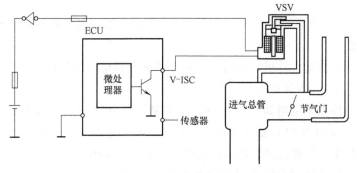

图 2-37 开关电磁阀式怠速控制阀的控制电路

发动机怠速运转时，ECU只对阀内线圈通电或断电两种状态进行控制。当ECU根据相关传感器及开关信号检测到发动机怠速转速低于目标转速时，ECU输出频率固定但占空比变化的怠速控制信号，通过调整电磁阀的开、关比率实现怠速控制。其占空比控制阀（VSV）安装在进气歧管上，利用来自发动机ECU的信号（占空比信号）控制旁通空气道的进气量，从而帮助稳定怠速转速。

4. 节气门直动式怠速控制执行机构

在捷达、时代超人等轿车发动机电控系统中，广泛采用节气门控制组件进行发动机怠速控制。桑塔纳2000GSi节气门控制组件由怠速直流电动机（V60）、怠速开关（F60）、节气门控制器电位器（G88）、节气门电位器（G69）、应急装置及减速齿轮机构等组成，如图2-38所示。

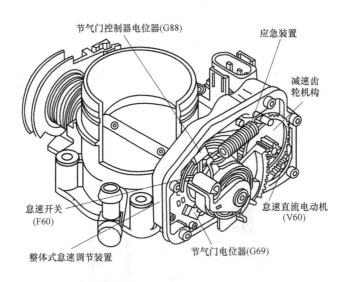

图2-38　桑塔纳2000GSi节气门控制组件的结构

V60——怠速直流电动机。怠速状态下，驱动节气门打开2°~5°，以稳定怠速；其他状态节气门的开度由节气门拉索控制。

F60——怠速开关。怠速时，该开关闭合，其他状态时断开。

G88——节气门控制器电位器，用于反馈给发动机ECU怠速直流电动机V60的位置信号，只负责怠速范围。

G69——节气门电位器，相当于一个节气门位置传感器，向发动机ECU提供节气门从全关到全开的位置信号。

应急装置——当驱动电动机故障时，其内部机械装置将节气门拉开一个角度，保证发动机转速可达1500r/min，以维持车辆行驶。

节气门控制组件基本电路如图2-39所示。怠速时，怠速触点开关F60闭合，怠速直流电动机V60的正、反转由ECU输出电路中的双向驱动电路驱动，并由节气门控制器电位器G88检测节气门开度。驾驶人踏下加速踏板时，怠速开关F60断开，怠速直流电动机V60停转，节气门开度通过节气门电位器G69检测。

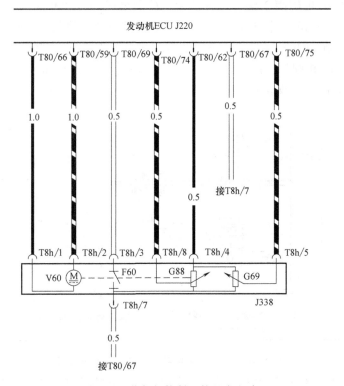

图 2-39 节气门控制组件基本电路

2.3 发动机辅助控制系统

2.3.1 排放控制系统

现代汽油机污染物排放控制，可以通过排气再循环、燃油蒸发排放控制、三元催化转化器与闭环控制以及二次空气喷射等技术来进行。

1. 排气再循环控制系统

(1) 排气再循环的作用 排气再循环（EGR）是指将一定量的排气引入进气管中并与可燃混合气一起吸入气缸，以降低发动机燃烧温度，减少排气中氮氧化物（NO_x）等有害气体的排放。

排气再循环会影响混合气的着火性能，降低发动机功率，故需要选择 NO_x 排出量多的工况进行适量的排气再循环。通常用 EGR 率作为排气再循环指标，即

$$\text{EGR 率} = \frac{\text{EGR 量}}{\text{吸入空气量} + \text{EGR 量}} \times 100\% \tag{2-5}$$

最大 EGR 率一般不超过 15%～25%。

(2) 排气再循环控制系统的工作原理 电子式 EGR 系统的组成和工作原理如图 2-40 所示。发动机工作时，ECU 根据空气流量计、冷却液温度传感器、发动机转速传感器等信号

和控制程序,向 EGR 电磁阀 2 输出控制信号,控制电磁阀打开和关闭。当电磁阀打开时,接通 EGR 阀 4 的真空管路,使 EGR 阀 4 开启,部分排气进入进气管,进行排气再循环;当电磁阀关闭时,切断 EGR 阀 4 的真空管路,并将大气压力引入 EGR 阀 4 上方,使其关闭,停止排气再循环。EGR 阀位置传感器 5 向 ECU 反馈 EGR 阀的开度信号,ECU 根据此信号修正电磁阀开度,使 EGR 率保持在最佳值。

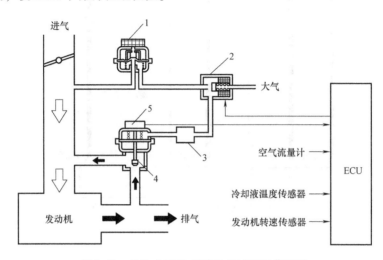

图 2-40 电子式 EGR 系统的组成和工作原理
1—真空控制阀 2—EGR 电磁阀 3—真空管 4—EGR 阀 5—EGR 阀位置传感器

(3) 排气再循环控制系统的主要部件结构

1) EGR 阀。EGR 阀的结构如图 2-41 所示。EGR 电磁阀控制膜片上方真空室的真空度。真空度大,阀的开度增大;反之,阀的开度减小。

2) EGR 阀位置传感器。EGR 阀位置传感器为电位器式传感器,其工作原理与线性可变电阻式节气门位置传感器相同。该传感器的作用是向 ECU 反馈 EGR 阀的开度信号。

3) EGR 电磁阀。EGR 电磁阀的结构如图 2-42 所示。EGR 电磁阀的线圈 5 不通电时,通大气口 3 被关闭,4、6 相通,即 EGR 阀膜片上方的真空室为真空;EGR 电磁阀的线圈 5 通电时,将通进气歧管 6 的真空通道关闭,通大气口 3 打开,3、4 相通,即 EGR 阀膜片上方的真空室与大气相通,没有真空。

当需要增大排气再循环流量时,ECU 输出的占空比减小,EGR 电磁阀相对的通电时间减小,EGR 阀真空室通进气歧管的相对时间增大,其真空度增大而使阀开度增大,使排气再循环流量相应增加;当 EUC 输出占空比为 0 的信号(持续低电平)时,EGR 电磁阀断电,这时 EGR 阀真空室与进气歧管持续相通,其真空度达到最大(直接取决于进气歧管的真空度),阀的开度最大,排气再循环流量也达到最大;当不需要排气再循环时,ECU 输出占空比为 100% 的信号(持续高电平),使 EGR 电磁阀常通电,EGR 阀真空室与大气常通,阀关闭,阻断了排气再循环。

2. 燃油蒸发排放控制系统

(1) 燃油蒸发排放控制系统的作用 燃油蒸发排放控制系统又称为汽油蒸气排放控制系统,是汽车发动机排放控制系统之一。其主要作用是将燃油箱中的汽油蒸气收集于炭罐

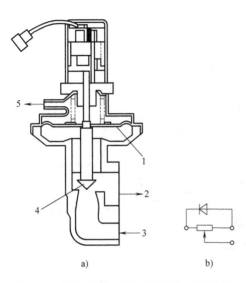 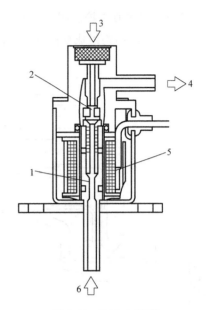

图 2-41 带有 EGR 阀位置传感器的 EGR 阀
a）EGR 阀位置传感器结构　b）EGR 阀位置传感器电路
1—膜片　2—排气出
3—排气入　4—阀体　5—接 EGR 电磁阀

图 2-42 EGR 电磁阀
1—空气通道　2—阀体　3—通大气口
4—去 EGR 阀　5—电磁阀线圈　6—通进气歧管

中，并在发动机工作时，通过流经的空气将汽油蒸气送入进气管参与燃烧，以免燃油箱中的汽油蒸气直接排放到大气中而造成污染。

汽油蒸气应在发动机处于闭环控制时导入燃烧室燃烧，只有在闭环控制时才能针对因额外蒸气作用导致混合气变浓的情况而调节喷油量。同时，还必须根据发动机工况，控制导入气缸内参加燃烧的汽油蒸气量。

（2）燃油蒸发排放控制系统的控制原理　燃油蒸发排放控制系统的控制原理框图如图 2-43 所示。

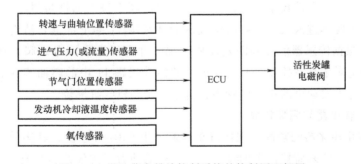

图 2-43 燃油蒸发排放控制系统的控制原理框图

ECU 根据有关传感器的信号判断发动机的工况与状态，并输出相应的控制脉冲，通过控制活性炭罐电磁阀的开关占空比来调节炭罐真空控制阀的开度，使流经活性炭罐进入进气管的空气流量适应发动机工况、状态变化的需要。

（3）燃油蒸发排放控制系统的结构组成与工作原理　燃油蒸发排放控制系统主要由活

性炭罐 11、炭罐真空控制阀 9、活性炭罐电磁阀 6 及 ECU 等组成。典型的电子控制式炭罐排放控制系统的结构组成如图 2-44 所示。

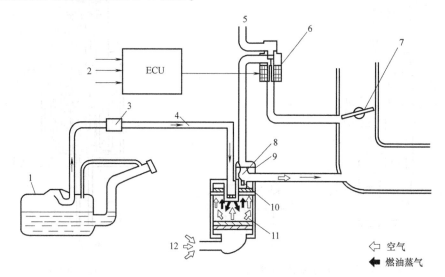

图 2-44　电子控制式炭罐排放控制系统的结构组成

视频：清洗活性炭罐电磁阀　　1—燃油箱　2—传感器信号　3—单向阀　4—通气管路　5—接进气缓冲器　6—活性炭罐电磁阀　7—节气门　8—主通气口　9—炭罐真空控制阀　10—定量通气小孔　11—活性炭罐　12—新鲜空气

活性炭罐 11 中装有活性炭，活性炭可吸附燃油箱中的燃油蒸气，但这种物质吸附力不强，当有空气流过时，蒸气分子又会脱离，随空气一起进入进气管。

炭罐真空控制阀 9 内部膜片的上部为真空室，其真空度由活性炭罐电磁阀 6 控制。当真空度增大时，阀膜片向上拱，主通气口 8 通气量增加。

活性炭罐电磁阀 6 的结构及工作原理与 EGR 电磁阀相似，其作用是根据 ECU 输出的占空比控制脉冲工作，调整炭罐真空控制阀 9 真空室的真空度，以控制炭罐真空控制阀 9 的开度。

发动机不工作时，燃油箱中的汽油蒸气通过单向阀 3 进入活性炭罐 11 的上部，被罐内的活性炭吸附，不使其进入大气，新鲜空气从活性炭罐 11 的下部进入清洗活性炭。当发动机工作时，ECU 根据传感器信号判断发动机工况，并向活性炭罐电磁阀 6 输出电流信号使其开启，用来调整炭罐真空控制阀 9 的开度，使活性炭罐 11 中的燃油蒸气通过炭罐真空控制阀 9 及真空管进入发动机的进气歧管内，再进入发动机气缸燃烧。

3. 三元催化转化器与闭环控制

（1）三元催化转化器的功能　现代汽车普遍采用 OBD-Ⅱ系统，其实质是通过监测汽车的动力和排放控制系统来监控汽车的排放。当汽车的动力或排放控制系统出现故障时，有可能导致 CO、HC、NO_x 超过设定的标准，故障灯就会亮起报警。配置 OBD-Ⅱ系统的车辆，必须安装三元催化转化器（three-way catalytic converter，TWC）。三元催化转化器可将汽车排放中的 CO、HC 和 NO_x 等有害气体通过氧化和还原作用转变为无害的二氧化碳、水和氮气。由于这种催化器可同时将排放中的三种主要有害物质转化为无害物质，故称为三元催化转化器。

(2) 三元催化转化器的结构 三元催化转化器安装在排气消声器的前面，一般为整体式，由载体、外壳等构成，如图 2-45a 所示。载体上涂有催化活性层，外壳一般用钢板制成，外壳与载体之间有隔离层，其内部结构如图 2-45b 所示。大多数三元催化转换芯子以蜂窝状陶瓷作为承载催化剂的载体，在陶瓷载体上浸渍铂（或钯）与铑的混合物作为催化剂。

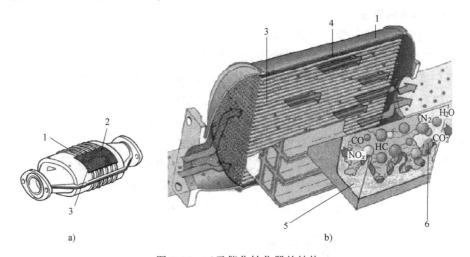

图 2-45 三元催化转化器的结构
a) 组成 b) 内部结构
1—外壳 2—金属丝网 3—载体 4—隔离层 5—催化活性层 6—活性催化剂

(3) 三元催化转化器的工作原理 三元催化转化器先利用铑做催化剂，将 NO_x 还原成无害的氮气（N_2）和二氧化碳（CO_2）。还原过程中产生的 O_2，再加上三元催化转化器内由二次空气导管导入的新鲜空气中的 O_2（有些车型才有），以铂（Pt）或钯（Pd）做催化剂一起和 CO、HC 进行氧化反应，使其转变成无害的 CO_2 和 H_2O，这种还原-氧化的过程又称为二段式转化，如图 2-46 所示。

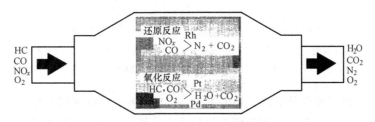

图 2-46 三元催化转化器内部的化学反应过程

(4) 空燃比的闭环控制 在装用三元催化转化器的汽车上，一般装用氧传感器检测排气中氧含量的变化，并将此信号送给 ECU 后，判断实际进入气缸的混合气空燃比，再通过 ECU 与设定的目标空燃比进行比较，并根据误差修正喷油量。这就是所谓的发动机空燃比的闭环控制。ECU 将发动机空燃比尽可能地控制在理想值（14.7）附近，此时发动机燃烧完全，工作效率最高，三元催化转换效率也最高，即发动机工作时最省油、动力性最佳、污染排放量最少。

电子控制燃油喷射（EFI）系统并不是在所有工况都进行闭环控制。在发动机起动、怠速、暖机、加速、全负荷、减速断油等工况下，发动机不可能以理论空燃比工作，仍采用开环控制方式。此外，氧传感器温度在400℃以下、氧传感器或其电路发生故障时，也只能采用开环控制。电子控制燃油喷射系统进行开环控制还是闭环控制，由ECU根据相关输入信号确定。

4. 二次空气喷射系统

如果新鲜空气进入排气管，且排气温度够高，排气就会在排入大气以前重新燃烧，其中的CO和HC就会转化为无污染的CO_2和H_2O。发动机二次空气喷射系统的实质是将一定量的新鲜空气引入发动机排气管内，从而使排气中的HC和CO进一步氧化和燃烧，从而降低排气中CO和HC的排放量，同时提高三元催化转化器的转换效率。

目前所用的二次空气供给方法有两种：一种是采用空气泵的二次空气喷射；另一种是利用排气压力将空气导入的脉冲型二次空气喷射。

(1) 空气泵型二次空气喷射系统　空气泵型二次空气喷射系统主要由空气泵4、二次空气控制阀5、真空电磁阀（VSV阀）7和管道等组成，如图2-47所示。空气泵由发动机驱动，产生的低压空气称为二次空气。VSV阀由发动机ECU控制。

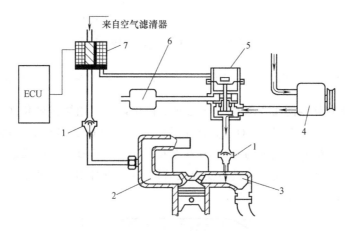

图2-47　空气泵型二次空气喷射系统的工作原理
1—单向阀　2—进气歧管　3—排气歧管　4—空气泵　5—二次空气控制阀
6—消声器　7—真空电磁阀（VSV阀）

在发动机起动或发动机预热时，ECU将控制VSV阀7的电磁线圈接通，此时，VSV阀将进气歧管真空度引入二次空气控制阀5的膜片室，使空气泵4产生的空气经二次空气控制阀5的下部通道和单向阀1喷入排气歧管3上的空气口，进行排气的二次燃烧。发动机达到正常工作温度后，将处于闭环工作状态，ECU会断开VSV阀7电磁线圈的电流，关闭进气歧管2的真空通道，来自空气滤清器的空气（与大气相通）进入二次空气控制阀5的膜片上方，在弹簧的作用下，二次空气控制阀5通往排气歧管3的二次空气喷射的气路通道关闭，从空气泵4来的空气经二次空气控制阀5的另一通道被送到消声器6、三元催化转化器通道，完成催化器的氧化过程；与此同时，排气再循环系统工作，直到发动机处于开环工作状态为止。

空气泵的结构如图2-48所示，系统中的空气由ECU根据输入信号通过控制相关电磁阀引入空气滤清器、排气歧管及三元催化转化器中。空气泵系统有两套主控阀,第一套为分流阀 5,用于将空气送往空气滤清器中;第二套为开关阀 6,用于将空气送往排气歧管或三元催化转化器中。空气泵系统的喷射歧管上必须装有单向阀,它允许从空气泵进来的具有一定压力的空气进入空气喷射歧管,而防止高温的发动机排气进入连接软管和空气泵。也就是说,当空气泵因传动带断裂或传动打滑等原因发生停转或转速下降,或是出现空气连接软管漏气等问题导致喷射系统无法正常供应空气时,单向阀可以防止排气管中的气体倒流,从而保护二次空气喷射系统免受高温排气的损害。

空气泵系统的工作方式如下:

1) 在发动机处于冷态和开环状态工作时,由于三元催化转化器不够热,不能使用额外空气,因此空气经分流阀被送往开关阀,而开关阀将空气引向排气管。

2) 发动机在正常工作或闭环状态工作时,使空气经分流阀被送往开关阀,再由开关阀将空气送往三元催化转化器中,从而提高催化转化器的工作效率。

3) 当三元催化转化器过热时,加入的空气对催化转化器中的催化剂会造成污染,在这种情况下,分流阀将空气送往空气滤清器。

(2) 脉冲型二次空气喷射系统　脉冲型二次空气喷射系统也称为吸气型二次空气喷射系统。该系统不是应用空气泵泵送空气进入喷射歧管,而是应用排气压力的脉冲将新鲜空气吸入排气系统。某种脉冲型二次空气喷射系统元件的安装位置如图 2-49 所示。研究发现,每次排气门关闭时都会有一个很短的时间周期,在该时间周期内,排气歧管内的压力低于大气压力,会产生一个负压(真空)脉冲。利用这个真空脉冲,经空气滤清器吸入一定量空气进入排气歧管,用这部分空气中的氧气去氧化排气中的 HC 和 CO。如果该车还装有催化转化器,也可以用这部分空气去供应催化转化器对氧的需求。

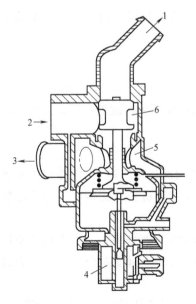

图 2-48　空气泵的结构
1—接排气进口　2—空气进口
3—接三元催化转化器　4—阻尼
5—分流阀　6—开关阀

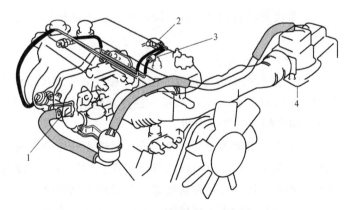

图 2-49　脉冲型二次空气喷射系统元件的安装位置
1—脉冲空气喷射阀　2—真空电磁阀　3—止回阀　4—空气滤清器

脉冲型二次空气喷射系统的工作原理如图 2-50 所示。空气来自空气滤清器，由 ECU 控制真空电磁阀 2 的开闭，真空电磁阀 2 与单向阀 3 相连，排气中的压力是正负交替的脉冲压力波。当真空电磁阀 2 开启时，进气歧管真空吸起脉冲空气喷射阀 1 的膜片，使阀开启。此时由于排气负压，将来自空气滤清器的新鲜空气，经脉冲空气喷射阀 1 导入排气管内，加大了三元催化转化器的还原功能。当排气压力为正时，脉冲空气喷射阀 1 内的单向阀关闭，排气不会返回进气管。

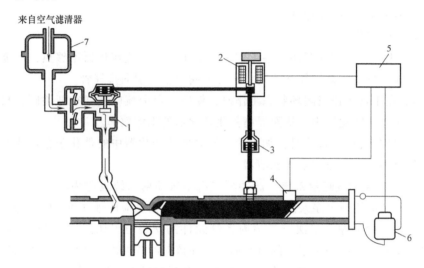

图 2-50 脉冲型二次空气喷射系统的工作原理
1—脉冲空气喷射阀 2—真空电磁阀 3—单向阀 4—节气门位置传感器 5—ECU 6—空气流量计 7—谐振室

当发动机高速运转时，由于排气门关闭频繁，每次的负压脉冲周期特别短，由于惯性作用，单向阀实际是关闭的，此时只起到阻止排气返回空气滤清器的截止阀的作用。也就是说，在发动机高速运转时，脉冲型二次空气喷射系统实际上是停止工作的。

2.3.2 进气增压控制系统

为提高发动机的动力性，降低油耗，汽油机常用废气涡轮增压和谐波增压等方式进行进气增压。

1. 废气涡轮增压

（1）**废气涡轮增压系统的组成** 废气涡轮增压系统主要由涡轮增压器 2、中冷器 7 及执行器 9 等组成，如图 2-51 所示。通过涡轮增压器（一种空气压缩机）压缩空气，由中冷器 7 对压缩后的空气进行冷却。

涡轮增压器由涡轮和叶轮组成，涡轮和叶轮分别装在涡轮室和增压室内，二者同轴刚性连接。涡轮室的进气口与排气歧管相连，排气口接在排气管上；增压室的进气口与空气滤清器管道相连，排气口接在通往进气歧管的进气管路上。

中冷器是涡轮增压系统的一部分。空气被高比例压缩后温度会升高，容积率反而降低。因此，增压后的空气在进入气缸前要对其进行冷却。原理是在发动机和涡轮增压器之间加装一个散热器（称为中央冷却器，简称中冷器），结构类似于散热器，即将高温高压的空气分散到许多细小的管道里,管道外有常温空气高速流过(有的采用循环水冷或冷却风扇),以达到降温的目的(可以将压缩空气的温度从150℃降到50℃左右)。因此,采用中冷器对增压后的进气进行冷却,可以提高进气空气密度和进气效率,大大提高发动机功率的输出。同时,也降低了发动机压缩始点的温度和整个循环的平均温度,从而降低了发动机的排气温度、热负荷和NO_x的排放。

废气涡轮增压系统采用执行器感知进气侧增压压力情况,再控制废气旁通阀的开启,使部分废气绕过涡轮

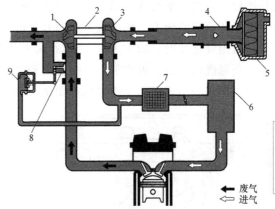

图 2-51 废气涡轮增压系统的组成
1—涡轮 2—涡轮增压器 3—叶轮 4—空气流量计
5—空气滤清器 6—进气室 7—中冷器
8—废气旁通阀 9—执行器

动画:涡轮增压工作原理

室直接排到排气管内,最终改变进气侧的增压压力。执行器内有膜片将之分隔成左右两个腔,膜片左侧受进气增压压力的作用,膜片右侧装有弹簧。膜片与废气旁通阀通过一根推杆连接。

(2) 电控废气涡轮增压系统的工作原理　电控废气涡轮增压系统的组成如图2-52所示。电控废气涡轮增压的控制对象就是增压压力,通过执行器控制废气旁通阀的开启来将一部分废气直接排入排气管,由于绕过涡轮,推动涡轮的动力减小,涡轮转速降低,涡轮增压作用也就减小了,从而调节了进气侧的增压压力。

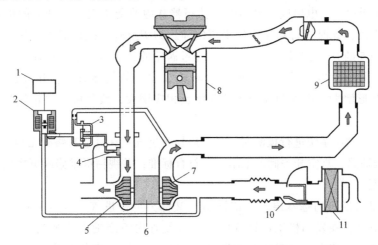

图 2-52 电控废气涡轮增压系统的组成
1—ECU 2—电磁阀 3—执行器 4—废气旁通阀 5—涡轮 6—涡轮增压器
7—叶轮 8—发动机气缸 9—中冷器 10—空气流量计 11—空气滤清器

为保证发动机在不同转速及工况下都得到最佳增压值,并防止发动机爆燃,同时限制热负荷,对涡轮增压系统常采用增压控制与爆燃控制相结合的控制方法。

在ECU的存储器中,存储着发动机增压特性的有关数据。发动机工作时,ECU根据增压压力等传感器输入的信号,可以确定实际进气增压压力,然后将实际进气压力与存储的理

论值进行比较。若实际值与理论值不符，ECU 则输出控制信号，对增压压力电磁阀进行控制，改变废气旁通阀的压力，使废气旁通阀开度改变，以调节涡轮增压器中涡轮的转速。

当发动机出现爆燃时，ECU 根据传感器输入的爆燃信号，减小点火提前角，同时降低增压压力。当爆燃消失后，再增加点火提前角和进气压力。

电控废气涡轮增压系统的工作过程如图 2-53 所示。

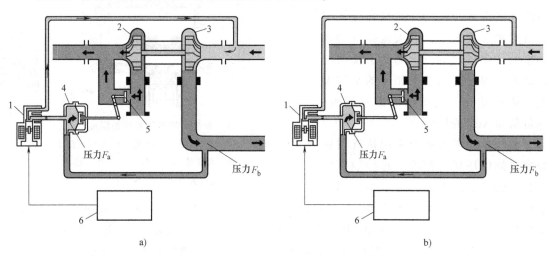

图 2-53　电控废气涡轮增压系统工作过程
a）电磁阀开启　b）电磁阀关闭
1—电磁阀　2—涡轮　3—叶轮　4—执行器　5—废气旁通阀　6—ECU

如图 2-53a 所示，当电磁阀 1 开启时，执行器 4 内的受压空气经开启的电磁阀逸出到叶轮 3 侧的进气管内，此时执行器 4 内的受压气体压力 $F_a<F_b$，执行器 4 内的膜片受压变形减小，废气旁通阀 5 的开度也相应减小，废气绕过涡轮的旁通量减少，增压压力上升。

如图 2-53b 所示，当电磁阀关闭时，受叶轮 3 增压的气体直接作用在执行器 4 的膜片上，膜片受压变形增大，废气旁通阀 5 的开度也相应增大，废气绕过涡轮的旁通量增多，增压压力下降。

在对废气涡轮增压系统进行检测时，主要应检查进气室和真空管路有无漏气，真空开关阀电路有无短路或断路，真空开关阀的电阻是否符合标准；并视情形维修或更换损坏的元件。

2. 谐波增压

（1）**进气谐波增压的基本原理**　谐波增压又称为声控进气系统（acoustic control induction system，ACIS）。在发动机工作过程中，进气歧管内不断地有高速流动的空气（或混合气）流。当气体高速流向进气门时，如果进气门突然关闭，进气门附近的气体流动将会突然停止，但由于惯性，仍有气体继续冲进进气管内，于是进气门附近的气体便被压缩，压力升高。当流动气体的惯性过后，被压缩的气体开始膨胀，向着进气流相反的方向流动，进气门附近的压力开始下降。膨胀气体的压力传到进气管口时，又被反射回来，从而在进气管内形成一定的压力波，称为进气谐波。进气谐波对可燃混合气（或空气）在各缸分配的均匀程度有着重大的影响，会形成进气干涉。但如果使这一脉动压力波与进气门的开闭相配合，被反射的压力波集中于将要打开的进气门旁，进气门打开时就会有增压进气的效果。进气谐波增压控制系统正是根据这一原理研发出来的。

进气谐波的波长与进气管道的长度有着密切关系,进气管道越长,则波长越长;进气管道越短,则波长越短。大量实践证明,压力波越长,越有利于发动机在中低速范围内提高功率;而压力波越短,则越有利于发动机在高速时提高功率。

(2) **丰田汽车的进气谐波控制系统**　丰田 2JZ-FE 发动机进气谐波控制系统的组成如图 2-54 所示。由于进气管道的长度是不可改变的,为了达到兼顾发动机低速和高速时谐波进气增压的效果,在丰田 2JZ-FE 发动机进气系统中设置有一大容量空气室 1,空气室 1 与进气管道在发动机工作过程中不断接通与切断,从而改变了进气通道的长度。大容量空气室 1 是否参与进气,受进气控制阀 2 的控制。进气控制阀 2 的开启由真空电磁阀 4 控制真空系统的通断而控制。

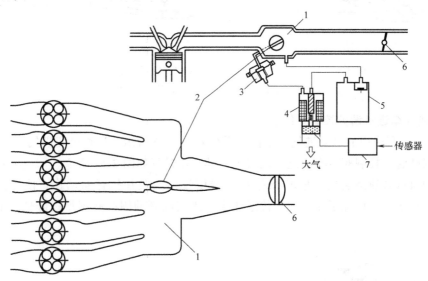

图 2-54　丰田 2JZ-FE 发动机进气谐波控制系统的组成
1—空气室　2—进气控制阀　3—膜片执行器　4—真空电磁阀
5—真空罐　6—节气门　7—发动机电子控制模块(ECM)

当进气室出口的控制阀关闭时,进气管道内脉动压力波的传递路线是由空气滤清器到进气门,由于这一距离较长,波长较大,因此适应发动机在中低速区域内形成气体动力增压效果。当空气室阀门打开时,由于大容量空气室的参与,使进气脉动压力波只能在空气室出口与进气门之间传播,这样便缩短了压力波的传递距离,使发动机在高速区域也得到较好的气体动力增压效果。

发动机工作时,发动机电子控制模块(ECM)7 根据发动机转速和节气门位置信号控制真空电磁阀 4 的开闭,从而控制真空罐 5 内的真空经过电磁阀通往膜片执行器 3 的真空气室内,驱动膜片执行器 3 的动作,进而控制进气控制阀 2 的开启和关闭。

当发动机低速运转时,ECM7 根据传感器信号控制真空电磁阀 4 开启,真空罐 5 内的真空通过真空电磁阀 4 进入膜片执行器 3 的真空气室,膜片执行器 3 内膜片受真空吸力的作用,驱动进气控制阀 2 关闭,大容量空气室 1 与进气管道切断,进气歧管的通道变长,如图 2-55a 所示。这一变化延伸了进气歧管的有效长度,改善了进气效率,提高了发动机在低—

中转速范围内的转矩输出。

当发动机高速运转时,ECM7 根据传感器信号控制真空电磁阀 4 关闭,真空罐 5 内的真空不能经真空电磁阀 4 进入膜片执行器 3 的真空气室,膜片执行器 3 内膜片回位,进气控制阀 2 开启,大容量空气室 1 与进气管道接通,进气歧管的通道变短,如图 2-55b 所示。这样就缩短了压力波的传递距离,以增加高转速范围内的功率输出。

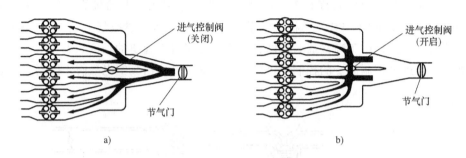

图 2-55　丰田 2JZ-FE 发动机进气谐波控制系统的工作过程
a) 进气歧管通道变长　b) 进气歧管通道变短

3. 奥迪汽车进气谐波控制系统

奥迪 A4 汽车采用的可变进气谐波控制系统如图 2-56 所示。这种可变进气系统有两条不等长的进气歧管,控制阀装在短进气歧管上,其工作过程如图 2-57 所示。

当发动机低转速运转时,ECU 根据传感器信号控制膜片执行器动作,使转换阀关闭,进气歧管通道变长,增加了压力波的传递距离,进气歧管的固有频率得以降低,如图 2-57a

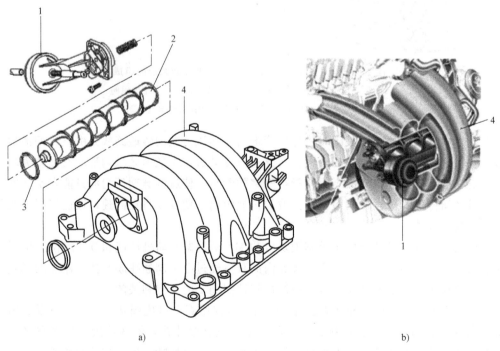

图 2-56　奥迪 A4 汽车的可变进气谐波控制系统
1—膜片执行器　2—转换阀　3—油封　4—进气歧管

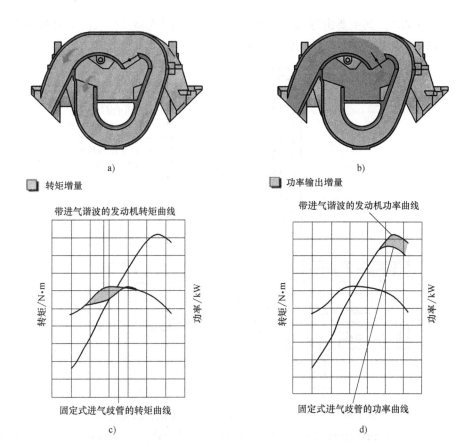

图 2-57 奥迪 A4 汽车可变进气谐波控制系统的工作过程

所示。因此适应于发动机在中低速区域内形成气体动力增压效果。这一变化改善了进气效率,提高了发动机在低—中转速范围内的转矩输出,如图 2-57c 所示。

当发动机高转速运转时,ECU 根据传感器信号控制膜片执行器动作,使转换阀开启,进气歧管通道变短,如图 2-57b 所示。这样缩短了压力波的传递距离,使发动机在高速区也能得到较好的进气增压效果,以增加高转速范围内的功率输出,如图 2-57d 所示。

2.3.3 可变配气相位控制系统

可变配气相位控制系统要求发动机工作时,配气相位角大小可以根据转速和负载的不同进行调节,高、低转速下都可以获得理想的进气量,从而提升发动机燃烧效率。在低速和怠速工况下,改善发动机转矩输出,而高速下则提高进气效率,以增加发动机的输出功率。

可变配气相位技术包括可变气门正时技术和可变气门正时与升程技术两大类。

1. 可变气门正时

可变气门正时(variable valve timing, VVT)的原理就是根据发动机的运行情况,调整进气量和排气量,控制气门开合的时间和角度,使进入的空气量达到最佳,从而提高燃烧效率,使发动机的转矩和功率可以得到进一步提高。

日产汽车公司可变气门正时技术仅改变进气门的气门正时,称为气门正时控制(valve

timing control，VTC）。其主要由进气凸轮轴 7 前端的控制器总成 1、气门正时控制电磁阀 2、ECM3 及各传感器构成，其结构组成如图 2-58 所示。

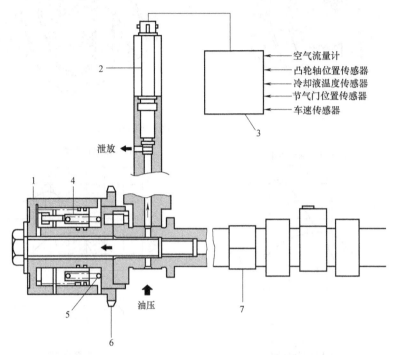

图 2-58　日产汽车公司气门正时控制（VTC）结构组成
1—控制器总成　2—气门正时控制电磁阀　3—ECM　4—活塞　5—复位弹簧　6—凸轮轴链轮　7—进气凸轮轴

ECM 根据各传感器信号，控制气门正时控制电磁阀处于 OFF 或 ON 状态。当电磁阀处于 OFF 状态时，电磁阀打开，油压从电磁阀泄放，进气门正常时间开闭，由于气门重叠角度最小，故怠速平稳；且由于进气门较晚关闭，故较高转速时充气效率高。当电磁阀处于 ON 状态时，电磁阀关闭，油压进入控制器，使进气凸轮轴位置改变，进气门提前打开，延迟关闭，在较低转速时，即可得到较高转矩。

2. 可变气门正时与升程

赛车发动机采用长升程设计，以获得高转速时强大的功率输出，但在低转速时会工作不稳；普通民用车辆则采用兼顾高、低转速的气门升程设计，但会在高转速区域损失动力。而采用可变气门正时与升程（variable valve timing & lift，VVTL）控制的发动机，气门升程能随发动机转速的改变而改变。在高转速时，采用长升程来提高进气效率，让发动机的呼吸更顺畅；在低转速时，采用短升程，可以产生更大的进气负压及更多的涡流，让空气和燃油充分混合，进而提高低转速时的转矩输出。

（1）智能可变气门升程系统　基于 VVT 机构，VVTL 采用凸轮转换机构，从而使发动机在不同的转速工况下由不同的凸轮控制，及时调整进气门和排气门的升程和开启持续时间。为了提高发动机转速和获得更高的输出率，可变气门升程系统对气门开启和关闭时刻进行了优化，大大提高了燃油经济性。丰田汽车智能可变气门升程系统（variable valve timing&lift-intelligent，VVTL-i）如图 2-59 所示。当发动机低、中转速运转时，由凸轮轴上的低、中速凸轮驱动摇臂，使进、排气门动作。一旦发动机高转速运转，来自传感器的信号使 ECM 控制机油控制阀动作，调节摇臂活塞液压系统，使高速凸轮工作，这样进气门和排气门的升程和开启持续时间增加，发动机的充气效率得以提高。

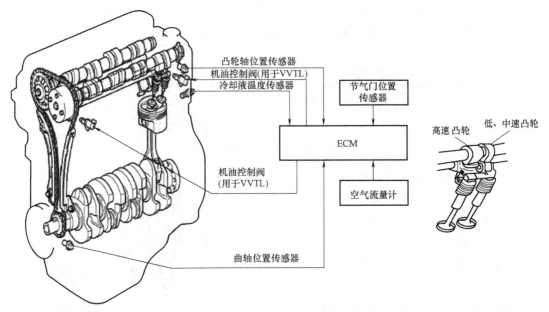

图 2-59　丰田汽车智能可变气门升程系统（VVTL-i）

　　ECM 接收各传感器信号，经由修正及气门正时实际值的反馈，确立气门正时目标值，以占空比的方式控制机油控制阀，改变进气门正时。同时根据曲轴位置传感器和冷却液温度传感器的信号确定低、中速气门升程或高速气门升程，控制机油控制阀动作，改变气门升程。

　　智能可变气门升程系统（VVTL-i）的工作过程如下：

　　当发动机低、中速运转时，凸轮轴上只有小角度的低、中速凸轮顶到摇臂，使两个气门动作，此时高速凸轮也会推动摇臂衬垫，但由于摇臂衬垫处于自由状态，不会影响摇臂和两个气门动作，如图 2-60 所示。

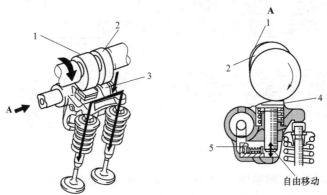

图 2-60　凸轮轴上只有小角度的凸轮顶到摇臂

1—高速凸轮　2—低、中速凸轮　3—滚柱　4—摇臂衬垫　5—摇臂销当发动机处于低、中转速时，ECM读取各传感器信号，控制机油控制阀关闭，回油侧开启，机油回流，如图2-61所示。

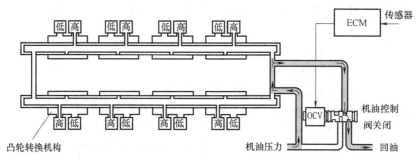

图2-61 回油侧开启，机油回流

当发动机高转速运转时，机油压力推动摇臂销，摇臂销插栓在摇臂衬垫下，使摇臂衬垫锁住。由于高速凸轮轮廓比低、中速凸轮大，高速凸轮推动摇臂衬垫，此时由高速凸轮驱动两个气门，气门的升程和开启持续时间得以延长，如图2-62所示。

当发动机高速运转时，机油控制阀开启，机油直接通往凸轮转换机构，使高速凸轮起作用，如图2-63所示。

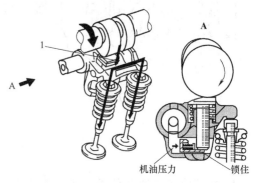

图2-62 凸轮轴上只有大角度的凸轮顶到摇臂
1—摇臂衬垫

(2) 可变气门正时与气门升程电子控制机构 本田汽车公司于20世纪90年代推出了既可改变气门正时，又能改变气门升程的可变气门正时与气门升程电子控制机构（variable valve timing and valve life electronic control，VTEC）。进气门的正时与升程随转速的不同而改变，使发动机在低速时具有较高的燃烧效率和较低的燃油消耗，而在高速时可以充分发挥其强劲的动力，从而改善汽车的动力性和经济性。

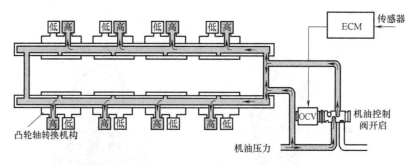

图2-63 机油控制阀开启

VTEC机构的结构及原理如图2-64所示。发动机的凸轮轴除原有驱动两个进气门的主凸轮10和次凸轮12外，还增设中间凸轮11，三个凸轮中，中间凸轮的升程最大，适合发动机高转速时双进气门工作的配气相位要求；次凸轮的升程最小，主凸轮、次凸轮适合发动机低转速时单气门工作的配气相位要求。进气门摇臂也因此分成三个部分，即主摇臂 8、中间摇臂 2 和次摇臂 3。三根摇臂轴的内部装有液压控制的同步活塞 4 和 5、正时活塞 6 以及阻挡活塞 13。液压系统则由发动机电子控制模块（ECM）根据发动机的转速、负荷、冷却液温度和车速等参数进行控制。

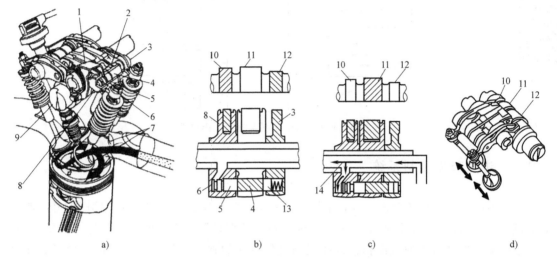

图 2-64　VTEC 机构的结构及原理
a）VTEC 机构的结构　b）低转速时主凸轮和次凸轮分别驱动两个进气门
c）高转速时中间凸轮驱动两个进气门　d）VTEC 机构凸轮驱动气门
1—正时板　2—中间摇臂　3—次摇臂　4、5—同步活塞　6—正时活塞　7—进气门　8—主摇臂
9—凸轮轴　10—主凸轮　11—中间凸轮　12—次凸轮　13—阻挡活塞　14—油路

1) 低速状态。发动机低速运转时，主摇臂 8、中间摇臂 2 和次摇臂 3 是彼此分离独立动作的。此时，主凸轮 10 与次凸轮 12 分别驱动主摇臂 8 和次摇臂 3 以控制进气门 7 的开闭。由于次凸轮 12 的升程很小，因而进气门 7 只稍微打开。虽然此时中间摇臂 2 已被中间凸轮 11 驱动，但由于中间摇臂 2 与主摇臂 8、次摇臂 3 是彼此分离的，并不影响进气门 7 的正常开闭。即低速时，VTEC 机构不工作，进气门的开闭情况与普通顶置凸轮轴式配气机构相同。

2) 高速状态。当发动机达到某一高转速时，发动机 ECM 控制液压系统，由正时活塞 6 推动三根摇臂内的同步活塞 4、5 移动，并使三根摇臂锁成一体而一起动作。此时，由于中间凸轮 11 较主凸轮 10 高，便由中间凸轮 11 来驱动整个摇臂，并使进气门 7 开启时间延长，开启的升程增大，从而达到改变进气门正时和进气门升程的目的。当发动机转速降至某一设定值时，摇臂中的同步活塞 4、5 端的油压也将由 ECM 控制而降低，同步活塞 4、5 将回位弹簧推回原位，三根摇臂又将彼此分离独立工作。

VTEC 电子控制系统的工作原理如图 2-65 所示。发动机转速、负荷和冷却液温度等信号输入 ECM 后，经运算处理，ECM 将决定是否对配气机构实行 VTEC 控制。若实行 VTEC 控制，ECM 使 VTEC 电磁阀的电磁绕组通电，使电磁阀在电磁力的作用下吸起，来自油泵的油压便作用在同步活塞上。VTEC 电磁阀开启后，控制系统还可以通过 VTEC 压力开关反馈信号给 ECM，以便监控系统工作。

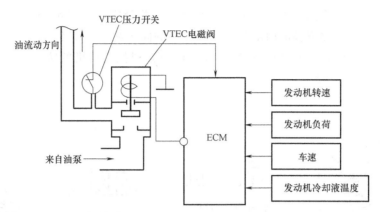

动画：奥迪可变气门系统工作原理

图 2-65　VTEC 电子控制系统的工作原理

2.3.4　进气节流控制系统

进气节流控制是在各个进气歧管中均设计一个阀门，通过一根轴联动，阀门的开启改变的是进气歧管的截面积，因而也称为可变进气歧管截面控制。低速时，阀门适当关闭一些，相当于缩减了进气通道的截面积，以此提高进气气流的强度。但是高速大进气量时必须打开，否则会影响进气量，造成发动机高速动力不足。

1. 可变进气歧管横截面积控制

下面以大众汽车为例，进行讲解。

（1）可变进气歧管横截面积控制系统组成　大众迈腾可变进气系统（variable intake system, VIS）属于改变进气歧管横截面积的类型，主要由真空泵（叶片式）、VIS 电磁阀、VIS 执行器（膜片式）、进气歧管翻板总成、进气歧管翻板电位器及真空连接管路等组成，如图 2-66 所示。

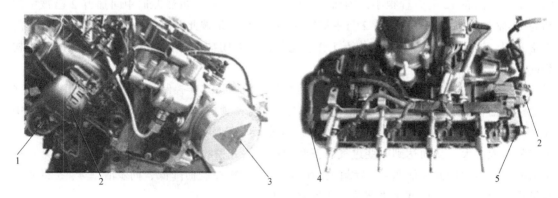

图 2-66　迈腾汽车改变进气歧管横截面积的可变进气系统组成
1—VIS 电磁阀　2—VIS 执行器　3—真空泵　4—进气歧管翻板电位器　5—进气歧管翻板总成

真空泵由排气凸轮轴直接驱动，属于叶片式结构，发动机工作时真空泵为 VIS 及制动助力等提供稳定的真空源。

VIS 电磁阀上有两个气管路连接接头，分别与 VIS 执行器及真空泵连接，还有与大气相通的滤清器。如图 2-67 所示，发动机 ECU 通过控制 VIS 电磁阀，实现通往 VIS 执行器的气源通道的改变（是供给来自于滤清器的大气还是供给来自于真空泵的真空）。当 VIS 电磁阀不通电时，接 VIS 执行器的管路通过滤清器与大气相通，而与接真空泵的管路切断。当 VIS 电磁阀通电时，接 VIS 执行器的管路与大气切断，转而与接真空泵的管路接通，将真空泵产生的真空作用在 VIS 执行器上，通过拉杆及转轴摇臂使进气翻板转动打开。

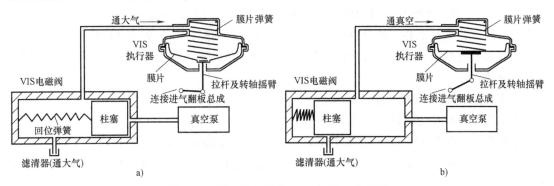

图 2-67　可变进气系统（VIS）的工作原理

　　VIS 执行器为常见的真空膜片式结构，通过膜片分成上、下两个腔。上腔通过真空管与 VIS 电磁阀连接，下腔通大气。膜片上装有一个与膜片联动的拉杆，拉杆的另一端与进气翻板总成的转轴摇臂相连接，膜片的上端有一个膜片弹簧，起到翻板总成回位的作用。

　　气缸盖的每个进气道被进气翻板分成两部分，如图 2-68 所示。下半部分由进气翻板控制，当进气翻板关闭时，进气翻板将进气道的下半部分关闭，利用上半部分进气；当进气翻板打开时，进气道的上半部分、下半部分同时进气。另外，在进气翻板总成的最前端同轴设置了进气歧管翻板电位器，用于向发动机 ECU 提供进气翻板的开度信号。

　　（2）可变进气歧管横截面积控制系统工作原理　　大众汽车公司生产的缸内直喷发动机采用均质燃烧，发动机 ECU 对 VIS 三通电磁阀采用开关式的 VIS 三通电磁阀控制。

图 2-68　进气道及进气翻板

用示波器测量 VIS 三通电磁阀 2 号端子的电压波形，当发动机怠速运转时，电压波形为一条电源电压的直线；当踩加速踏板使发动机转速达到 3000r/min 左右时，电压波形变为一条接近 0V 的直线；而松开加速踏板使发动机转速降到 3000r/min 以下时，电压波形又变为一条电源电压的直线。上述试验数据说明，当发动机转速达到 3000r/min 以下时，VIS 三通电磁阀通电，将来自于真空罐的真空送往 VIS 膜片式执行器，使进气翻板打开。

　　当发动机怠速运转或发动机转速小于 3000r/min 时，发动机 ECU 控制 VIS 电磁阀不通电，电磁阀内的柱塞在回位弹簧的作用下右移，此时 VIS 电磁阀连接 VIS 执行器的膜片上腔通过滤清器与大气相通，VIS 执行器膜片的上、下腔都通大气，在膜片上端膜片弹簧的作用下，膜片下移，拉杆及转轴摇臂向下摆动，使进气翻板关闭，如图 2-67a 所示。此时气缸盖进气道的下半部分被关闭，已增压中冷并经节气门计量后的空气只能通过气缸盖进气道的上半部分进入燃烧室。

当发动机转速达到 3000r/min 及以上时，发动机 ECU 控制 VIS 电磁阀通电，电磁阀内的柱塞在电磁吸力作用下克服回位弹簧的弹力左移，VIS 电磁阀将来自于真空泵的真空送往 VIS 执行器的上腔，VIS 执行器内的膜片下腔（通大气）与上腔（通真空）的压力差克服膜片弹簧的压力，膜片上移，通过拉杆及转轴摇臂使进气翻板打开，如图 2-67b 所示。此时气缸盖进气道的上部分及下部分都允许空气进入。当发动机熄火后，VIS 电磁阀断电，进气翻板又再次关闭。

2. 可变进气道式控制系统

下面以丰田汽车为例进行讲解。

丰田汽车采用的可变进气系统（TOYOTA variable induction system，T-VIS）为可变进气道式，这种可变进气系统控制方式是给两个进气道的其中一个装上控制阀，其系统组成如图 2-69 所示。

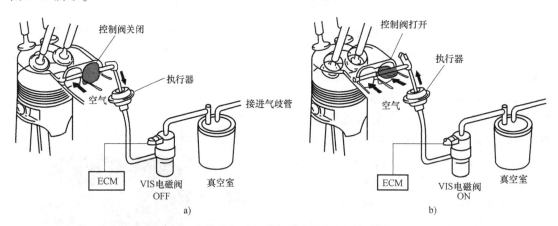

图 2-69 丰田汽车可变进气道式的可变进气系统组成
a）控制阀关闭时 b）控制阀打开时

当发动机中、低速运转时，ECM 控制 VIS 电磁阀不通电，VIS 执行器的膜片下移，使控制阀关闭，如图 2-69a 所示，其中一个进气口被关闭，空气只能通过另一个进气口进入燃烧室，缩小了进气口截面积。

当发动机高速运转时，ECM 控制 VIS 电磁阀通电，电磁阀内的柱塞在电磁吸力作用下克服回位弹簧的弹力移动，VIS 电磁阀将来自于真空泵的真空送往 VIS 执行器的上腔，VIS 执行器的膜片上移，使控制阀打开，如图 2-69b 所示，两进气口都允许空气进入，增大了进气口截面积。当发动机熄火后，VIS 电磁阀断电，控制阀又再次关闭。

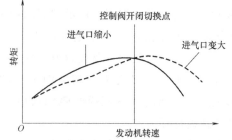

图 2-70 发动机转速与控制阀开、闭的关系曲线

发动机转速与控制阀开、闭的关系曲线如图 2-70 所示。这种控制方式可以提高低转速

时的转矩,同时也不会影响四气门发动机在高转速时高输出的特性。

2.3.5 发动机其他辅助控制系统

1. 电子节气门控制系统

为了提高汽车行驶的安全性、动力性、平稳性及经济性,并减少排放污染,世界各大汽车制造商推出了各种控制特性良好的电子节气门及相应的电子控制系统,组成电子节气门控制系统(electronic throttle control system,ETCS)。采用电子节气门控制系统,取消了传统的用拉索控制节气门开度,取而代之的是电动机根据ECU的指令对节气门开度进行控制,使节气门开度更加精确,从而提高了汽车的动力性、经济性、安全性及舒适性。

(1) 电子节气门控制系统的特点 电子节气门控制使加速踏板与节气门之间无机械连接,它主要通过传感器、电子控制器及节气门驱动装置实现电子控制连接,使发动机节气门的开度不完全取决于驾驶人对加速踏板的操纵,而控制系统可根据发动机的工况、汽车的行驶状态等对节气门的开度做出实时的调节,使发动机在最适当的状态下工作。电子节气门控制系统的主要特点如下:

1) 电子节气门控制系统去掉节气门拉索,驾驶人不再直接控制节气门的开度,"踩加速踏板"的意图通过电子加速踏板转化成转矩需求输入,系统响应迅速,可获得满意的操控性能。

2) 取消了怠速执行器,通过对节气门开度的精确控制来实现怠速稳定控制。

3) 易于扩展,可轻松实现巡航控制和车辆稳定控制等,并简化了控制系统的结构。

(2) 电子节气门控制系统的组成及工作原理 电子节气门控制系统主要由节气门总成、加速踏板位置传感器和电子控制器等组成,如图2-71所示。其中,节气门总成又包括节气门体、节气门、节气门位置传感器及节气门执行器(电动机)。驾驶人踩下加速踏板9,加速踏板位置传感器6将加速踏板的位置转换为电信号,并传递给发动机ECU,ECU实时将驾驶人输入的信号传递给节气门执行器(电动机)4,执行器将节气门5转动到相应的角度。ECU可以独立于加速踏板的位置,调整节气门5的位置。其优点是发动机可以根据各种不同的需求(如驾驶人输入的信号、废气的排放、燃油消耗以及安全性等)确定节气门的位置。

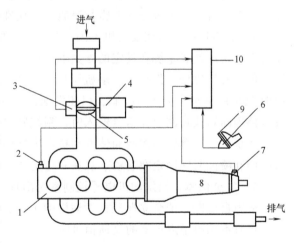

图2-71 电子节气门控制系统的组成
1—发动机 2—转速传感器 3—节气门位置传感器
4—节气门执行器(电动机) 5—节气门
6—加速踏板位置传感器 7—车速传感器
8—变速器 9—加速踏板 10—发动机ECU

发动机工作时,驾驶人操纵加速踏板9,加速踏板位置传感器6产生相应的电压信号并输入发动机ECU10,ECU首先对输入的信号进行滤波,以消除环境噪声的影响,再根据当前的工作模式、踏板移动量和变化率解析驾驶人意图,计算出对发动机转矩的基本需求,得到相应的节气门转角的基本期望值。然后经过 CAN 总线和整车控制单元进行通信,获取其他工况信息以及各种传感器信号,如发动机转速、档位、节气门位置、空调能耗等,由此计算出整车所需要的全部转矩,通过对节气门转角期望值进行补偿,得到节气门最佳开度,并把相应的电压信号发送到驱动电路模块,驱动控制电动机使节气门达到最佳的开度位置。节气门位置传感器 3 则把节气门 5 的开度信号反馈给节气门控制单元,形成闭环的位置控制。

2. 故障自诊断与报警系统

进入 20 世纪 80 年代,一种新型的诊断系统即随车诊断系统问世,它是利用微处理控制单元对电控系统各部件进行检测和诊断,自行找出故障,故也称为故障自诊断系统。由于它可以对汽车电控系统参数实行连续监控,并能记录系统的间歇故障,方便及时查找故障,使用较为广泛。

(1) **故障自诊断功能** 当电子控制系统出现故障时,故障自诊断系统会诊断故障所在并根据不同的情况做出下述反应。

1) 故障警告。如果该故障会影响行车安全,造成发动机及其他系统与部件损坏或引发其他较严重的故障,仪表板上的发动机故障警告灯 check engine 会亮起或闪亮,如图 2-72 所示,以提醒驾驶人停车检修。

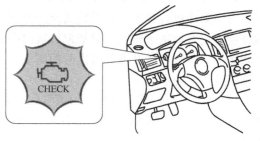

图 2-72 发动机故障警告灯

2) 故障码储存。故障自诊断系统将其所监测到的故障以故障码的形式储存起来,在汽车维修时,可以用某种方式取得故障码,以便准确、迅速查找和排除故障。

3) 故障运行。为使发动机不因一些传感器的信号消失或异常而停止工作,故障自诊断系统会自动地使各系统在设定的参数下工作,从而维持发动机基本运行,以便汽车可以开到附近的汽修厂维修。例如,发动机温度传感器信号异常或消失时,系统以起动时 20℃,运行时 80℃ 的标准参数进行控制,以使发动机能够起动和"带病坚持工作";当爆燃传感器及其线路因断路或短路而无信号输入时,系统则自动使点火提前角减小 3°~8°,以避免因点火控制系统失去对爆燃的控制而使发动机产生爆燃;当空气流量传感器信号异常时,系统使点火时间和喷油时间固定在起动、怠速和行走 3 个设定值上,以维持发动机的基本运行。

4) 安全保障。当发动机电子控制系统出现影响汽车行车安全或导致某部件损坏的故障时,故障自诊断系统会立即停止发动机的工作,以确保安全。例如,当点火系统出现故障,系统接收不到电子点火器的反馈信号时,就立刻停止喷油,以避免有未燃烧的混合气排出,使大量 HC 进入三元催化转化器,造成催化转化器因过量的氧化反应而被烧坏。

(2) **故障自诊断原理** 在 ECU 的控制程序中,设置了故障自诊断子程序,该程序中包括用于判别各输入信号正常与否的比较指令和相关的标准参数,用于电子控制系统的故障诊断。工作中,发动机 ECU 间歇运行故障自诊断程序,对各传感器输入的电信号、执行器的反馈信号进行分析,当出现某个信号缺失或信号值超出了设定范围时,自诊断系统会做出有故障的判断。

1) 传感器故障自诊断原理。发动机运行中,若传感器输入 ECU 的信号超出正常范围,或在一定时间内 ECU 收不到该传感器信号,或该传感器输入 ECU 的信号在一定时间内不发生变化，故障自诊断系统均判定为"故障信号"。例如冷却液温度传感器，当传感器向 ECU 输送的信号电压低于 0.3V 或高于 4.7V 时，自诊断系统会判断为故障信号。

2) 执行器故障自诊断原理。在没有反馈信号的开环控制中，执行元件如有故障，故障自诊断系统只能根据 ECU 输出的执行信号来判断，原理与传感器类似。而当带有反馈信号的闭环控制工作时，故障自诊断系统还可根据反馈信号判别故障。

3) 微处理器故障自诊断原理。对 ECU 的诊断是通过其内部的监控电路来实现的。在监控电路中设有监视计时器，用于定时对微处理器进行复位。当微处理器发生故障时，例行程序就不能正常运行，使监视计时器不能复位，故障自诊断系统据此即可判断微处理器出现了故障。为避免 ECU 出现故障而使发动机立即熄火，在 ECU 内部设置了应急的后备电路。当微处理器本身出现故障时，后备电路就会根据监控电路的信号而立即投入工作，使发动机电子控制系统按设定的基本程序工作。

(3) **故障自诊断系统的使用** 当检测到有故障时，仪表板上的故障指示灯（CHECK ENGINE）亮起，以警告驾驶人或维修人员。在使用中，点火开关接通后，发动机没有起动或起动后的短时间内有故障指示灯亮起均是正常现象，当起动后几秒内或发动机达到一定转速（一般为 500r/min）后，故障指示灯应熄灭。故障指示灯的控制电路如图 2-73 所示。

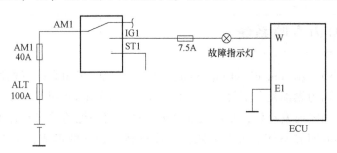

图 2-73 故障指示灯的控制电路

3. 失效保护及应急备用系统

(1) **失效保护系统的功能** 在电控系统中，当故障自诊断系统判定某传感器或其电路出现故障（即失效）时，自诊断系统启动并进入工作状态，用 ECU 提供的设定目标信号代替故障信号，以保证控制系统继续工作，确保发动机仍能继续运转。

(2) **失效保护系统设定的标准信号**

1) 冷却液温度信号。当冷却液温度传感器或其电路发生故障时，失效保护系统将给 ECU 提供设定的冷却液温度信号，通常按冷却液的温度 80℃ 控制发动机工作，以防止混合气过浓或过稀。

2) 进气温度信号。当进气温度传感器或其电路发生故障时，失效保护系统给 ECU 提供设定的进气温度信号，通常按 20℃ 进气温度控制发动机工作，以防止混合气过浓或过稀。

3) 点火确认信号。当点火系统发生故障造成不能点火，ECU 接收不到点火控制反馈的点火确认信号时，失效保护系统使 ECU 立即切断燃油喷射，令发动机停止运转。

4) 节气门位置传感器信号。当节气门位置传感器或其电路发生故障时，ECU 将始终接收节气门处于全开或全关状态的信号，无法对喷油量进行精确控制。此时，失效保护系统通常按节气门开度为 0° 或 25° 设定标准的节气门位置传感器信号。

5) 点火提前角。当爆燃传感器或其电路发生故障时,失效保护系统使 ECU 将点火提前角固定在一个适当值上。

6) 凸轮轴位置传感器信号。当凸轮轴位置传感器发生故障,导致 G_1 和 G_2 两个信号不能输送给 ECU 时,只能利用应急备用系统维持发动机基本运转。

7) 空气流量计信号。若空气流量计或其电路发生故障,ECU 无法按进气量计算基本喷油量,将引起发动机失速或不能起动。此时,失效保护系统使 ECU 根据起动信号和节气门位置传感器信号按固定的喷射时间控制发动机工作。

8) 进气管绝对压力传感器信号。若进气管绝对压力传感器发生故障,ECU 无法按进气流量计算基本喷油量,失效保护系统使 ECU 按设定的固定值控制喷油量,或启动应急备用系统维持发动机运转。

4. 安全保险功能

安全保险是指当电控系统某些重要的部件出现故障时,为确保安全,终止系统运行的功能。例如,当 ECU 检测到点火系统不工作时,立即终止燃油喷射;当 ECU 接收不到发动机转速信号时,电动燃油泵停止运转,点火系统停止工作;当爆燃传感器出现故障时,ECU 推迟点火提前角并终止爆燃控制程序。

2.4 汽油机缸内直喷系统

汽油机缸内直喷(gasoline direct injection,GDI)系统,采用直接将燃油喷入气缸内与进气混合的技术。又因为燃油是分层燃烧,也称为 FSI(fuel stratified injection)系统。

传统的电子燃油喷射发动机,是将汽油喷射在进气门外侧的进气歧管中,在进气行程和压缩行程中,利用时间和空间的混合方式,完成可燃混合气的形成,再点火燃烧做功。这样,燃油在气缸内滞留时间过长(接近360°曲轴转角),燃油的粘结损耗较大,加速响应性低,极易产生"爆燃",气缸磨损也加大。

在汽油机中采用缸内直接喷射后,能有效提高缸内充气系数,降低爆燃极限,提高压缩比,改善发动机性能,使其燃油经济性提高25%左右,动力输出也比进气道喷射的汽油机增加了近10%。

2.4.1 缸内直喷汽油机的主要结构

缸内直喷汽油机是在传统的电控喷射系统的基础上改进研发的,其燃油供给系统如图2-74所示。在其他结构方面无过多变化,只是在可燃混合气的形成方式和燃烧过程方面发生了改变。缸内直喷式原理如图2-75所示。下面仅就其主要结构做简单的介绍。

(1) **轨道燃油压力传感器** 为 ECU 提供轨道压力的高低,当压力达到5MPa时,ECU 指令停供电磁阀动作,推开高压泵的片状进油阀,使高压泵停止吸油而停供。此时,低压泵也同步停止供油,维持规定的油压。

(2) **停供电磁阀** 根据 ECU 指令通电,使其推杆动作,高压泵的片状进油阀即打开,停止供油。

(3) **限压阀** 其为柱塞式溢流阀,当轨道油压高于规定值时,即泄油降压,维持轨道

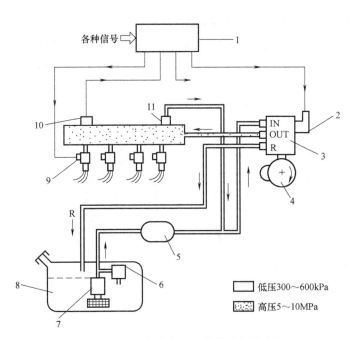
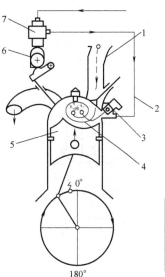

图 2-74 缸内直喷汽油机的燃油供给系统
1—ECU 2—停供电磁阀 3—单柱塞高压燃油泵 4—凸轮轴
5—汽油滤清器 6—油压调节器 7—电动汽油泵 8—汽油箱
9—喷油器 10—轨道燃油压力传感器 11—限压阀

图 2-75 缸内直喷式原理
1—直立式进气管 2—高压油管
3—高压旋流式喷油器 4—涡流
5—曲面顶活塞 6—凸轮轴
7—单柱塞高压燃油泵

视频：缸内直喷发动机工作过程

油压，起保护作用。

（4）**单柱塞高压燃油泵** 其为往复柱塞泵，由凸轮轴驱动，使轨道的油压不断堆积，产生 5MPa 的喷射油压，经喷油器高速喷入气缸，提高雾化质量，形成旋转的燃气涡流。

（5）**高压旋流式喷油器** 它安装在发动机气缸盖上，采用 65V 高电压控制喷油，为强劲高频量化控制方式，频率响应性高。由 ECU 直接用脉冲电流控制喷油量的多少，利用特殊的喷孔形状，喷出旋转的油雾，与挤压涡流快速混合，以便点火燃烧。

（6）**直立式进气管** 直立式进气管可产生大进气流，直接流入气缸，充气效果好。与传统的横向进气管相比，它的进气涡流方向是相反旋转，喷油后能在火花塞处形成浓油雾区。

（7）**曲面顶活塞** 它可以引导空气产生进气涡流和挤压高速旋转涡流，以便形成理想的分层燃烧的可燃混合气。

2.4.2 缸内直喷汽油机的燃烧模式

1）气缸内涡流的运动。在进气进程中，通过直立式进气管，在气缸吸力的作用下，产生强大的下降气流，使充气效率得到提高。又在曲面顶活塞的作用下，形成比传统汽油机更强大的滚动涡流。这个滚动涡流，将压缩行程后期喷射出的旋转油雾，带到燃烧室中央的火花塞附近，然后及时点火燃烧。

2）高压旋转油雾的产生。高压旋流式喷油器，在压缩行程的后期（此时，缸内压力为

0.6~1.5MPa），以5MPa的高压喷射出旋转的油雾，卷入滚动涡流中，迅速吸热汽化，以层状混合状态，被卷到火花塞附近。此时，火花塞附近为高浓度混合气，极易点燃。缸内的燃气呈稀包浓状态（O_2分子包围HC分子），在旋转中逐层剥离，并由内向外稳定地、彻底地分层燃烧，如图2-76所示。超稀薄的混合气，空燃比可达30∶1~40∶1，与传统的汽油机相比，节油率可达40%，可使排气中的CO、HC、NO_x等有害物质大幅降低。

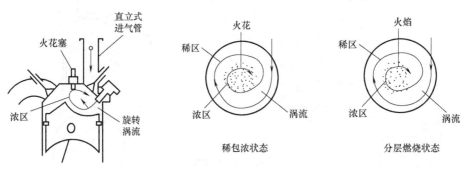

图 2-76 分层燃烧过程

3）空燃比与负荷的关系。中小负荷工况时，在压缩行程后期喷油，以经济超稀薄混合气成分为主。在大负荷工况时，一个工作循环中，ECU对喷油器发出两次喷油脉冲信号，一次在进气行程时完成，另一次在压缩行程后期完成，脉冲宽度各不相同，以加浓可燃混合气。二次喷射的功能，也可在起动工况、急加速工况出现，以调节空燃比的大小，改善使用性能，如图2-77所示。此时，还可利用燃油的汽化热来降低进气温度，提高充气效率。

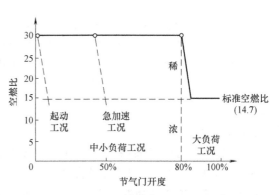

图 2-77 空燃比的变化特性

4）高压缩比的实现。提高汽油机输出功率的措施是加大进气量、提高压缩比、控制燃烧过程。传统的电控喷射系统，因燃油质量的制约，压缩比很难突破10∶1，还需要使用97号的汽油。而缸内直喷式汽油机可使压缩比提高到12∶1~13∶1，对汽油的辛烷值无过高要求：①喷入缸内的燃料汽化，可降低气体温度和增大空气密度，因而不易产生"爆燃"。②由于吸入的空气量大幅增加，进气冷却效果较好，有抑制"爆燃"的作用。③采用缸内直喷是在压缩行程后期喷油，燃油在燃烧室内滞留时间极短，使大幅提高压缩比成为可能。

5）如果增装废气涡轮增压系统（如奥迪A6L-2.0T-FSI乘用车），充气效率将进一步提高，空气密度加大，氧含量提高，燃烧条件进一步改善，动力性、经济性和净化性将明显提高。

2.5 发动机自动起停系统

发动机自动起停系统就是在车辆行驶过程中临时停车（如等红灯）时使发动机自动熄

火，而当需要继续前进时，系统自动重起发动机的一套系统。其英文名称为 stop-start，简称 STT。发动机自动起停技术致力于最大限度减少发动机怠速时的燃油损耗，同时对降低排放有着重要意义。

2.5.1 发动机自动起停系统的原理

当车辆因为拥堵或等红灯而临时停车时，对于手动档车型，驾驶人踩制动踏板，使车辆停下来后，将档位换入空档并完全松开离合器踏板。这时候，STT 控制系统自动检测到：①发动机空转；②轮速传感器信号为零；③电子电池传感器显示有足够的能量进行下一次起动。满足上述三个条件后，STT 控制系统会自动使发动机熄火。而当汽车又可以继续前行后，驾驶人踩离合器踏板，随即就可以快速起动发动机，挂入档位后即可前行。

对于自动档车型，驾驶人只要施加制动使车辆停止，发动机可自动熄火。在松开制动踏板后，驾驶人踩加速踏板或者转动转向盘，STT 控制系统又会快速地使发动机自动点火，整个过程都处于 D 位状态。这种节能的驾驶方式并没有改变人们日常的驾驶习惯，没有带给驾驶人任何使用上的麻烦，却带来了显著的节油减排效果。

STT 系统作为混合动力汽车的入门技术（微混合动力），由于成本低，节能减排效果显著，其应用前景广阔。目前，该系统主要有三种形式，分别是分离式起动机/发电机起停系统、集成起动机/发电机起停系统以及马自达 SISS 智能起停系统。

2.5.2 分离式起动机/发电机起停系统

采用分离式起动机/发电机的起停系统很常见。这种系统的起动机和发电机是独立设计的，发动机起动所需的功率由起动机提供，而发电机则为起动机提供电能，如图 2-78 所示。

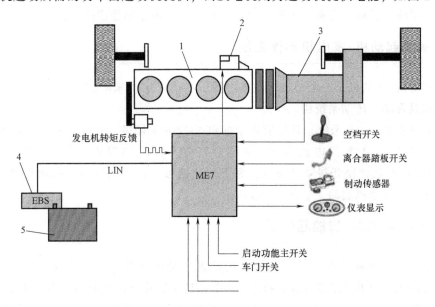

图 2-78 分离式起动机/发电机起停系统
1—发动机 2—增强型起动机 3—变速器 4—电池感应器 5—蓄电池 LIN—local interconnect network

博世是这种起停系统的主流供应商。这套系统包括增强型起动机、增强型铅酸电池（一般采用 AGM[⊖] 电池）、可控发电机、集成起动/停止协调程序的发动机 ECU 及传感器等，如图 2-79 所示。

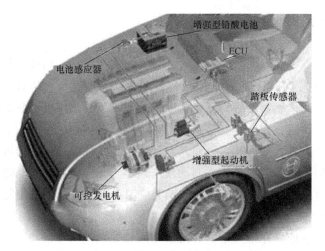

图 2-79　博世起停系统布置图

博世的起动电动机能快速、安静地自动恢复发动机运转，可降低起动时的油耗。这种起停系统的零件少，安装方便，可用于各种不同混合动力概念（传动带驱动、直齿驱动和电力轴驱动）。而且系统的部件与传统部件尺寸保持一致，因此可直接配备给各种车辆。

目前全球已量产的装有博世 stop-start 系统的车型非常多，包括宝马的 1 系、3 系、5 系、X3，大众的帕萨特、高尔夫，奔驰的 A、B、C、E 系列（部分）以及奥迪 A6、A8 等。2009 年开始，我国一些汽车厂商也与博世合作匹配 stop-start 系统，2019 年上市的逸动 XT 就匹配了该系统。长城、吉利、上汽、奇瑞等自主品牌也相继推出匹配车型。

2.5.3　集成起动机/发电机起停系统

集成起动机/发电机是一个通过永磁体内转子和单齿定子来激励的同步电机，能将驱动单元集成到混合动力传动系统中。

法雷奥研发的 i-start 系统，首先应用于标致-雪铁龙集团的 e-HDi 车型上。i-start 系统的电控装置集成在起动机/发电机内部，在遇红灯停车时汽车熄火，系统关闭发动机，如图 2-80a 所示；挂档或松开制动踏板后，踩下加速踏板，蓄电池供电，起动机/发电机带动发动机，立即使发动机起动，如图 2-80b 所示。

2.5.4　马自达 SISS 智能起停系统

前面介绍的两种起停系统是单纯依靠起动机来起动发动机的。而马自达（Mazda）的 SISS 智能起停系统（现在称为 i-stop 技术），主要是通过在气缸内进行燃油直喷，由燃油燃烧产生的膨胀力来重起发动机的，发动机上的传统起动机在发动机起动时起到辅助作用。

⊖ AGM，absorbable glass fiber mesh，可吸收式玻璃纤维网。

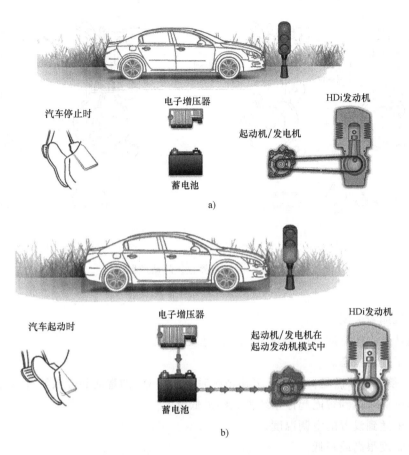

图 2-80 发动机关闭和起动两种状态
a）汽车停止时，关闭发动机 b）踩下加速踏板时，起动发动机

据有关数据，使用 SISS 技术，发动机在最短 0.35s 的时间内就能起动，比单纯使用起动机或电动机的系统要快一倍。

发动机停止运转前，使活塞停在合理的位置；再次起动时，通过喷油、点火燃烧和起动机的共同作用来起动发动机，适用于缸内直喷式发动机，如图 2-81 所示。

这种起停系统控制智能、效率高，不用起动机也能实现 start-stop 的功能，已用于日本市场销售的马自达 2、马自达 3 和马自达 6 部分车型上。

2.5.5 发动机自动起停系统的使用

合理使用发动机自动起停功能可以减少燃油消耗，降低排放，尤其是在交通较为拥堵的大城市运用这种技术对节能减排有着不错的效果。在实际的使用过程中，发动机起停系统并不是一直处于工作状态，有些品牌车型的自动起停功能的开启设置了不少前提条件，如奥迪 Q7 智能起停系统的开启条件就包括以下内容：

1）驾驶人车门已关闭。
2）驾驶人系上安全带。

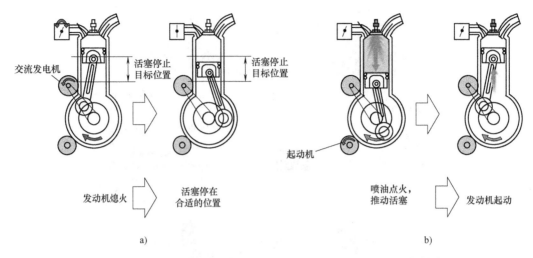

图 2-81 发动机停止、起动过程
a）发动机停转 b）发动机起动

3）发动机舱盖关闭。
4）车辆从上次停车起，以 4km/h 以上的速度行驶。
5）不处于拖车状态。

即使以上条件全部满足，但出现下述情况时，奥迪 Q7 的智能起停系统也不会介入：

1）发动机尚未达到智能起停系统模式的最低温度。
2）车内未达到设置的空调温度。
3）车外温度很高或很低。
4）对风窗玻璃进行除霜。
5）驻车辅助系统或泊车系统打开。
6）汽车蓄电池电量过低。
7）猛打转向盘或正在转弯。
8）挂入倒档。
9）在坡度较大的斜坡（10%以上）上。

需要注意的是：车辆在涉水时，务必关闭发动机自动起停装置；如果是在堵车高峰路段，建议关闭发动机自动起停功能。

配备了发动机自动起停技术的车辆，ECU 会通过判断车辆此时的行驶状态来实现发动机自动熄火/起动，从而减少发动机怠速时不必要的燃油消耗。有些品牌车型的自动起停功能在一定程度上还能规范驾驶，不系好安全带自动起停不能起动，相反停车后解开安全带，即便松开制动踏板或是踩加速踏板，发动机也不会重新起动。

思 考 题

1. 电子燃油喷射系统的基本类型有哪些？
2. 汽油机电子燃油喷射系统有哪些优点？

3. 简述涡轮式电动燃油泵的工作原理。
4. 简述燃油压力调节器的作用及工作原理。
5. 简述喷油器的工作原理。
6. 结合雷克萨斯 LS400 轿车燃油泵控制电路图分析燃油泵控制电路的工作原理。
7. 怠速控制系统的基本组成部分有哪些？其控制原理是什么？
8. 结合步进电动机式怠速控制基本电路图分析其工作原理。
9. 排气再循环控制系统的目的是什么？排气循环量与哪些参数有关？
10. 燃油蒸发排放控制系统的作用是什么？其由哪些部件组成？
11. 三元催化转化器有何作用？为什么必须与氧传感器共同工作？
12. 二次空气喷射系统的实质是什么？
13. 请分析废气涡轮增压系统的工作原理。
14. 请分析谐波增压系统的基本原理。
15. 什么是可变配气相位控制？可变气门正时系统与可变气门升程系统有何区别？
16. 什么是进气节流控制？

第3章

自动变速器

3.1 概述

3.1.1 自动变速器的类型

1. 按传动比分类

电控自动变速器按传动比分类，可分为电控有级自动变速器和电控无级自动变速器两大类。电控有级自动变速器又称为电控自动变速器（electronic control automatic transmission，EAT），采用电控液压自动换档且各档位具有固定的传动比。电控无级自动变速器（electronic control continuously variable transmission，ECVT）采用电控液压自动控制，传动比在一定范围内可连续变化。

2. 按变速控制的方式分类

自动变速器按变速控制方式分类，可分为液压控制自动变速器和电控液压自动变速器两大类。液压控制自动变速器的变速过程完全由液压装置实现；电控液压自动变速器由电控单元换档程序控制换档时机，由电控单元控制换档电磁阀改变液压回路，通过液压装置实现换档。

此外，近年来，在电控自动变速器的基础上，推出了手动和自动一体的电控自动变速器。在手动变速器的基础上，采用电子控制换档发展起来的自动机械变速器（automatic mechanical transmission，AMT）也得到了发展。

3.1.2 电控自动变速器的基本组成和工作过程

电控自动变速器是目前广泛应用的一种自动变速器，其基本组成和工作过程如图3-1所示。电控自动变速器由液力变矩器、行星齿轮系统、液压控制系统、电子控制系统和操纵机构五部分组成。发动机输出的转矩经液力变矩器无级变速后将动力输入行星齿轮变速器，电控单元（ECU）根据节气门位置传感器信号、车速传感器信号和换档控制程序控制换档电磁阀的接通或关断以改变液压装置的液压回路，操纵液压控制装置中的换档执行机构实现行星齿轮变速器的换档。液力变矩器的传力介质和行星齿轮变速器采用规定型号的自动变速器油（automatic transmission fluid，ATF），使用时应按规定型号加注。

前轮驱动的电控自动变速器将自动变速器和差速器组成一体。捷达轿车01N型电控自动变速器的液力变矩器、行星齿轮变速器、差速器的结构布置如图3-2所示。

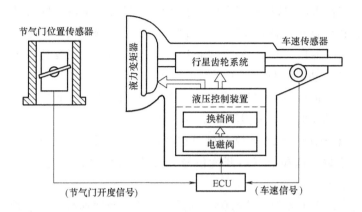

图 3-1 电控自动变速器的基本组成

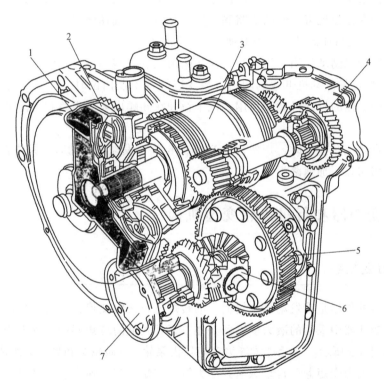

图 3-2 捷达轿车 01N 型电控自动变速器的结构布置

1—锁止离合器 2—液力变矩器 3—行星齿轮变速器 4—惰轮组合 5—从动齿轮 6—差速器 7—驱动法兰

3.1.3 换档操纵机构和变速器的基本操作要求

换档操纵机构主要包括变速杆、驻车锁止机构和加速踏板。

变速杆通过拉索和连杆机构与液压控制装置的手动阀相连。变速杆的布置有车身地板式和转向柱式两种形式,其中前者较为常用。

不同厂家、不同型号的自动变速器,变速杆的档位基本相同,四档自动变速器的车身地板式变速杆一般都有 P、R、N、D、3、2、1(L) 七个档位,仪表板上指示所选档位。

P位是停车档（park），当汽车完全停车拉紧驻车制动手柄后，即可挂入该档位。变速杆置于该档位时，机械锁止机构将变速器输出轴锁住，汽车驱动轮不能转动。

R位是倒档（reverse），当汽车完全停止后可挂入该档位。当变速杆置于该档位时，液压控制装置接通倒档传动的油路，汽车便倒车行驶。

N位是空档（neurtal），汽车起动前必须在N位或P位。汽车被拖动时，只能用该档位。当变速杆置于该档位时，变速器不能输出动力。

D位是前进档（drive），汽车正常行驶时选择该档位。当变速杆置于该档位时，电控系统和液压控制装置根据车速和节气门开度信号，自动实现一档、二档、三档、四档（超速档）各档位之间的自动升降。

3档位是前进档，汽车无须四档行驶时选择该档位。当变速杆置于该档位时，电控系统和液压控制装置根据车速和节气门开度信号，自动实现一档、二档、三档各档位之间的自动升降。汽车行驶在丘陵地带、弯曲道路和下坡道路时，可选择该档位。

2档位是发动机高速制动档，当变速杆置于该档位时，自动实现一档、二档之间的自动升降，并具有发动机制动作用。汽车行驶在陡峭山坡、雪路和泥泞道路时，可选择该档位。

1（或L）档位是发动机低速制动档，当变速杆置于该档位时，汽车只能一档行驶。该档位具有比2档更强的发动机制动作用，汽车行驶在陡峭山坡、雪路和泥泞道路时，可选择该档位。

应特别注意：汽车前进时，切勿挂入P位或R位；发动机起动时，只能在N位或P位；转换档位时，切勿踩下加速踏板。

3.2 液力变矩器和行星齿轮变速机构

3.2.1 液力变矩器

液力变矩器的作用是将发动机飞轮输入的转矩进行无级变换，并向行星齿轮系统输出转矩。电控自动变速器中采用的液力变矩器是在三元件式液力变矩器的基础上增加了锁止离合器，其结构如图3-3所示。三元件式液力变矩器由泵轮4、涡轮2和导轮8组成。当车速低、行驶阻力大时，液力变矩器可自动减速并增大输出转矩；当车速高、行驶阻力小时，液力变矩器相当于一个液力偶合器，只起到传递转矩的作用。增加锁止离合器可以克服液力传递转矩传动效率低的缺点，在汽车行驶时由电控单元控制锁止离合器接合或分离。

液力变矩器的性能用液力变矩器的特性曲线评价。液力变矩器的特性曲线是指当发动机转速和转矩一定时，即泵轮转速（n_b）和转矩（M_b）一定时，变矩比（K）、传动效率（η）和速比（i）之间的关系曲线，如图3-4所示。

1. 速比 i

液力变矩器的速比是指涡轮输出转速 n_W 与泵轮输入转速 n_b 之比，用 i 表示，即

$$i = \frac{n_W}{n_b} \leq 1 \tag{3-1}$$

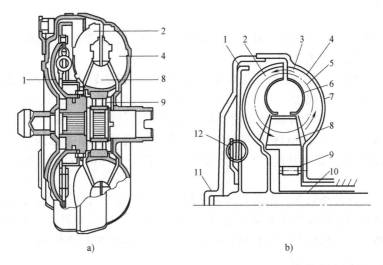

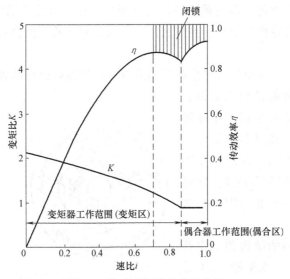

图 3-3 带锁止离合器的液力变矩器的组成
a）液力变矩器的结构 b）液力变矩器液流方向
1—锁止离合器 2—涡轮 3—液流方向 4—泵轮 5—设计流线 6—内环
7—变矩器壳 8—导轮 9—单向离合器 10—输出轴 11—输入端 12—转矩缓冲器

图 3-4 液力变矩器的特性曲线

2. 变矩比 K

液力变矩器的变矩比是指输出转矩 M_W 与输入转矩 M_b 之比，用 K 表示，即

$$K = \frac{M_W}{M_b} \geq 1 \tag{3-2}$$

3. 传动效率 η

液力变矩器的传动效率是指变矩器输出功率 N_W 与输入功率 N_b 之比，用 η 表示，即

$$\eta = \frac{N_W}{N_b} = \frac{M_W n_W}{M_b n_b} = Ki \leq 1 \tag{3-3}$$

4. 失速点

失速点是指涡轮不动或速比为 0 时变矩器的工作点，变矩器在此点能获得最大变矩比，最大变矩比的范围通常为 1.7~2.5。

由图 3-4 可以看出：在失速点，变矩器的 K 最大，即输出转矩最大；在变矩区，K 随速比连续变化，液力变矩器成为一个无级变速器，即变矩器可在一定范围内连续减速以增加转矩；在偶合区，变矩器没有增矩作用，K 为 1，即曲轴输入的转矩与涡轮输出的转矩相等。在转矩传递过程中，因 ATF 存在摩擦和冲击，会造成部分能量损失，使 ATF 升温，且泵轮和涡轮之间至少存在 4%~5% 的转速差，因此变矩器的传动效率没有机械式变速器高。

为提高偶合区的传动效率，改善汽车高速行驶时的燃油经济性，电控系统通过控制变矩器离合器锁止电磁阀，以降低变矩器离合器接合侧的液压，使变矩器离合器接合，将泵轮和涡轮连成为一体，发动机的转矩以机械方式输出，实现 100% 的动力传递。

3.2.2 行星齿轮变速机构

液力变矩器虽能增大或传递发动机转矩，但变矩比不大，变速范围有限，不能满足汽车运行工况的要求。为进一步扩大变速范围，在液力变矩器后面装有行星齿轮变速机构。

行星齿轮变速机构由行星齿轮系和换档元件组成。行星齿轮系通常由 2~3 个单级行星齿轮机构或双级行星齿轮机构组成。换档元件主要包括制动器、离合器和单向离合器。

1. 行星齿轮机构

行星齿轮机构通常采用单级行星齿轮机构或双级行星齿轮机构两种方式。

单级行星齿轮机构的结构和工作原理如图 3-5 所示。行星齿轮在工作过程中始终保持啮合状态，通过制动器对太阳轮 1、行星架 4 和齿圈 3 任意一元件制动，或通过离合器对太阳轮 1、行星架 4 和齿圈 3 任意两元件接合即可获得所需的传动档位。

双级行星齿轮机构的结构和工作原理如图 3-6 所示，大、小太阳轮 2、1 采用前、后分段式结构，长、短行星齿轮 3、4 共用一个行星架 6。短行星齿轮 4

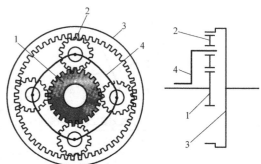

图 3-5 单级行星齿轮机构的结构和工作原理
1—太阳轮 2—行星齿轮 3—齿圈 4—行星架

微课：行星齿轮机构的工作原理

与小太阳轮 1 和长行星齿轮 3 啮合，长行星齿轮 3 与大太阳轮 2、短行星齿轮 4 及齿圈 5 啮合。通过制动器对大、小太阳轮及行星架和齿圈制动，或通过离合器对大、小太阳轮及行星架和齿圈接合，即可获得所需的传动档位。

2. 行星齿轮变速器

（1）拉维娜行星齿轮系　拉维娜行星齿轮系采用双级行星齿轮机构。捷达轿车 01N 型自动变速器采用拉维娜行星齿轮系，其组成如图 3-7 所示。离合器和制动器以液压方式控制行星齿轮机构接合或制动，单向离合器以机械方式对行星齿轮机构进行锁止。离合器和制动

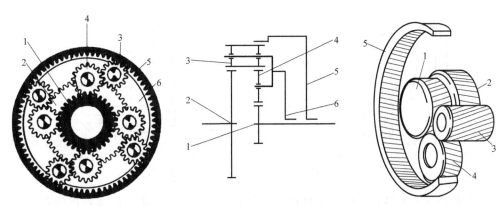

图 3-6 双级行星齿轮机构的结构和工作原理
1—小太阳轮 2—大太阳轮 3—长行星齿轮 4—短行星齿轮 5—齿圈 6—行星架

器由滑阀箱通过液压回路控制。离合器 K_1 用于驱动小太阳轮,离合器 K_2 用于驱动大太阳轮,离合器 K_3 用于驱动行星架,制动器 B_1 用于制动行星架,制动器 B_2 用于制动大太阳轮。01N 型自动变速器的工作原理简图如图 3-8 所示。

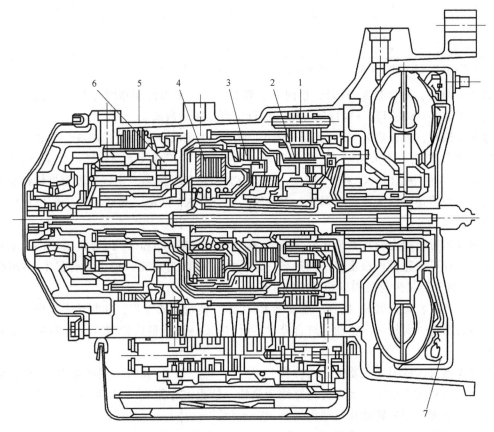

图 3-7 捷达轿车 01N 型自动变速器的组成
1—第 2 档和第 4 档制动器(B_2) 2—倒档离合器(K_2) 3—第 1 档、第 2 档和第 3 档离合器(K_1)
4—第 3 档和第 4 档离合器(K_3) 5—倒档制动器(B_1) 6—单向离合器(F) 7—液力变矩器锁止离合器(L_C)

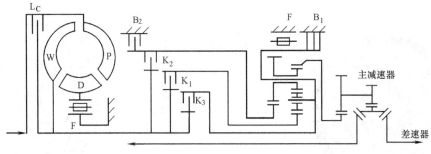

图 3-8　01N 型自动变速器的工作原理简图

01N 型自动变速器各档位换档元件的工作情况见表 3-1。自动变速器各档的动力传递路线如下:

表 3-1　01N 型自动变速器各档位换档元件的工作情况

	B_1	B_2	K_1	K_2	K_3	F	L_C		B_1	B_2	K_1	K_2	K_3	F	L_C
R	√			√				2M		√	√				√
N								3H			√		√		
1H			√			√		3M			√		√		√
1M			√			√	√	4H		√			√		
2H		√	√					4M		√			√		√

注: √ 表示换档元件工作, H 表示变矩器液压传动, M 表示变矩器机械传动。

液压 1 档时, 离合器 K_1 接合, 单向离合器 F 工作。动力传递路线为泵轮→涡轮→涡轮轴→离合器 K_1→小太阳轮→短行星齿轮→长行星齿轮驱动齿圈。

液压 2 档时, 离合器 K_1 接合, 制动器 B_2 制动大太阳轮。动力传递路线为泵轮→涡轮→涡轮轴→离合器 K_1→小太阳轮→短行星齿轮→长行星齿轮围绕大太阳轮转动并驱动齿圈。

液压 3 档时, 离合器 K_1 和 K_3 接合, 驱动小太阳轮和行星架, 使行星齿轮机构锁止并一同旋转。动力传递路线为泵轮→涡轮→涡轮轴→离合器 K_1 和 K_3→整个行星齿轮机构以相同的转速转动。

机械 3 档时, 液力变矩器锁止离合器 L_C 接合, 离合器 K_1 和 K_3 接合, 驱动小太阳轮和行星架, 使行星齿轮机构锁止并一同旋转。动力传递路线为泵轮→锁止离合器 L_C→离合器 K_1 和 K_3→整个行星齿轮机构以相同的转速转动。

液压 4 档时, 离合器 K_3 接合, 制动器 B_2 工作, 使行星架工作, 并制动大太阳轮。动力传递路线为泵轮→涡轮→涡轮轴→离合器 K_3→行星架→长行星齿轮围绕大太阳轮转动并驱动齿圈。

机械 4 档时, 液力变矩器锁止离合器 L_C 接合, 离合器 K_3 接合, 制动器 B_2 工作, 使行星架工作并制动大太阳轮。动力传递路线为泵轮→锁止离合器 L_C→离合器 K_3→行星架→长行星齿轮围绕大太阳轮转动并驱动齿圈。

变速杆置于 R 位时, 离合器 K_2 接合, 驱动大太阳轮; 制动器 B_1 工作, 使行星架制动。动力传递路线为泵轮→涡轮→涡轮轴→离合器 K_2→大太阳轮→长行星齿轮反向驱动齿圈。

(2) 辛普森行星齿轮系　辛普森行星齿轮系采用两个单级行星齿轮机构共用一个太阳

轮。丰田皇冠3.0汽车采用的A340E型电控四档自动变速器由辛普森行星齿轮系和一个超速行星齿轮排组成,行星齿轮系统的结构和传动原理如图3-9所示,各档位换档元件的工作情况见表3-2。

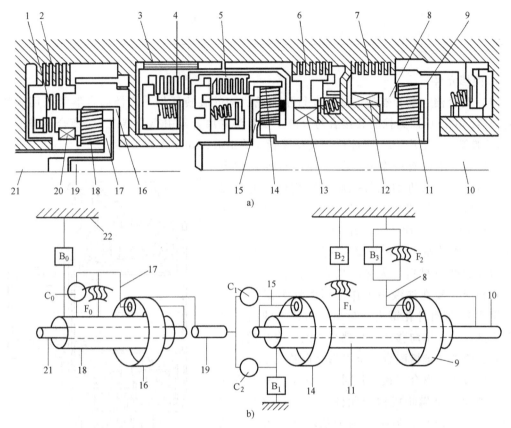

图3-9 丰田皇冠3.0 A340E型电控自动变速器行星齿轮系统的结构和传动原理
a) 结构示意图 b) 传动原理
1—超速离合器(C_0) 2—超速制动器(B_0) 3—二档滑行制动器(B_1) 4—直接档离合器(C_2)
5—前进离合器(C_1) 6—制动器(B_2) 7—一档、倒档制动器(B_3) 8—后行星架 9—后齿圈
10—输出轴 11—太阳轮 12—第二单向离合器(F_2) 13—第一单向离合器(F_1) 14—前齿圈
15—前行星架 16—超速齿圈 17—超速行星架 18—超速太阳轮 19—输入轴
20—超速单向离合器(F_0) 21—超速输入轴 22—壳体

表3-2 丰田A340E型电控自动变速器各档位换档元件的工作情况

变速杆位置	档位	C_0	F_0	B_0	C_1	C_2	B_1	B_2	F_1	B_3	F_2
P	驻车	√									
R	倒档	√	√			√				√	
N	空档	√									
D	1档	√	√		√						√
D	2档	√	√		√			√	√		
D	3档	√	√		√	√		√			
D	OD档			√	√	√		√			

(续)

变速杆位置	档位	C_0	F_0	B_0	C_1	C_2	B_1	B_2	F_1	B_3	F_2
2	1档	√	√		√						√
	2档	√	√		√		√	√	√		
L	1档	√	√		√					√	√

注：√表示换档元件工作。

3. 换档元件

（1）离合器 离合器是连接轴和行星齿轮机构的旋转元件。换档离合器常采用多片湿式离合器，由液压回路控制其接合与分离。多片湿式离合器由离合器毂1、离合器环形活塞8、回位弹簧6、钢片10、摩擦片9及花键毂3等组成，如图3-10所示。

离合器毂1内有一个液压缸，毂内有内花键齿圈，内圆轴颈上有进油孔与控制油路相通。离合器活塞为环状，内外圆上有密封圈，安装在离合器毂内。钢片10和摩擦片9交错排列，二者统称为离合器片，均由钢片制成，在摩擦片9的两面烧结有铜基粉末冶金的摩擦材料。为保证离合器接合柔和及散热，离合器片浸在油液中工作，因而称为湿式离合器。钢片10带有外花键齿，与离合器毂1的内花键齿圈连接，并可轴向移动。摩擦片9则以内花键齿与花键毂3的外花键槽配合，也可做轴向移动。

花键毂3和离合器毂1分别以一定的方式与变速器输入轴和行星齿轮机构的元件连接，与输入轴相连的通常为主动件，另一个则为从动件。当压力油经油道进入活塞左面的液压缸时，液压作用力便克服弹簧力使活塞右移，将离合器片压紧，即实现离合器接合，与离合器主、从动部分相连的输入轴及行星齿轮机构也被连接在一起，以相同的速度旋转。当控制阀将作用在离合器液压缸的油压撤除后，离

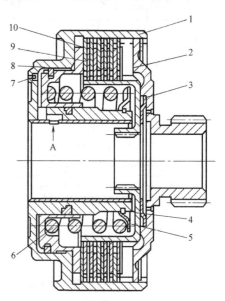

图3-10 多片湿式离合器的组成
1—离合器毂 2—太阳轮 3—花键毂
4—卡环 5—弹簧支承盖 6—回位弹簧
7—安全阀 8—离合器环形活塞
9—摩擦片 10—钢片 A—进油孔

合器活塞在回位弹簧6的作用下复位，并将缸内的ATF从进油孔排出，离合器主、从动部分分别以不同转速旋转，离合器分离。离合器处于分离状态时，离合器片之间有一定的轴向间隙，以保证钢片和摩擦片之间无轴向压力，这一间隙称为离合器的自由间隙。

（2）制动器 换档制动器由液压操纵，其作用是将行星齿轮变速器中的某一元件（太阳轮、行星架或齿圈）固定，使其不能转动。换档制动器通常有多片湿式制动器和带式制动器两种形式。

多片湿式制动器的组成如图3-11所示，其由活塞4、回位弹簧、钢片2、摩擦片1及制动毂等组成。钢片2通过外花键齿安装在变速器壳体3的内花键齿圈上，摩擦片1则通过内花键和制动毂上的外花键连接，制动毂与行星齿轮机构的元件相连。当液压缸5中没有压力油时，摩擦片1与制动毂可以自由旋转。当压力油进入制动器的液压缸5后，通过活塞4将

钢片 2 和摩擦片 1 压紧在一起，摩擦片 1、制动毂以及与其相连的行星齿轮机构的运转部件被制动。

（3）单向离合器　行星齿轮变速器中单向离合器的作用是单方向传递动力或单方向制动，确保平顺无冲击换档。单向离合器的工作原理如图 3-12 所示。单向离合器由内、外座圈以及两者之间的滚柱组成，当元件的受力方向与锁止方向相同时，滚柱进入内、外座圈之间楔槽的窄端，将与内、外座圈相连的元件连为一体；而当受力方向与锁止方向相反时，滚柱进入内、

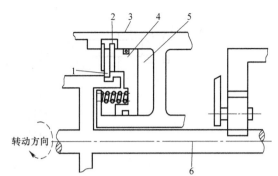

图 3-11　多片湿式制动器的组成
1—摩擦片　2—钢片　3—变速器壳体
4—活塞　5—液压缸　6—太阳轮轴

外座圈之间楔槽的宽端，与内、外座圈相连的元件的连接被解除。单向离合器的工作不受液压装置的控制，而是完全依靠自身的单向锁止功能来固定或连接的，转矩的传递是单方向的。

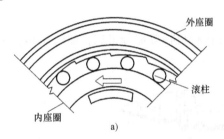 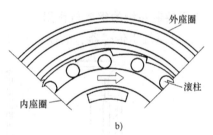

图 3-12　单向离合器的工作原理
a）锁止状态　b）自由状态

3.2.3　液压系统

液压系统的作用是控制换档元件的动作、提供变矩器工作液压并保证变速器的冷却与润滑。液压系统通常由供油装置、换档控制装置及换档质量控制装置等部分组成。

供油装置包括供油泵、滤清器及调压阀等。供油泵由变矩器泵轮驱动，为液压系统提供工作压力，经调压阀调压后向整个液压系统提供工作液压。

换档控制装置包括手控换档阀和换档控制电磁阀。手控换档阀由变速杆操纵，其作用是利用滑阀的移动，实现控制油路的转换，即根据变速杆所置换档位置将液压油转换到"P""R""N""D""3""2"或"1"档位的油路。手控换档阀的工作原理如图 3-13 所示。

换档电磁阀由电控单元控制，电控单元根据确定的换档点及换档信号工作，控制相应的电磁阀动作，切换控制油路，进行自动换档。

为使换档过程平稳、无冲击，通常在液压通道上增加蓄能减振器、缓冲阀、定时阀、执行力调节阀等。滑阀箱内布置有复杂油路和液压系统元件。

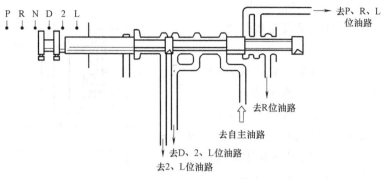

图 3-13 手控换档阀的工作原理

3.3 电子控制系统

3.3.1 电子控制系统概述

1. 电子控制系统的组成与作用

电子控制系统由传感器、电控单元（ECU）和执行机构等部分组成，如图 3-14 所示。

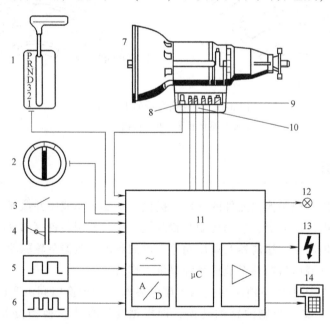

图 3-14 自动变速器电子控制系统的组成

1—变速杆 2—换档模式（运动模式或经济模式）选择开关 3—强制降档开关 4—节气门位置传感器 5—发动机转矩信号 6—发动机转速信号 7—自动变速器 8—变矩器锁止离合器电磁阀 9—油压调节电磁阀 10—换档电磁阀 11—电控单元（ECU） 12—故障指示灯 13—输出转速传感器 14—诊断接口

电子控制系统的基本作用是将车速传感器、节气门位置传感器的检测信号和换档模式选择开关信号输送给电控单元，电控单元经过计算处理后，根据预先编制的换档程序，确定档位与换档点,输出换档指令,控制电磁阀线圈电流的通断,自动切换换档元件的油路,实现自动换档。此外,系统还具有变矩器锁止控制、油压调节、故障自诊断与故障安全保护等功能。

2. 01N 型自动变速器电子控制系统电路

上海大众生产的帕萨特 B5 配备了 01N 型自动变速器,该款变速器为 4 速全电控自动变速器,其电子控制系统电路如图 3-15 所示。变速器电控单元 J217 位于后排乘员座椅的下方,插接器上有 68 个端子。节气门位置传感器 G69 与发动机电喷系统共用。变速器转速传感器 G38、车速传感器 G68、发动机转速传感器 G28 与电喷系统共用。档位多功能开关 F125 负责检测变速杆位置,制动灯开关 F 用于检测制动状态,强制低速档开关 F8 用于检测节气门全开位置,变速器油温度传感器 G93 安装在液压滑阀箱内,用于检测变速器油温度。

在滑阀箱内布置换档控制电磁阀 N88、N89、N90,换档平顺电磁阀 N92、N94,压力调节电磁阀 N93 和调节变矩器锁止离合器电磁阀 N91 等执行元件。起动锁止和倒车灯继电器 J226 安装在中央电器盒上。附加信号装置有发动机电控单元 J220、车速调节电控单元、空调装置等。自动变速器电控单元从传感器及附加信号装置接收信号后,经过换档时刻的计算,向执行元件和附加信号装置发出执行信号。

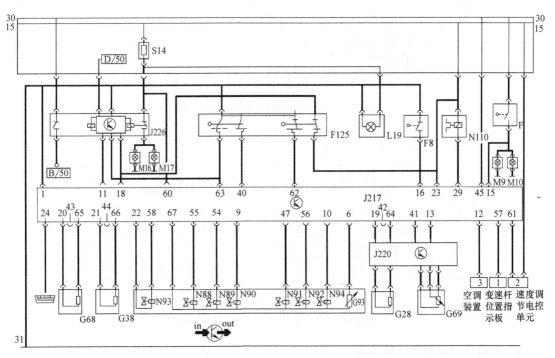

图 3-15 01N 型自动变速器电子控制系统电路

B/50—起动机(接线柱 50) D/50—点火开关(接线柱 50) F—制动灯开关 F8—强制低速档开关
F125—档位多功能开关 G28—发动机转速传感器 G38—变速器转速传感器 G68—车速传感器
G69—节气门位置传感器 G93—变速器油温度传感器 J226—起动锁止和倒车灯继电器
J217—自动变速器电控单元(ECU) J220—发动机电控单元(ECU) L19—档位指示板照明灯 M16、M17—倒车灯
M9、M10—制动灯和尾灯 N88—操纵离合器 K_1 电磁阀 N89—操纵制动器 B_2 电磁阀
N90—操纵离合器 K_3 电磁阀 N91—调节变矩器锁止离合器电磁阀 N92、N94—换档平顺电磁阀
N93—主油路压力调节电磁阀 N110—变速杆锁止电磁阀 S14—熔丝

3.3.2 电子控制系统的基本工作原理

1. 换档控制

电控单元内部存储变速器换档程序和变矩器锁止程序。换档点通常由节气门开度和车速确定，换档（升档或降档）时刻与节气门开度和车速的关系常用换档规律曲线表示。

为满足汽车动力性或经济性的要求，通常设置经济模式和运动（动力）模式，可通过换档模式选择开关选择或通过模糊逻辑控制自动选择。

经济模式的变速器换档点和变矩器锁止时机是为了提高汽车行驶时的燃料经济性。经济模式的换档规律曲线示例如图 3-16 所示。运动模式是为了满足汽车加速性能的需要，推迟升档点和变矩器锁止时机。运动模式的换档规律曲线示例如图 3-17 所示。

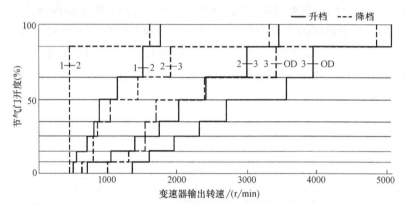

图 3-16　经济模式的换档规律曲线示例

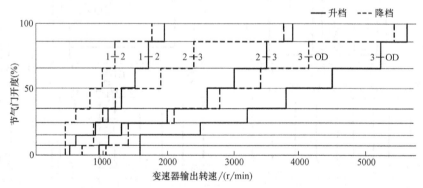

图 3-17　运动模式的换档规律曲线示例

2. 模糊逻辑控制的换档模式

01N 型自动变速器控制系统采用模糊逻辑控制的换档模式，由电控单元根据踩加速踏板的速度进行选择。电控单元有两种换档控制程序：与驾驶人和行驶状况有关的换档时刻程序和与行驶阻力有关的换档时刻程序。与驾驶人和行驶状况有关的换档程序又称为动态操纵程序（DSP），用模糊逻辑控制，以满足不同驾驶人的驾驶需求；在与行驶阻力有关的换档时刻程序中，电控单元按车速、节气门位置、发动机转速、加速情况，计算出行驶阻力，然后确定换档时刻。

01N型自动变速器提供了两条换档曲线,如图3-18所示。一条为经济型换档曲线(ECO),此曲线在相同的加速踏板位置,可提前挂高档和延迟挂低档,由于换档时发动机转速较低,油耗较少;另一条为运动型换档曲线(SPORT),此曲线在相同的加速踏板位置,在较高的车速下挂入高档,在较低的车速下挂入低档,由于换档时发动机转速较高,发动机功率大,加速快。由图中可以看出,加速踩板的踩下速度对应一个运动系数,使用模糊逻辑后,可借助于运动系数在经济型换档曲线和运动型换档曲线两者之间形成一个滑动的换档时刻确定线,即在二者之间存在许多随意的换档时刻,因而对不同的行驶情况反应更灵敏。如果加速踏板踩下速度较快,可接近运动型换档曲线的换档时刻;若加速踏板踩下速度较慢,可接近经济型换档曲线的换档时刻,其中接近的程度由实际的加速踏板踩下速度确定。

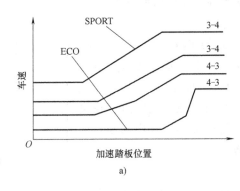

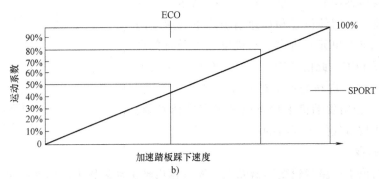

图3-18 模糊逻辑控制的换档模式
a)换档规律曲线 b)根据加速踏板的踩下速度确定运动系数和换档模式

3. 变矩器锁止控制

电控单元内部存有变矩器锁止的控制程序,电控单元根据节气门位置传感器和车速传感器的检测信号以及变速杆的位置,控制变矩器锁止电磁阀的接通和关断,改变变矩器离合器油路的压力,操纵变矩器离合器的接合与分离,实现变矩器锁止控制。

4. 主油路液压调节

主油路液压调节通常采用机械调压或电子调压方式。机械调压方式是通过与节气门开度拉索联动的主油路调压阀调节主油路液压。电子调压方式是通过电控单元输出的调压电磁阀的占空比调节主油路液压。

5. 故障运行模式

电控单元设置了故障运行模式，如果电控单元或传感器出现故障，换档控制进入应急状态控制程序，此时可通过变速杆操纵手动换档阀，控制液压回路使汽车按1档行驶、3档行驶或倒档行驶。将变速杆置于1档位置时，汽车可通过液压装置以1档行驶；将变速杆置于D位时，汽车可通过液压装置以3档行驶。

3.3.3 自动变速器电子控制系统部件

01N型自动变速器结构紧凑、布局合理且传动效率高，其液力变矩器具有锁止功能。该自动变速器的电子控制系统主要由自动变速器电控单元（ECU）、节气门位置传感器、车速传感器、换档控制电磁阀及变矩器锁止电磁阀等组成。

1. 自动变速器ECU

01N型自动变速器采用单独的ECU，由电源电路、输入电路、输出电路、信号转换器和微机等组成。微机是ECU的核心部件，主要由中央处理器（CPU）、存储器和输入/输出接口（I/O）等部分组成。它能进行逻辑运算、程序控制及数据处理，将全部换档程序和锁止变矩器程序持久地存储于存储器中。

2. 节气门位置传感器

节气门位置传感器的工作原理如图3-19所示。节气门位置传感器将节气门的位置和加速踏板踩下的速度的信息传给发动机电控单元，再由发动机电控单元将信息传给自动变速器ECU。此信号用于计算按载荷变化的换档时刻，并用于调整自动变速器的油压。若信号中断，自动变速器ECU会用发动机平均负载来确定换档时刻，自动变速器油压按节气门全开时的油压进行调节。

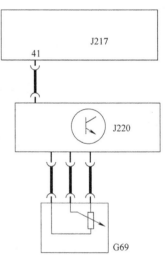

图3-19　节气门位置传感器的工作原理
G69—节气门位置传感器
J220—发动机ECU
J217—自动变速器ECU

3. 车速传感器

车速传感器位于行星齿轮变速器壳上，通过输出轴主动齿轮上的脉冲叶轮，用电磁感应方式检测车速信号，此信号用于自动变速器ECU的换档控制，并控制变矩器的锁止和速度调节装置。此信号中断后，自动变速器ECU用发动机转速信号作为代用信号，锁止离合器失去锁止功能。车速传感器与变速器转速传感器的安装位置如图3-20所示。

4. 变速器转速传感器

变速器转速传感器安装在变速器壳体顶部的左侧，如图3-20所示。变速器转速传感器为电磁感应式，用于检测行星齿轮机构中大太阳轮的转速。ECU根据大太阳轮的转速，准确判断换档时刻，控制多片离合器工作。在换档过程中，通过推迟点火提前角来减小发动机的输出转矩。如果ECU没有收到变速器转速传感器的信号，其将进入应急运行状态。

5. 档位多功能开关与变速杆锁止电磁阀

档位多功能开关的安装位置与电路原理如图3-21所示。该开关位于变速器壳内，由变速杆拉索控制。档位多功能开关将变速杆的位置信号传给自动变速器ECU后执行下列功能：

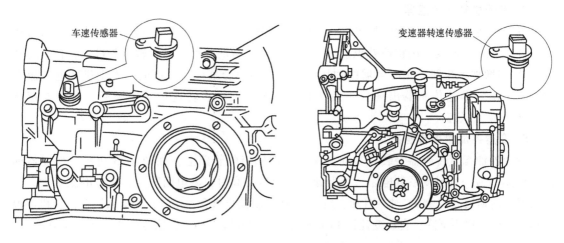

图 3-20　车速传感器与变速器转速传感器的安装位置

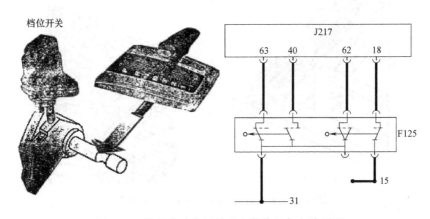

图 3-21　档位多功能开关的安装位置与电路原理
F125—档位多功能开关　J217—自动变速器 ECU

R 位接通倒车灯；挂入行驶档位后，切断起动机电路；接通或断开速度调节装置。当此开关信号中断时，ECU 进入应急状态。

变速杆锁止电磁阀用于锁止变速杆位置，安装在变速杆下部，如图 3-22 所示。在 P 位和 N 位时，该电磁阀与点火系统接通，可防止变速杆滑到其他档位。踩下制动踏板，变速杆锁止电磁阀解除锁止，变速杆可换入其他档位。

6. 强制低速档开关

强制低速档开关与节气门拉索联动，当加速踏板踩到底，并超过节气门全开位置时，便会压下此开关，变速器提前换入相邻低档，以降低车速，增大车辆的牵引力。

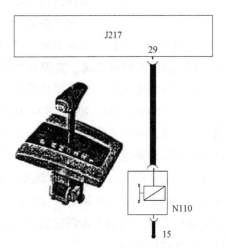

图 3-22　变速杆锁止电磁阀
N110—变速杆锁止电磁阀　J217—自动变速器 ECU

7. 发动机转速传感器

发动机转速传感器经发动机 ECU 传给自动变速器 ECU。自动变速器 ECU 将发动机转速信号与车速进行比较，按转速差识别出锁止离合器打滑的状况，如果转速差过大，自动变速器 ECU 即增加变矩器锁止离合器的油压，使变矩器离合器锁止。同时，发动机转速传感器的信号可作为车速传感器出现故障后的替代信号。发动机转速信号中断后，自动变速器 ECU 进入应急状态。

8. 变速器油温度传感器

变速器油温度传感器安装在自动变速器内滑阀箱的管路上，如图 3-23 所示。变速器油温度传感器为一负温度系数电阻，当变速器油温度升高时，其电阻降低，信号电流变大。当油液温度达到最高值 150℃ 时，自动变速器 ECU 控制锁止离合器接合，变矩器卸荷，使机油温下降，若油温仍不下降，自动变速器 ECU 使变速器自动降一档。若信号中断，无替代信号。

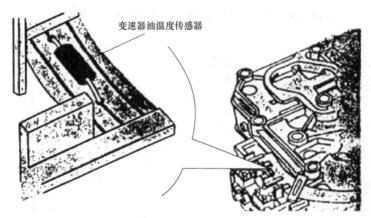

图 3-23 变速器油温度传感器的安装位置

9. 制动灯开关

制动灯开关安装在制动踏板支架上，自动变速器 ECU 通过制动灯开关的信号判断是否制动。车辆静止时，只有踩下制动踏板才能让变速杆脱开档位 P 或 N，否则变速杆会被锁住。当制动灯开关信号出现中断故障时，变速杆锁止控制功能失效。

10. 换档控制电磁阀、变矩器锁止电磁阀与压力调节电磁阀

换档控制电磁阀、变矩器锁止电磁阀与压力调节电磁阀的安装位置如图 3-24 所示。电磁阀 N88、N89、N90、N92、N94 为换档控制电磁阀，用于控制制动器或离合器的油压，实现换档控制。在自动变速器 ECU 的控制下，电磁阀 N88 的接通或关断，是通过液压回路操纵小太阳轮的前进档离合器 K_1 接合或分离实现的；电磁阀 N89 的接通或关断，是通过液压回路操纵大太阳轮（2、4档）制动器 B_2 的制动实现的；电磁阀 N90 的接通或关断，是通过液压回路操纵驱动行星架的直接档离合器 K_3 接合或分离实现的。电磁阀 N92 和 N94 的作用是使换档平顺。驱动大太阳轮的倒档离合器 K_2 及制动行星架的倒档制动器 B_1，由变速杆操纵手控换档阀控制。

换档控制电磁阀的工作原理如图 3-25 所示。当电磁阀断电时，由电磁阀调节阀调压的管路液压卸压，制动器不制动或离合器分离；当电磁阀通电时，管路液压作用在制动器或离

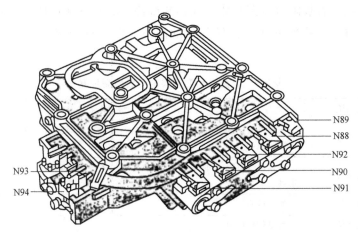

图 3-24 换档控制电磁阀、变矩器锁止电磁阀和压力调节电磁阀的安装位置
N88、N89、N90、N92、N94—换档控制电磁阀
N91—调节变矩器锁止离合器电磁阀 N93—主油路压力调节电磁阀

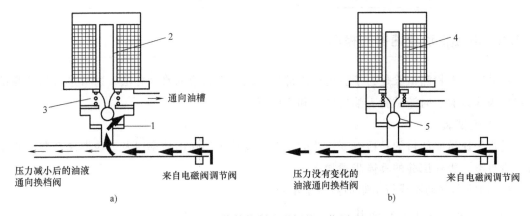

图 3-25 换档控制电磁阀的工作原理
a）电磁阀通电 b）电磁阀断电
1—阀座 2—衔铁和阀芯 3—回位弹簧 4—电磁线圈 5—球阀

合器上，操纵制动器制动或离合器接合，以实现换档控制。电磁阀 N91 用于调节锁止离合器的压力，自动变速器 ECU 通过控制电磁阀 N91 的通断，由液压操纵锁止离合器的接合与分离。电磁阀 N93 为主油路压力调节电磁阀，自动变速器 ECU 通过控制电磁阀 N93 通、断信号的占空比，调节离合器和制动器的油压。如果电磁阀有故障，自动变速器 ECU 进入应急状态。

3.4 电控自动变速器的检测与试验

3.4.1 电控自动变速器的一般检测步骤

电控自动变速器具有机械、电、液一体化的特点，在检修时，应遵循由简单到复杂、由表及里，先初步判断故障的范围，再进一步确定故障部位的原则。

由于电控系统具有故障自诊断功能,在检测维修时非常方便快捷,因此应先排除电控系统的故障,再进一步排除液压与机械部分的故障。电控自动变速器的一般检测步骤见表 3-3。

表 3-3 电控自动变速器的一般检测步骤

步骤	检测系统	检测内容
1	基本检查	①检查 ATF 液位;②检查发动机怠速;③检查外观渗漏;④检查线路连接;⑤检查换档操纵机构等
2	电控系统	①读取故障码;②读取数据流(数据块);③清除故障码;④执行终端测试;⑤基本设定等
3	变矩器	失速试验
4	液压系统	测量管路压力
5	行星齿轮变速器	①检查制动器、离合器摩擦片的磨损和间隙;②检查单向离合器的单向锁止;③检查行星齿轮机构的磨损或损坏
6	道路试验	①检查换档冲击、噪声;②检查换档时机等

3.4.2 电控自动变速器的检测试验

自动变速器检测试验是为了发现故障部位,以确定相应的修理方法。通常进行的检测试验包括失速试验、时滞试验、油压试验和道路试验等。

1. 失速试验

进行失速试验的目的是检查变矩器的性能、发动机的输出功率以及变速器离合器和制动器是否打滑。失速试验的具体步骤如下:

1) 用驻车制动器或行车制动器将车轮制动。

2) 使变速杆置于 D 位或 R 位。

3) 使自动变速器油温达到正常温度 50~80℃。

4) 使发动机怠速运转,猛踩加速踏板,使节气门全开,时间不超过 5s,试验次数不超过 3 次。

5) 读出发动机的转速值,该转速称为失速转速,一般为 2000r/min 左右。

通过失速试验可对自动变速器的性能进行分析。

1) 试验时,若发动机转速在 2000r/min 左右,表明自动变速器在正常工作状态。

2) 若试验时,在 D 位和 R 位的失速转速相同,但均低于规定值,表明发动机功率不足。

3) 若失速转速高出标准值 500r/min 以上,表明变矩器损坏。

4) 若试验时,在 D 位的失速转速高于规定值,表明前进离合器或制动器打滑,可能的原因有离合器片磨损、控制油压偏低、油泵或调压阀有故障;若在 R 位的失速转速高于规定值,表明倒档离合器或制动器打滑,可能是因为摩擦片磨损或 R 位油压过低。

2. 时滞试验

进行时滞试验的目的是为了进一步判定离合器和制动器的磨损情况以及控制油压是否正

常。它利用升档和降档时的时间差来分析故障,是对失速试验结果的进一步验证。时滞试验的具体步骤如下:

1) 使变速杆置于 N 位,拉紧驻车制动手柄,自动变速器油温应正常。

2) 使变速杆分别从 N 位换入 D 位和 R 位,间隔 1min,以便使离合器、制动器恢复到工作状态。

3) 用秒表测量有振动感(换档冲击)时所经历的时间。

时滞试验的一般标准:N 位—D 位,标准值为 1.2s;N 位—R 位,标准值为 1.6s。

进行时滞试验时,若时滞时间大于规定值,表明摩擦片间的间隙过大或控制油压过低;若时滞时间小于规定值,表明摩擦片间隙调整不当或控制油压过高。

由于高、低档之间的转换存在充油和排油问题,应有一定的"时差"。试验时每次试验间隔为 1min,取三次试验的平均值作为依据。

3. 油压试验

进行油压试验的目的是为了测量管路中的油压,用于判断油泵和调压阀的工作性能。

试验内容包括测量主油路油压、R 位制动器油压等。自动变速器壳体上设置有进行上述试验的相应测量孔。

主油路油压试验的步骤如下:

1) 使自动变速器油温正常,拉紧驻车制动手柄,起动发动机。

2) 测量 D 位和 R 位怠速和失速时的油压数值并与规定值相比较。若 D 位和 R 位的油压均过高,表明主油路调压阀有故障。若 D 位和 R 位的油压均过低,表明主油路调压阀或油泵有故障;若仅在 R 位时油压低,表明 R 位油路有泄漏。

4. 道路试验

进行道路试验的目的是为了进一步检查自动变速器的使用性能。试验中需对换档点(升档、降档)、换档冲击、振动、噪声、打滑等方面进行检查。

3.5 无级变速器

3.5.1 无级变速器概述

前面所讲的液力自动变速器并不是真正的无级变速器,而是有档位的,传动比也不连续,液力传动效率较低,影响汽车的动力性与经济性。

无级变速器(continuously variable transmission,CVT)是传动比在一定范围内连续变化的变速器。无级变速技术采用传动带和工作直径可变的主、从动轮相配合来传递动力,可以实现传动比的无级连续改变,它没有传统变速器换档时那种"停顿"的感觉,从而得到传动系统与发动机工况的合适匹配,提高整车的动力性和燃油经济性,改善驾驶人的操纵方便性和乘员的乘坐舒适性。

目前,国内乘用车采用无级变速器的有奥迪的 A4 和 A6、广本飞度、东南菱帅以及大众 polo 等。

1. 无级变速器的优点

无级变速器与传统的手动变速器和自动变速器相比，主要有以下优点：

1）提高燃油经济性。CVT 可以在相当宽的范围内实现无级变速，理论上会有多个速比去适应路面变化，从而获得传动系统与发动机工况的合适匹配，提高整车的燃油经济性。

2）提高动力性能。汽车的后备功率决定了汽车的爬坡能力和加速能力。汽车的后备功率越大，动力性越好。由于 CVT 的无级变速特性，能够获得后备功率最大的传动比，所以 CVT 的动力性能明显优于手动变速器和自动变速器。

3）减少排放量。CVT 的速比工作范围宽，能够使发动机以最佳工况工作，从而改善了燃烧过程，降低了废气的排放量。

4）节约成本。CVT 系统结构简单，零部件数目比自动变速器少，成本也相应有所降低。

5）改善了驾驶舒适性能。安装无级变速器后，可以在保证发动机具有最佳动力性能的同时实现无级变速，使驾驶人能够真正感到舒适。

2. 无级变速器的变速原理

目前最常见的无级变速器为金属带式无级变速器，其变速原理如图 3-26 所示。它由主动带轮、从动带轮及金属带等组成，每个带轮由两个锥型盘组成，其中一个锥形盘不动，另一个锥形盘在液压驱动机构的驱动下轴向移动。当两锥形盘间距变小，其传动半径变大；反之，当两锥形盘间距变大，其传动半径变小。传动装置中主动带轮与从动带轮的中心距是固定不变的，两者必须保持协调相同的调整，以保证传动带始终处于张紧状态。

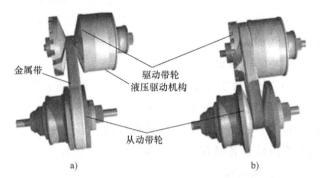

图 3-26　金属带式无级变速器的变速原理
a）低速档　b）高速档

当主动带轮的半径小，而从动带轮的半径大时，传动比大，传动装置按低速档传动，如图 3-26a 所示；如果使主动带轮的半径增大，从动带轮的半径减小，则传动比也将随之减小，传动装置增速传动，最终达到高速档，如图 3-26b 所示。由于两个带轮的直径可以连续变化，形成的传动比是连续无级变化的。一般无级变速器可提供的变速比是 4.69 至 0.44。这样的变速范围仍不能满足汽车对传动系统传动比变化范围的要求，另外，作为一个功能齐全的变速器还需要具有倒档，因此仍需在无级传动装置后加装主减速器和差速器。

3.5.2　无级变速器的组成结构及工作原理

无级变速器主要由变速传动机构、控制系统（液压控制单元、电控单元）等组成。奥迪 Mutitronic 01J 无级变速器的结构简图如图 3-27 所示。

发动机的动力通过飞轮及减振装置传给无级变速器输入轴。为消除发动机与变速器之间的摩擦损耗，发动机与无级变速器之间以飞轮减振装置代替一般液力自动变速器的液力变矩器，以刚性连接代替柔性连接。其动力输出采用行星齿轮系统及两组湿式可变压力油冷式离

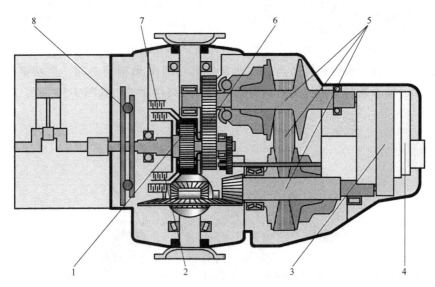

图 3-27　奥迪 Mutitronic 01J 无级变速器的结构简图

1—行星齿轮系　2—前进档离合器　3—液压控制单元　4—电控单元　5—无级变速机构
6—辅助减速齿轮　7—倒档离合器　8—飞轮减振装置

合器，行星齿轮系的太阳轮与输入轴刚性连接，随输入轴一起转动。

前进档合离合器内装有钢片与摩擦片，钢片通过内花键与太阳轮毂连接，摩擦片与前进档离合器鼓连接，前进档离合器鼓与行星架制成一体。当前进档离合器接合时，行星齿轮系成为一个整体，与发动机同步转动，由行星架将动力输出至辅助减速齿轮。

倒档离合器的摩擦片通过花键连接齿圈，钢片外齿与变速器壳体连接。倒档离合器接合时，齿圈被固定，太阳轮将动力传递给行星架。由于行星架的行星轮有另一中间行星轮（图 3-28），当齿圈被固定时，迫使行星架反向旋转将动力输出至辅助减速齿轮，从而实现倒档功能。辅助减速齿轮把动力传递给无级变速机构，如图 3-29 所示。

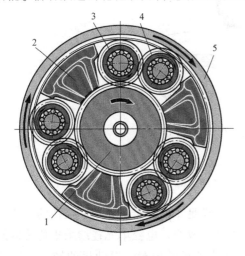

图 3-28　行星齿轮系

1—太阳轮　2—行星架　3—行星齿轮1　4—行星齿轮2　5—齿圈

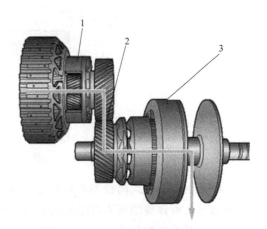

图 3-29　动力传递路线

1—行星齿轮系　2—辅助减速齿轮　3—锥形轮

无级变速机构是无级变速器的关键部件，其作用是使变速器在起始转矩和终结转矩多种速比之间连续调整，最终自动选用最佳速比，使发动机始终处于最佳速比范围之内，无须再考虑工作性能和燃油经济性。无级变速机构由两组锥形轮组成，包括一对主动锥形轮和一对从动锥形轮，同时有一根钢制链条运行在两对锥形轮的V形沟槽中间，主动锥形轮由辅助减速机构驱动，动力通过链条传递给从动锥形轮直至终端驱动，如图3-30所示。

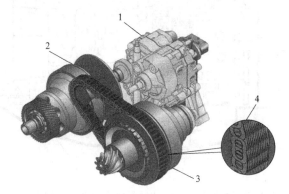

图 3-30　无级变速机构
1—辅助减速机构　2—主动锥形轮　3—从动锥形轮　4—钢制链条

链条为多片式钢制链条，其结构如图3-31所示。传动链的转动节采用双转动压块，在传动链转曲过程中，转动压块之间形成滚动摩擦，动力损失和磨损降至最低。在主动锥形轮相对从动锥形轮工作直径较小时，主动锥形轮可以传递给从动锥形轮较大的牵引转矩，部分轿车的牵引转矩可高达300N·m。

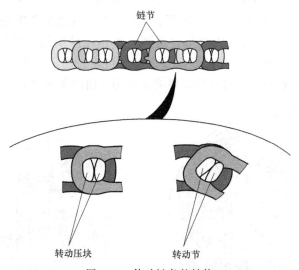

图 3-31　传动链条的结构

可变压力油冷式离合器具有软连接的功能，能满足车辆起步、停车和换档的需要。可变压力油冷式离合器的压力可随发动机输出转矩大小而改变。电控单元连续采集传感器的输入信号（包括发动机转速、变速器的输入转速、加速踏板的位置、发动机的转矩、行驶阻力和变速器油温等），经过比较、运算决定相应的油压值，如果实际值与标定值的偏差太大，变速器自动执行关断。

可变压力油冷式离合器具有过载保护功能,当电控单元检测到油压过高时(离合器过载),其会及时发出控制信号使发动机的转矩降低,待离合器冷却后,在很短的时间内发动机的转矩即恢复到原值。

3.6 机械式自动变速器

3.6.1 概述

机械式自动变速器(AMT)是在传统的手动齿轮式变速器基础上改进而来的,它结合了 AT(自动)和 MT(手动)两者的优点,AMT 既具有液力自动变速器自动变速的优点,又保留了原齿轮传动变速器效率高、成本低的特点。

1. 机械式自动变速器的基本工作原理

机械式自动变速器将原有的手动变速器操纵机构和离合器踏板式控制机构由液压执行机构代替,并依据变速器 ECU 内部预存的控制程序,对离合器的接合与分离、变速器档位的变换进行自动控制,其基本工作原理如图 3-32 所示。

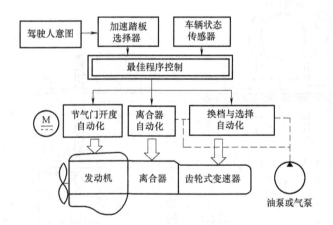

图 3-32 机械式自动变速器的基本工作原理

驾驶人通过加速踏板和选档手柄的操纵,选定节气门状态和变速器档位,传感器监测汽车的各工作参数,计算机根据存储器中存储的程序(最佳换档规律、离合器最佳接合规律、发动机节气门调节规律等)对离合器接合、节气门开度及换档进行控制,以实现最佳匹配,从而获得良好的行驶性能、平稳的起步性能和迅速的换档能力。

2. 机械式自动变速器的特点

机械式自动变速器(AMT)与其他类型的变速器相比具有以下特点:

1)与 MT 相比,AMT 的优势在于操作更便捷,智能换档,驾驶无须离合,动力更强,换档时机掌握更精确。另外,模仿最优秀驾驶人驾驶,避免错误操作,安全性更好。

2)与 AT 相比,AMT 的优势在于动力更强,传动效率高出 7% 以上,动力传输无损耗;

省油 20%；生产成本低（低于 30% 的成本优势），生产继承性强，维护成本低。

3）与 CVT 相比，AMT 的优势在于成本低，利于生产，维护更方便，产品可匹配性好。

3. 机械式自动变速器的类型

目前，在乘用车上使用的机械式自动变速器主要有平行轴式自动变速器和双离合器式自动变速器两大类。平行轴式自动变速器只有日本本田汽车公司采用，而双离合器式自动变速器的应用非常广泛，其中以德国大众汽车公司的直接换档变速器最具代表性。

3.6.2 平行轴式自动变速器

1. 平行轴式自动变速器的结构

本田雅阁轿车采用平行轴式自动变速器，其结构简图如图 3-33 所示。在输入端有一个液力变矩器，自动变速器变速机构的工作原理与手动变速器基本相同，没有行星齿轮机构，常啮合齿轮很像手动变速器，因而平行轴式变速系统又称为定轴式变速系统。平行轴式自动变速器中没有制动器，只有离合器，且多片离合器的形式与传统自动变速器相似，但与传统自动变速器不同的是其只由液压多片离合器来控制不同档位齿轮的啮合。倒档是通过多啮合一个中间齿轮实现的，倒档控制机构通过拨动接合套，使倒档齿轮与输出轴啮合。

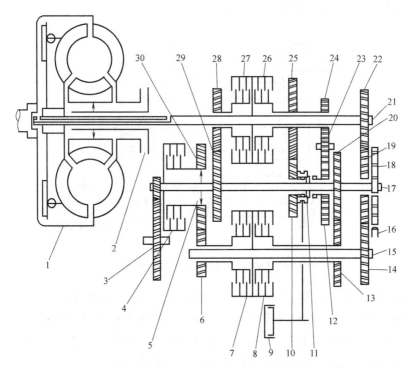

图 3-33 本田雅阁轿车平行轴式自动变速器的结构简图

1—液力变矩器 2—油泵 3—最终驱动齿轮 4—锁定离合器 5—单向离合器 6—副轴 1 档齿轮 7—1 档离合器 8—2 档离合器 9—伺服阀 10—惰轴 4 档齿轮 11—倒档接合套 12—惰轴倒档齿轮 13—副轴 2 档齿轮 14—副轴惰轮 15—副轴 16—驻车锁销 17—惰轴（输出轴） 18—驻车齿轮 19—惰轴惰轮 20—惰轴 2 档齿轮 21—主轴（输入轴） 22—主轴惰轮 23—倒档惰轮 24—主轴倒档齿轮 25—主轴 4 档齿轮 26—4 档离合器 27—3 档离合器 28—主轴 3 档齿轮 29—惰轴 3 档齿轮 30—惰轴 1 档齿轮

2. 平行轴式自动变速器的动力传动路线

本田雅阁轿车采用的是前进4档三轴平行轴式自动变速器，其传动机构示意图如图3-34所示，图中2、3、16、17为片式离合器。其各档位动力传动路线如下：

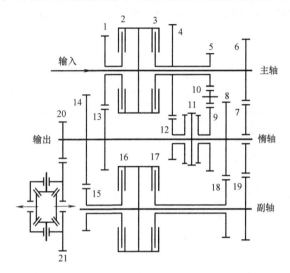

图3-34 本田雅阁轿车传动机构示意图

1—主轴3档齿轮 2—3档离合器 3—4档离合器 4—主轴4档齿轮 5—主轴倒档齿轮 6—主轴惰轮
7—惰轴惰轮 8—惰轴2档齿轮 9—惰轴倒档齿轮 10—倒档惰轮 11—倒档接合套 12—惰轴4档齿轮
13—惰轴3档齿轮 14—惰轴1档齿轮 15—副轴1档齿轮 16—1档离合器 17—2档离合器
18—副轴2档齿轮 19—副轴惰轮 20—输出齿轮 21—最终驱动齿轮（主减速器主动齿轮）

（1）**1档动力传动路线** 变速器处于D位1档工作时，1档离合器16接合，由液力变矩器输入动力→主轴→主轴惰轮6→惰轴惰轮7→副轴惰轮19→1档离合器16→副轴1档齿轮15→惰轴1档齿轮14→输出齿轮20→最终驱动齿轮21→差速器。

（2）**2档动力传动路线** 变速器处于D位2档工作时，2档离合器17接合，由液力变矩器输入动力→主轴→主轴惰轮6→惰轴惰轮7→副轴惰轮19→2档离合器17→副轴1档齿轮15→惰轴1档齿轮14→输出齿轮20→最终驱动齿轮21→差速器。

（3）**3档动力传动路线** 变速器处于D位3档工作时，3档离合器2接合，由液力变矩器输入动力→主轴→3档离合器2→主轴3档齿轮1→惰轴3档齿轮13→输出齿轮20→最终驱动齿轮21→差速器。

（4）**4档动力传动路线** 变速器处于D位4档工作时，4档离合器3接合，由液力变矩器输入动力→主轴→4档离合器3→主轴4档齿轮4→惰轴4档齿轮12→倒档接合套11→输出齿轮20→最终驱动齿轮21→差速器。

（5）**倒档动力传动路线** 变速器处于倒档R位时，伺服阀控制倒档接合套11右移，与惰轴倒档齿轮9接合，由液力变矩器输入动力→主轴→4档离合器3→主轴倒档齿轮5→倒档惰轮10→惰轴倒档齿轮9→倒档接合套11→输出齿轮20→最终驱动齿轮21→差速器。

本田雅阁轿车自动变速器换档执行元件的工作情况见表3-4。

表 3-4 本田雅阁轿车自动变速器换档执行元件的工作情况

动作档位		参与动作的元件									
		液力变矩器	1档齿轮、锁定离合器	1档齿轮、1档离合器	1档齿轮、单向离合器	2档齿轮、2档离合器	3档齿轮、3档离合器	4档		倒档齿轮	驻车齿轮
								齿轮	离合器		
P		○	—	—	—	—	—	—	—	—	○
R		○	—	—	—	—	—	—	○	○	—
N		○	—	—	—	—	—	—	—	—	—
D位 4档	1	○	—	○	○	—	—	—	—	—	—
	2	○	—	△	—	○	—	—	—	—	—
	3	○	—	—	△	—	○	—	—	—	—
	4	○	—	—	—	—	—	○	—	—	—
D位 3档	1	○	—	○	○	—	—	—	—	—	—
	2	○	—	△	—	○	—	—	—	—	—
	3	○	—	—	△	—	○	—	—	—	—
2位	1	○	○	○	○	—	—	—	—	—	—
	2	○	—	△	—	○	—	—	—	—	—

注：○为参与动作的元件；—为未参与动作的元件；△为参与动作但单向离合器没作用。

3.6.3 直接换档变速器（DSG）

直接换档变速器（direct shift gearbox，DSG）是目前发展最迅速的新型变速器之一。它是基于手动变速器而不是自动变速器，因此，它也属于机械式自动变速器。该变速器的主要特点是换档更快、传递的转矩更大且效率更高。此外，直接换档变速器虽然内部复杂，但实际体积和质量相比自动变速器而言并没有比手动变速器增加多少，因此装备双离合变速器的车型不会增重过多。目前，大众汽车公司在乘用车上较多使用直接换档变速器（DSG）。

1. 直接换档变速器的结构

DSG 主要由多片湿式双离合器、三轴式齿轮变速器、自动换档机构及电控液压控制系统组成。其中最具创意的核心部分是双离合器和三轴式齿轮变速器，如图 3-35 所示。

DSG 有两根同轴心的输入轴，输入轴 1 装在输入轴 2 的内部。输入轴 1 和离合器 1 相连，输入轴 1 上的齿轮与 1、3、5 档齿轮相啮合；输入轴 2 是空心的，和离合器 2 相连，输入轴 2 上的齿轮与 2、4、6 档齿轮相啮合；倒档齿轮通过中间轴齿轮和输入轴 1 的齿轮啮合。DSG 中的多片湿式双离合器的结构与液压式自动变速器中的离合器相似，但是尺寸要大很多。利用液压缸内的油压和活塞压紧离合器，油压的建立是由 ECU 指令电磁阀来控制的，两个离合器的工作状态是相反的，不会发生两个离合器同时接合的情形。DSG 的档位转换是由档位选择器来操作的，档位选择器实际上是个液压马达，推动拨叉就可以进入相应的档位，由液压控制系统控制其工作。液压控制系统中有 6 个油压调节电磁阀，用来调节两个离合器和 4 个档位选择器中的油压，还有 5 个开关电磁阀，分别控制档位选择器和离合器的工作。

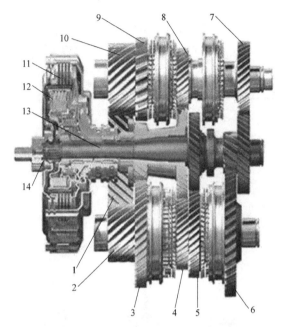

图 3-35 直接换档变速器的结构组成

1—差速器 2、10—输出到差速器 3—2 档齿轮（啮合） 4—4 档齿轮 5—3 档齿轮 6—1 档齿轮（啮合）
7—5 档齿轮 8—6 档齿轮 9—倒档齿轮 11—离合器 1 12—离合器 2 13—输入轴 2 14—输入轴 1

2. 直接换档变速器的动力传动路线

外部离合器 1 负责 1 档、3 档、5 档和倒档，内离合器 2 负责 2 档、4 档和 6 档；挂入奇数档时，离合器 1 接合，输入轴 1 工作，离合器 2 分离，输入轴 2 不工作，即在 DSG 的工作过程中总是有 2 个档位是接合的，一个正在工作，另一个则为下一步做好准备。

在 1 档起步行驶时，动力传动路线如图 3-36 所示。外部离合器 1 接合，通过内部输入轴 1 到 1 档齿轮，再输出到差速器。同时，图中虚线和箭头所示的路线是 2 档时的动力传动路线，由于离合器 2 是分离的，这条路线实际上还没有动力在传输，是预先选好档位，为接下来的升档做准备。当变速器挂入 2 档后，退出 1 档，同时 3 档预先接合。

DSG 在降档时，同样有 2 个档位是接合的，如果 6 档正在工作，则 5 档作为预选档位而接合。DSG 的升档或降档是由变速器控制器（TCU）进行判断的。踩加速踏板时，变速器控制器（TCU）判定为升档过程，做好升档准备；踩制动踏板时，变速器控制器（TCU）判定为降档过程，做好降档准备。一般变速器升档总是一档一档进行的，而降档经常会跳跃进行，DSG 在手动控制模式下也可以进行跳跃降档。各个档位的动力传动路线如下：

(1) 1 档 外离合器 1→输入轴 1→1 档齿轮（啮合）→输出轴 1→差速器，如图 3-36 所示。

(2) 2 档 内离合器 2→输入轴 2→2 档齿轮（啮合）→输出轴 1→差速器，如图 3-37 所示。

(3) 3 档 外离合器 1→输入轴 1→3 档齿轮→输出轴 1→差速器，如图 3-38 所示。

(4) 4 档 内离合器 2→输入轴 2→4 档齿轮→输出轴 1→差速器，如图 3-39 所示。

(5) 5 档 外离合器 1→输入轴 1→5 档齿轮→输出轴 2→差速器，如图 3-40 所示。

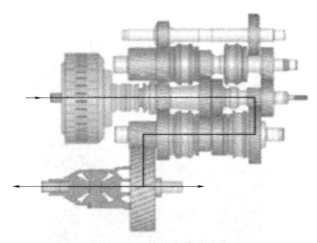

图 3-36　1 档动力传动路线

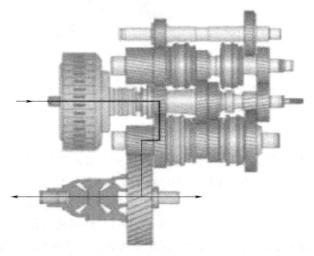

图 3-37　2 档动力传动路线

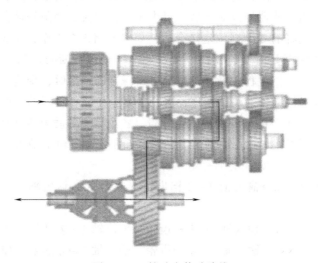

图 3-38　3 档动力传动路线

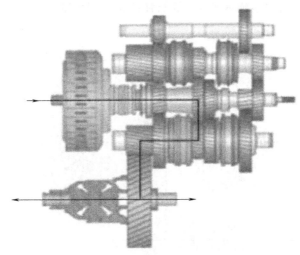

图 3-39　4 档动力传动路线

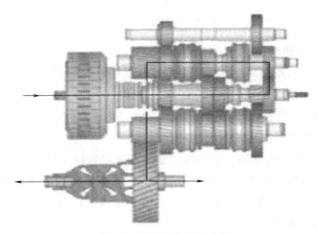

图 3-40　5 档动力传动路线

（6）6 档　内离合器 2→输入轴 2→6 档齿轮→输出轴 2→差速器，如图 3-41 所示。

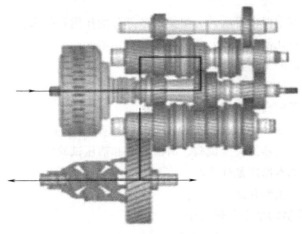

图 3-41　6 档动力传动路线

（7）倒档 外离合器1→输入轴1→倒档轴齿轮→倒档轴→倒档齿轮→输出轴2→差速器，如图3-42所示。

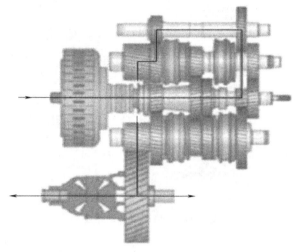

图3-42 倒档动力传动路线

3. 直接换档变速器的特点

1）换档快，操控性能好。直接换档变速器的换档时间非常短（约200ms），比传统手动变速器的换档速度还快。特别是当高档齿轮副已处于预备状态时，变速器的升档速度极快，甚至可达到8ms。并且换档过程没有动力中断的感觉，具有优异的操控性能，这也是直接换档变速器在赛车上大量应用的原因之一。

2）传递转矩大，传动效率高。直接换档变速器是以传统手动变速器为基础，加入片式双离合器和电控组件而成，继承了手动变速器传递转矩大、传动效率高的优点。

3）换档过程无顿挫感，舒适性好。直接换档变速器换档迅速、平顺，换档过程无顿挫感，因此具有良好的舒适性。

思 考 题

1. 电控自动变速器主要由哪些部分组成？各部分的作用是什么？
2. 液力变矩器由哪几部分组成？各部分起什么作用？
3. 分析液力变矩器的工作特性。
4. 试述电控自动变速器的换档原理。
5. 试述自动变速器中离合器和制动器的作用。
6. 分析捷达轿车01N型电控自动变速器行星齿轮变速器的动力传动路线。
7. 如何进行自动变速器的失速试验、时滞试验和油压试验？
8. 无级变速器的基本原理是什么？
9. 直接换档变速器由哪几部分组成？
10. 直接换档变速器的基本原理是什么？

第4章

汽车防滑及稳定性控制系统

4.1 概述

汽车操纵稳定性是保证汽车行驶安全的重要性能,是提高汽车行驶速度的重要保证。汽车防滑及稳定性控制是提高汽车操纵稳定性的重要措施,主要包括防抱制动系统(ABS)、驱动防滑转系统(acceleration slip regulation, ASR)、电子制动力分配(electric brake force distribution, EBD)及汽车电子稳定程序(electronic stability program, ESP)等。但不是所有汽车都必须安装这四种主动安全控制系统,目前ABS、EBD和ASR应用较普遍,ESP主要应用于中、高档汽车上。

4.1.1 汽车防滑及稳定性控制系统简介

1. 防抱制动系统(ABS)

ABS的作用是在汽车制动过程中防止车轮被制动抱死,避免车轮在路面上进行纯粹的滑移,提高汽车在制动过程中的方向稳定性和转向操纵能力,从而缩短制动距离。而ASR(或TCS)的作用是在汽车起步、加速过程中防止驱动轮滑转,特别是防止汽车在非对称路面或转弯时出现驱动轮空转的情况,使汽车在驱动过程中的方向稳定性、转向操纵能力和加速性能都得到提高。

2. 驱动防滑转系统(ASR)

驱动防滑转系统(ASR)也称为牵引力控制系统(traction control system, TCS)。ASR是在ABS基础上发展起来的,其作用是防止汽车起步、急加速时出现驱动轮打滑的情况,使汽车能在附着状况不好的路面上顺利起步和加速行驶。

ABS和ASR都是控制车轮"打滑",但ABS是防止制动时车轮抱死在路面上滑移,而ASR则是防止驱动时驱动轮在路面上原地不动的滑转,两者控制车轮的滑动方向是相反的,但都是控制滑移率,而且两者采用了相同的技术,并共用一些传感器。因此,ABS和ASR通常组合在一起,形成一体化控制。

3. 电子制动力分配(EBD)

汽车在制动时,各个车轮与地面的附着条件往往不一样,这会导致汽车的各个车轮与地面的摩擦力不一样,制动时容易造成打滑、倾斜和车辆侧翻事故。EBD能够根据由于汽车制动时产生轴荷转移的不同,而自动调节前、后轴的制动力分配比例,提高制动效能,并配合ABS提高制动稳定性,从而保证车辆的行驶安全性。

4. 汽车电子稳定程序（ESP）

ESP 整合了 ABS、ASR 和 EBD 的功能，起到了一种综合控制系统的作用。ESP 的功能是监控汽车的行驶状态，在因紧急躲避障碍物或转弯而出现不足转向或过度转向时，使车辆避免偏离理想轨迹。电控单元（ECU）通过对从各传感器传来的车辆行驶状态信息进行分析，然后向 ABS、ASR 发出纠偏指令，以帮助车辆维持动态平衡，使车辆在各种状况下都能保持最佳的稳定性。

4.1.2 汽车防滑控制系统的基本理论

汽车在行驶过程中，车轮与路面之间的作用力受到轮胎与路面之间附着力的限制。汽车制动时，当附着力对车轮产生的转矩不足以克服制动器所产生的制动转矩时，车轮就会发生制动抱死，如果汽车此时仍未完全停车，车轮就会相对于路面发生滑移现象，高速行驶时的安全性便得不到保证；汽车在驱动过程中，当驱动力在驱动车轮上产生的驱动力矩大于附着力对驱动车轮产生的转矩时，驱动车轮就会相对于路面发生滑转，不利于汽车起步、加速或转向。

为了使汽车在行驶过程中获得良好的行驶性能，应充分合理地利用轮胎与路面之间的附着力，附着力的大小取决于轮胎与路面之间的垂直载荷和附着系数，即

$$F_{\varphi} = F_{N}\varphi \tag{4-1}$$

式中　F_{φ}——轮胎与路面间的附着力（N）；

　　　F_{N}——轮胎与路面间的垂直载荷（N）；

　　　φ——轮胎与路面间的附着系数。

在汽车实际行驶过程中，车轮在路面上的纵向运动状态可以分为纯滚动、纯滑动以及既滚动有滑动三种形式，车轮相对于路面的滑动可分为滑移和滑转两种形式。

1) 汽车在制动过程中，车轮可能相对于路面发生滑移，滑移成分在车轮纵向运动中所占的比例可以由滑移率 S_{B} 表征，即

$$S_{B} = \frac{V - r\omega}{V} \times 100\% \tag{4-2}$$

式中　V——实际车速（m/s）；

　　　r——车轮半径（m）；

　　　ω——车轮角速度（rad/s）。

当车轮在路面上自由纯滚动时，$V = r\omega$，因此，滑移率 $S_{B} = 0$；在制动过程中，当车轮完全抱死时，$\omega = 0$，因此，滑移率 $S_{B} = 100\%$；当车轮在路面上既滚动又滑移时，$r\omega < V$，因此，$0 < S_{B} < 100\%$。车轮滑移所占的比例越大，S_{B} 的数值越大。

2) 汽车在驱动过程中，驱动车轮可能相对于路面发生滑转，滑转成分在车轮纵向运动中所占的比例可以由滑转率 S_{A} 表征，即

$$S_{A} = \frac{r\omega - V}{r\omega} \times 100\% \tag{4-3}$$

当车轮在路面上自由纯滚动时，$V = r\omega$，因此，滑转率 $S_{A} = 0$；在驱动过程中，当驱动车轮在路面上完全滑转时，$V = 0$，因此，滑转率 $S_{A} = 100\%$；当车轮在路面上既滚动又滑动时，

$r\omega > V$，因此，$0 < S_A < 100\%$。车轮滑转所占的比例越大，S_A 的数值越大。

按照上述定义可知，车轮运动特征可由滑动率 S 来表征。

4.1.3 附着系数与滑动率的关系

图 4-1 所示为试验所获得的附着系数随滑动率变化的规律。从图中可以看出，车轮纵向附着系数（又称制动力系数）随车轮滑动成分的增加呈先上升后下降的趋势，附着系数最大值（也称为附着系数峰值）一般出现在滑动率 $S = 15\% \sim 25\%$ 之间，滑动率 S 达到 100%（车轮抱死）时的附着系数（也称为滑动附着系数）φ_s 小于峰值附着系数 φ_p。一般情况下，$(\varphi_p - \varphi_s)$ 随道路状况的恶化而增大。同时，当 $S = 100\%$ 时，车轮的横向附着系数（又称横向力系数）随车轮滑动率的增加呈下降趋势，随着横向附着系数趋近于 0 时，车轮无法获得地面横向摩擦力。若这种情况出现在前轮上，通常发生侧滑的程度不甚严重，但是却会因为前轮无法获得地面侧向摩擦力，

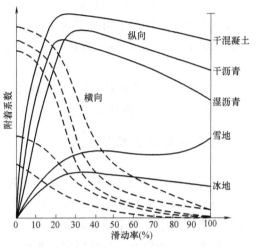

图 4-1 附着系数随滑动率变化的规律

导致转向能力的丧失；若这种情况出现在后轮上，则会导致后轮抱死，此时，后轴极易产生剧烈的侧滑，使汽车处于危险的失控状态。

综上所述，当汽车制动时，ABS 通常将车轮滑移率控制在 20% 附近，这样既能使汽车获得较高的制动效能，又能保证它在制动时的方向稳定性；ASR 在驱动过程中，通常将车轮滑转率控制在 5%~15% 的范围内，最大限度地利用附着系数，获得最佳的驱动效果，从而得到较好的方向稳定性和转向稳定性。

4.2 汽车防抱制动系统

4.2.1 防抱制动系统的发展概况

20 世纪初，最早的防抱制动系统（ABS）用于铁路机车上，借此来避免机车车轮因制动导致的"平面现象"⊖和钢轨的早期损坏。1936 年，德国博世公司取得了 ABS 专利权。20 世纪 40 年代，ABS 被应用于飞机上，以防止飞机着陆时偏离航道及"爆胎"。

1954 年，美国福特汽车公司首次将法国生产的民航机用 ABS 应用在林肯牌高级轿车上，由此拉开了汽车采用 ABS 的序幕。1957 年，福特公司与 Kelsey Hayes 公司开始合作开发 ABS。1969 年，福特汽车公司推出了后二轮控制方式的防抱制动系统，并用于美国和日本的高级轿车上。进入 20 世纪 70 年代，随着电子控制技术及精密液压元件加工制造技术的进

⊖ 机车车轮因制动抱死而停止转动，但因惯性作用，车轮将产生滑行，这种现象叫"平面现象"。

步,业界逐步奠定了复杂而精确的控制技术基础,1978 年,德国奔驰汽车公司首次推出了四轮控制式防抱制动系统。随着电子技术的进步和电器件价格的迅速降低,自 20 世纪 80 年代后期起,ABS 在汽车上的应用得到普及,并逐渐成为现代汽车的一种标准装备。

从 ABS 出现到目前广泛用于汽车上,已经历了一个世纪的发展过程。当前 ABS 的整体结构已日渐趋于成熟,以后的发展将集中体现在以下方面:

1) 实时跟踪路面特性变化,采用更加有效的控制算法,实现真正意义上的优化控制,以弥补现今汽车上广为采用的逻辑控制的不足。

2) 提高关键元件的性能指标和可靠性,消除系统控制过程的不平滑、易振动、噪声大的缺陷。

3) 由单一 ABS 控制目标转向多目标综合控制,全面提高汽车整体动力学水平。

4) 进一步降低系统装车成本。

4.2.2 防抱制动系统的优点

汽车防抱制动系统(ABS)是在普通制动系统的基础上配置了防止车轮抱死的电子控制系统。其作用是在紧急制动或在光滑路面上制动时,为了防止车轮抱死,自动控制各车轮制动器制动力的大小,使车轮保持理想滑移率,即车轮始终维持在微弱滑移的滚动状态下制动,不使车轮完全抱死。与普通制动系统相比,ABS 具有以下优点:

1) 充分利用轮胎与路面之间的附着力,有效缩短了制动距离。

2) 消除制动过程中的侧滑、跑偏,增加了汽车制动时的方向稳定性。

3) 在紧急制动时仍可改变行驶方向,改善汽车制动时的转向操纵能力。

4) 避免轮胎与地面之间的剧烈摩擦,减少了轮胎的磨损。

5) 减少了驾驶人的劳动强度(特别是紧张情绪)。

4.2.3 防抱制动系统的控制通道及布置类型

在 ABS 中,能够独立进行制动压力调节的制动管路称为控制通道。如果车轮的制动压力可以单独调节,则称该车轮为独立控制;如果两个(或两个以上)车轮的制动压力是一同调节的,则称该两车轮为一同控制。当两个车轮一同控制时,如果以保证附着力较大的车轮不发生制动抱死或驱动滑转为原则进行制动压力调节,这两个车轮就是按高选原则一同控制;如果以保证附着力较小的车轮不发生制动抱死或驱动滑转为原则进行制动压力调节,这两个车轮就是按低选原则一同控制。

ABS 按通道数可分为四通道、三通道、双通道和单通道系统。

1. 四通道 ABS

对应于双制动管路,按前后和对角两种布置形式,四通道 ABS 相应地也有两种结构形式,如图 4-2 所示。在四通道系统中,为了对四个车轮的制动压力进行独立控制,在每个车轮上均安装一个转速传感器,并在通往各制动轮缸的制动管路中各设置一个制动压力调节分装置(通道)。

由于四通道 ABS 可以最大限度地利用每个车轮的附着力进行制动,汽车的制动效能最

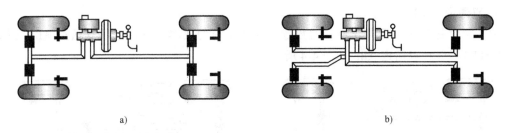

图 4-2 四通道 ABS
a）四通道四传感器（双管路前后布置） b）四通道四传感器（双管路对角布置）

好。但在附着系数分离（两侧车轮的附着系数不相等）的路面上制动时，由于同一轴上的制动力不相等，会使得汽车产生较大的偏转力矩而发生制动跑偏。因此，ABS 通常不对四个车轮进行独立的制动压力调节。

2. 三通道 ABS

四轮 ABS 大多为三通道系统，而三通道 ABS 通常都是对两个前轮进行独立控制，对两个后轮按低选原则进行一同控制。各种三通道 ABS 如图 4-3 所示。

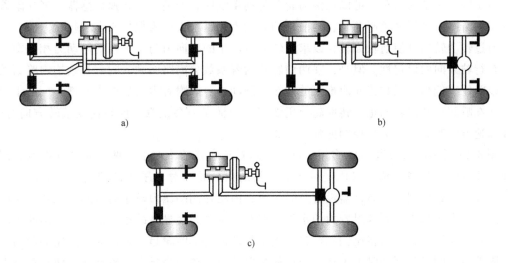

图 4-3 三通道 ABS
a）三通道四传感器（双管路对角布置） b）三通道四传感器（双管路前后布置） c）三通道三传感器

在图 4-3a 所示的按对角布置的双管路制动系统中，虽然在通往四个制动轮缸的制动管路中各设置了一个制动压力调节分装置，但两个后制动压力调节分装置却是由电子控制装置一同控制的，实际上仍是三通道 ABS。由于三通道 ABS 对两后轮进行一同控制，对于后轮驱动的汽车来说，可以在变速器或主减速器中只设置一个转速传感器来检测两后轮的平均转速。

汽车紧急制动时，会发生很大的轴荷转移（前轴荷增加，后轴荷减小），使得前轮的附着力比后轮的附着力大很多（前置前驱动汽车的前轮附着力约占汽车总附着力的 70%～80%）。对前轮制动压力进行独立控制，可充分利用两前轮的附着力对汽车进行制动，有利于缩短制动距离，并且汽车的方向稳定性也可以得到很大改善。

3. 双通道 ABS

为了减少制动压力调节分装置的数量、降低系统的成本，也可采用双通道 ABS（如本田 4WALB）。各种双通道 ABS 如图 4-4 所示。

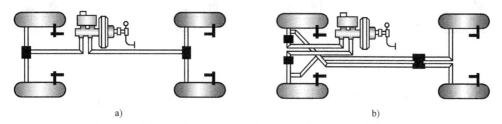

图 4-4 双通道 ABS
a）双通道四传感器（双管路前后布置）　b）双通道四传感器（双管路对角布置）

图 4-4a 所示的双通道 ABS 在按前后布置的双管路制动系统的前后制动管路中各设置一个制动压力调节分装置，分别对两前轮和两后轮进行一同控制。两前轮可以根据附着条件进行高选和低选转换，两后轮则按低选原则一同控制。

对于后轮驱动的汽车，可以在两前轮和传动系统中各安装一个转速传感器。当在附着系数分离的路面上进行紧急制动时，两前轮的制动力相差很大，为保持汽车的行驶方向，驾驶人会通过转动转向盘使前轮偏转，以求用转向轮产生的横向力与不平衡的制动力相抗衡，保持汽车行驶方向的稳定性。但是，在两前轮从附着系数分离路面驶入附着系数均匀路面的瞬间，以前处于低附着系数路面而抱死的前轮的制动力会因附着力突然增大而增大，由于驾驶人无法在瞬间将转向轮回正，转向轮上仍然存在的横向力会使汽车向转向轮偏转方向行驶，这在高速行驶时是一种无法控制的危险状态。

图 4-4b 所示的双通道 ABS 多用于制动管路对角布置的汽车上，两前轮独立控制，制动液通过比例阀（P 阀）按一定比例减压后传给对角后轮。对于采用此控制方式的前轮驱动汽车，如果在紧急制动时离合器没有及时分离，前轮在制动压力较小时就趋于抱死，而此时后轮的制动力还远未达到其附着力的水平，汽车的制动力会显著减小。而对于采用此控制方式的后轮驱动汽车，如果将比例阀调整到正常制动情况下前轮趋于抱死时，后轮的制动力接近其附着力，则紧急制动时由于离合器往往难以及时分离，会导致后轮抱死，使汽车丧失方向稳定性。

由于双通道 ABS 难以在方向稳定性、转向操纵能力和制动距离等方面得到兼顾，目前很少被采用。

4. 单通道 ABS

单通道 ABS 是在按前后布置的双管路制动系统的后制动总管路中设置一个制动压力调节分装置，对于后轮驱动的汽车，只需在传动系统中设置一个转速传感器，如图 4-5 所示。

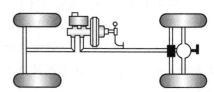

图 4-5 单通道 ABS

单通道 ABS 一般对两后轮按低选原则一同控制，其主要作用是提高汽车制动时的方向稳定性。在附着系数分离的路面上进行制动时，两后轮的制动力都被限制在处于低附着系数路面上的后轮的附着力水平，制动距离会有所增加。由于前制动轮缸的制动压力未被控制，前轮仍然可能发生制动抱死，因此汽车制动时的转向操作能力得不到保障。

但由于单通道 ABS 能够显著提高汽车制动时的方向稳定性，又具有结构简单、成本低的优点，在轻型货车上得到了广泛应用。

4.2.4 防抱制动系统的控制

1. ABS 的控制共性

ABS 的种类不同，其结构形式和工作过程也不完全相同，但都是通过对趋于抱死车轮的制动压力进行自适应循环调节来防止车轮发生制动抱死的。汽车上所采用的 ABS 一般均具有以下控制共性：

1) 在制动过程中，只有当车轮趋于抱死时，ABS 才起作用，此前保持常规制动状态。
2) ABS 只在车速超过一定值时（假定是 10km/h）才起作用。
3) ABS 具有自诊断功能，以确保系统出现故障时，常规制动系统仍能正常工作。

2. ABS 的控制过程

在计算机控制过程中，为了提高控制效率和加快控制收敛速度，研究人员提出了许多控制方法，如逻辑门限控制法、滑动模态变结构控制法、最优控制法和模糊控制法等。它们在实现控制的系统结构难度、系统制造成本及自身控制速度方面各有不同，其中以逻辑门限控制方法使用最广泛。下面简单介绍其控制过程（图 4-6）。

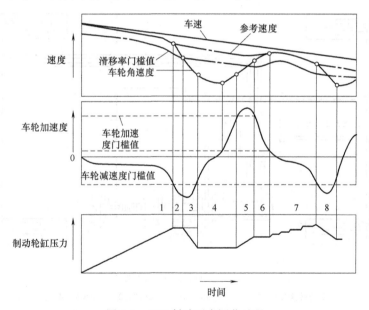

图 4-6 ABS 制动压力调节过程

该控制方式以车轮减速度和车轮加速度为控制参数，在 ECU 中预先设定好车轮加、减速度门槛值，并以参考滑动率和参考速度为辅助控制参数，对制动过程实施控制。

在制动开始阶段，轮缸压力快速上升，车轮减速度很快超过门槛值，电磁阀从升压切换到保压状态，同时，以控制起始时刻的车轮角速度作为初始参考速度，计算出制动控制的参考车速，并以该参考车速和车轮角速度为依据，计算出参考滑移率门槛曲线。在保压阶段，轮速继续下降,当轮速降到低于滑移率门槛值时,电磁阀由保压切换到减压状态。在减压过程中,随着制动压力的减小,车轮在惯性力的作用下减速转动。当车轮减速度减小,逐渐越过减速度门槛值时,系统又进入保压状态。若在规定的保压时间内,车轮加速度不超过加速度门槛值,则判定此时路面属于低附着系数情况,以另外方式实施以后的控制;若超过加速度门槛值,则继续保压。为了适应不同附着系数的路况需要,在加速度门槛值的上方又设定了一道旨在识别大附着系数路面的第二加速度门槛值。当加速度超过了第二门槛值时,则要对轮缸实施增压,直至车轮加速度低于该门槛值后,再行保压措施,直到车轮减速度再次低于第一加速度门槛值。在随后的升压过程中,一般采用比初始增压慢得多的上升梯度,电磁阀在增压和保压之间不断切换,直至车轮减速度再次向下穿过减速度门槛值。后续重复类似上述调节过程。

由此可以看出,ABS控制过程实际上就是利用制动压力调节系统对制动管路油压高速地进行"增压-保压-减压"的循环调节过程。近年来,随着控制和执行元件技术的进步,这种调节循环的工作频率通常可达15~20次/s。

4.2.5 防抱制动系统的结构及原理

ABS主要由轮速传感器、ABS ECU、制动压力调节装置及制动控制电路等组成。其基本组成如图4-7所示。

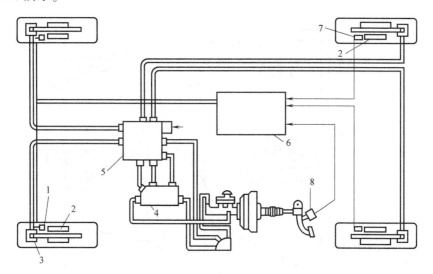

图4-7 ABS的基本组成

1—前车轮转速传感器 2—传感器转子 3—制动轮缸(分泵) 4—比例阀
5—ABS执行器 6—ABS ECU 7—后车轮转速传感器 8—制动灯开关

在该系统中,每个车轮上都安装一个转速传感器,将关于各车轮转速的信号输入ECU。ECU根据各车轮转速传感器输入的信号对各个车轮的运动状态进行监测和判定,并形成相应的控制指令。该指令指使制动压力调节装置对各个制动轮缸的制动压力进行调节,使车轮的滑移率控制在10%~20%之间。比例阀通过控制前后轮制动轮缸制动液压力的大小,保证汽车在常规制动时前轮先于后轮抱死,以改善制动性能。在ABS出现故障时,装在仪表板上的 ABS 报警灯亮起，以提醒驾驶人 ABS 出现了故障。

1. 传感器

ABS 的传感器是感受汽车运动参数（车轮转速）的元件，用来感受系统控制所需的基本信号，通常，ABS 中所使用的传感器主要包含以变换车轮转速信号为目的的车轮转速传感器和以感受车身减速度为目的的减速度传感器。

（1）**车轮转速传感器** 车轮转速传感器有电磁感应式与霍尔式两大类。目前汽车上使用最广泛的是电磁感应式车轮转速传感器。电磁感应式车轮转速传感器主要由随车轮旋转的齿盘和固定的感应元件组成，它利用电磁感应原理，将车轮的转速转化为电信号，如图 4-8 所示。图 4-9 所示为各种传感器在汽车上的安装位置。此类传感器的不足之处在于，传感器输出信号幅值随转速变化，低速时检测难、频响低，高速时易产生错误信号、抗干扰能力差。

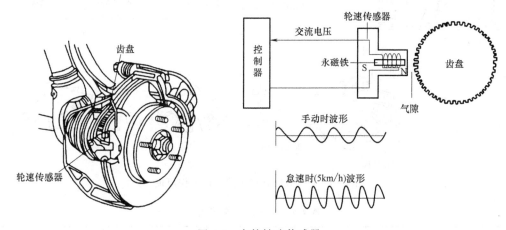

图 4-8 车轮转速传感器

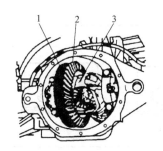 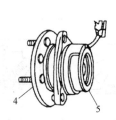 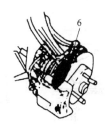

图 4-9 车轮转速传感器的安装位置
1—励磁齿圈 2—盆形锥齿轮 3—差速齿轮架 4—整体式的轮毂/轴承总成
5—前车轮转速传感器 6—转速传感器 7—车轮传感器

（2）**减速度传感器** 减速度传感器在结构上有光电式、水银式和差动式等各种形式。其中光电式传感器利用发光二极管和受光（光电）晶体管构成的光电耦合器所具有的光电转换效应，以沿径向开有若干条透光窄槽的偏心圆盘作为遮光板，制成了能够随减速度大小而改变电量的传感器，如图 4-10 所示。遮光板设置在发光二极管和光电晶体管之间，由发光二极管发出的光束可以通过板上的窄槽到达光电晶体管，光电晶体管上便会出现感应电流。当汽车制动时，质量偏心的遮光板在减速惯性力的作用下绕其转动轴偏转，偏转量与制动强度成正比。如果像表 4-1 所示那样，在光电式传感器中设置两对光电耦合器，根据两个晶体管上出现电量的不同组合就可以区分出如表中所示的四种减速度界限，因此，它具有感应多级减速度的能力。

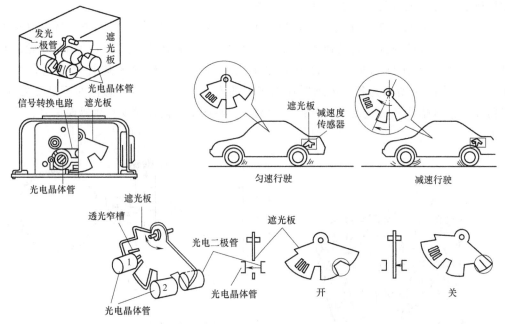

图 4-10 光电式减速度传感器的工作原理

表 4-1 减速度速率等级

减速度速率	低减速率 1	低减速率 2	中减速率	高减速率
光电晶体管 1	开	关	关	开
光电晶体管 2	开	开	关	关
遮光板位置	光电晶体管1(开) 光电晶体管2(开)	关 开	关 关	开 关

水银式传感器利用具有导电能力的水银作为工作介质。在传感器内通有导线两极柱的玻璃管中装有水银体，由于水银的导电作用，传感器的电路处于导通状态，当汽车制动强度达到一定值后，在减速惯性力的作用下，水银体脱离导线极柱，传感器电路断电，如图 4-11 所示。这种开关信号可用于指示汽车制动的减速度界限。

2. 制动压力调节器

ABS 控制车轮滑移率的执行机构是制动压力调节装置，ECU 根据车轮转速传感器发出的信号，由计算机经过判断确定车轮的运动状态，向制动压力调节装置的电磁阀线圈发出指令，通过电磁阀的动作实现对制动轮缸的保压、减压和增压控制。压力调节装置的电磁阀按

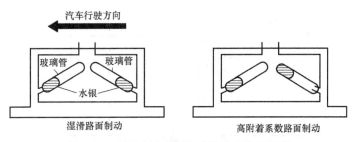

图 4-11 水银式减速度传感器的结构及原理

很高的频率工作,以确保在短时间内有效地对车轮滑移率实施控制。

液压调节装置主要由供能装置(液压泵、储压器等)、电磁阀等组成,如图 4-12 所示。通常,制动压力调节器串联在制动主缸与轮缸之间,通过电磁阀直接或间接地调节轮缸的制动压力。当制动压力调节器直接控制轮缸制动压力时,称为循环流通式调压方式;当制动压力调节器间接控制轮缸制动压力时,称为变容积式调压方式。

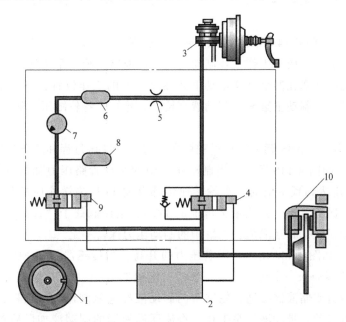

图 4-12 液压调节装置的结构组成

1—车轮转速传感器 2—ECU 3—制动主缸 4—输入阀 5—节流阀 6—阻尼器
7—回流泵 8—储能器 9—输出阀 10—制动轮缸

(1) **循环流通式制动压力调节器** 其工作原理如图 4-13 所示,在调压过程中,系统通过将制动轮缸的压力油释放至压力控制回路以外的低压储油罐实现减压,随后再靠液压泵将低压油送回制动主缸。

这种调压方式的系统无须高压蓄能器,ABS 依靠液压泵的起动实现增压,系统只需借助一个三位三通阀和液压泵的起动来完成 ABS 增压、减压、保压三个动作,在 ABS 增压过程中,驾驶人能明显感觉到制动踏板的抖动。

ABS 的制动过程分为常规制动和 ABS 调节制动两部分。当 ABS 检测认定制动车轮未发

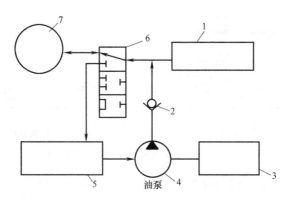

图 4-13 循环流通式制动压力调节器的工作原理

1—制动主缸 2—单向阀 3—电动机 4—液压泵 5—储油罐 6—三位三通阀 7—制动轮缸

生抱死时,汽车制动系统执行常规制动过程;而当其认定车轮有抱死趋势时,便开始进行制动压力的调节。这里以图 4-14 所示的 ABS 为例,简单介绍两种制动过程的系统元件的工作情况。

1)常规制动。如图 4-14a 所示,在常规制动过程中,ABS 不工作,电磁线圈中无电流通过,液压泵和电动机总成不工作,各制动轮缸与储液器隔绝,系统处于正常制动状态。此时,三位三通电磁阀柱塞在回位弹簧推动下处在最下端的工作位置,制动主缸与轮缸相通,当踩下制动踏板时,由制动主缸来的制动液直接进入轮缸,各轮缸压力随主缸压力的升高而升高。

2)ABS 调节制动。ABS 调节制动过程由保压过程、减压过程和增压过程组成。

① 保压过程。如图 4-14b 所示,当制动轮缸中的制动管路压力降低(或在升压过程中压力升高),使车速达到预定值时,车轮转速传感器向 ECU 输送相应信号,ECU 向电磁线圈输入一个较小的保持电流(约为最大电流的 1/2),电磁阀处于"保压"位置。此时制动主缸、制动轮缸和回油孔相互隔离,轮缸中的制动压力保持一定。

② 减压过程。如图 4-14c 所示,随着压力的升高,当传感器告知 ECU 有车轮抱死趋势时,ECU 向电磁线圈输入一个最大电流(5A),电磁阀处于"减压"位置。此时电磁阀将制动轮缸与回油通道或储液器接通,轮缸中的制动液经电磁阀流入储液器,轮缸压力下降。与此同时,电动机起动,带动液压泵工作,将流回储液器的制动液加压后输送到制动主缸,为下一个制动周期做好准备。

③ 增压过程。如图 4-14d 所示,当制动压力下降时,车轮的转速增加,当 ECU 检测到轮速增加过快时,便切断通往电磁阀的电流,使制动主缸与制动轮缸再次相通,制动主缸的高压制动液再次进入制动轮缸,制动力增加。

制动时,上述过程反复进行,直到解除制动为止。

(2)变容积式制动压力调节器 该方式是在汽车原有制动系统管路上增加一套液压控制装置,它采用压力调节装置将主缸与轮缸隔离,制动液在轮缸和压力调节装置间进行交换,通过机械方式如活塞运动使密闭的轮缸管路容积发生变化,实现加、减压调节。这种调压方式主要用于本田车系、美国德尔科摩兰 ABS VI 和博世部分产品中。

系统基本结构如图 4-15 所示,主要由电磁阀 8、控制活塞 5、电动泵 9 及储液器 11 等

第4章 汽车防滑及稳定性控制系统

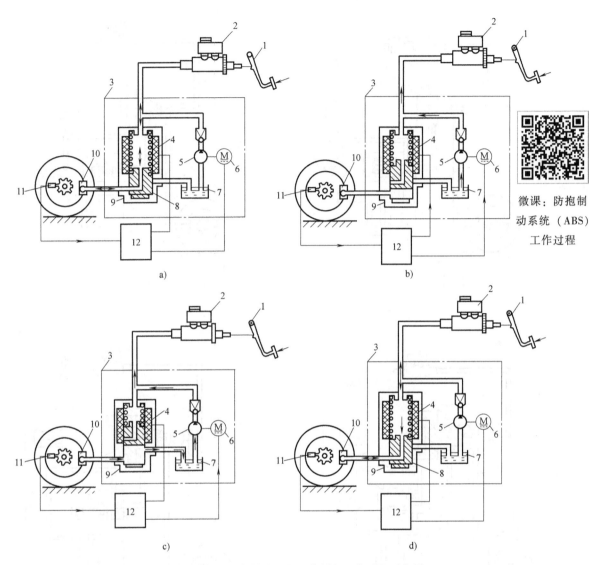

图 4-14 循环流通式制动压力调节器的工作过程示意图
a) 常规制动过程 b) 保压过程 c) 减压过程 d) 增压过程
1—制动踏板 2—制动主缸 3—液压部位 4—电磁线圈 5—液压泵 6—电动机 7—储液器
8—柱塞 9—电磁阀 10—制动轮缸 11—车轮转速传感器 12—ECU

微课：防抱制动系统（ABS）工作过程

组成。

1）常规制动。如图 4-15a 所示，常规制动时，电磁阀线圈不通电，电磁阀将控制活塞工作腔与回油管路接通，控制活塞在强力弹簧的作用下移向左端，活塞顶杆将单向阀打开，使制动主缸与轮缸的制动管路接通，制动主缸的制动液直接进入轮缸，轮缸压力随主缸压力而变化。

2）减压过程。如图 4-15b 所示，减压制动时，ECU 向电磁阀线圈通入大电流，电磁阀内的柱塞在电磁力作用下，克服弹簧力移到右边，将蓄能器与控制活塞工作腔管路接通，蓄能器的压力油进入控制活塞工作腔推动活塞右移，单向阀关闭，主缸与轮缸之间的通路被切

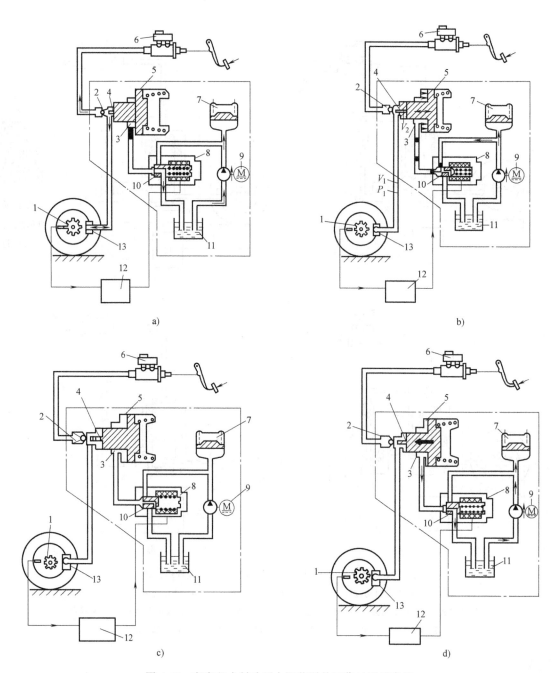

图 4-15 变容积式制动压力调节器的工作过程示意图
a) 常规制动过程 b) 减压过程 c) 保压过程 d) 增压过程
1—车轮转速传感器 2—单向阀 3—控制活塞工作腔 4—控制活塞顶杆 5—控制活塞 6—制动主缸
7—蓄能器 8—电磁阀 9—电动泵 10—柱塞 11—储液器 12—ECU 13—制动轮缸

断,由于控制活塞的右移,轮缸侧容积增大,制动压力减小。

3) 保压过程。如图 4-15c 所示,当 ECU 向电磁阀线圈通入较小电流时,由于电磁阀线圈的电磁力减小,柱塞在弹簧力作用下左移,将蓄能器、回油管和控制活塞工作腔管路相互关闭。此时控制活塞左侧的油压保持一定，控制活塞在油压和弹簧的共同作用下保持在一定位置，单向阀仍处于关闭状态，轮缸侧容积也不发生变化，实现保压制动。

4）增压过程。如图4-15d所示，需要增压时，ECU切断电磁阀线圈中的电流，柱塞回到左端的原始位置，控制活塞工作腔与回油管路接通，控制活塞左侧控制油压解除，控制液流回储液器，弹簧将控制活塞向左推移，轮缸侧容积减小，压力升高，当控制活塞处于最左端时，单向阀被打开，轮缸压力将随主缸压力的增大而增大。

该系统具有以下特征：

① ABS作用时制动踏板无抖动感。

② 活塞往复运动可由滚动丝杠或高压蓄能器推动。

③ 采用高压蓄能器作为推动活塞的动力时，蓄能器中的液体和轮缸的工作液是隔离的，前者仅作为改变轮缸容积的控制动力。

④ 采用滚动丝杠时，由电动机驱动活塞，每一通道各设置一个电动机。

（3）二位二通电磁阀循环流通式制动压力调节器　该制动压力调节器采用两个二位二通电磁阀，其工作原理如图4-16所示。减压时，回流泵将制动轮缸释放的制动液回送到蓄能器和制动主缸，实现制动压力调节。ABS工作时，回流泵连续工作。电磁阀与液压泵的工作状态如表4-2所示。

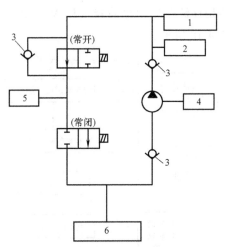

图4-16　二位二通电磁阀循环流通式
制动压力调节器的工作原理
1—制动主缸　2—缓冲器　3—单向阀
4—电动机　5—制动轮缸　6—低压蓄能器

表4-2　电磁阀与液压泵的工作状态

工作状况		常开阀（增压）	常闭阀（减压）	液压泵
常规制动		断电	断电	不转
ABS工作	减压	通电	通电	旋转
	保压	通电	断电	旋转
	增压	断电	断电	旋转

该系统具有以下特点：

1）系统采用两个二位二通电磁阀取代循环调压方式中的一个三位三通电磁阀，实现ABS保压、减压和增压，工作可靠性更高。

2）当ABS工作，制动轮缸处于保压状态时，制动轮缸的压力和来自制动主缸的压力在单向阀处平衡。

3）在制动主缸和液压泵之间串联单向阀，并联缓冲器，减缓了制动踏板的抖动，但仍保留了轻微的抖动感觉。

3. ABS ECU

ABS ECU接受由设于各车轮上的传感器传来的信号，经过电路对信号的整形、放大和计算机的比较、分析、判别处理，向ABS执行器发出控制指令。一般来说，ABS ECU还具有初始检测、故障排除、速度传感器检测和系统失效保护等功能。

图 4-17 所示为 ABS ECU 在系统中的基本作用。

(1) 组成 ABS ECU 由硬件和软件两部分组成。硬件由设置在印制电路板上的一系列电子元器件（微处理器）和线路构成，封装在金属壳体中，利用多针接口（如 TEVES MKII 采用 32 针接口），通过线束与传感器和执行器相连，为保证 ECU 的可靠工作，一般被安置在尘土和潮气不易侵入、电磁波干扰较小的乘员舱、行李舱或发动机罩内的隔离室中。软件则是存储在只读存储器（ROM）中的一系列计算机程序。ABS ECU 的主要输入和输出如图 4-18 所示。

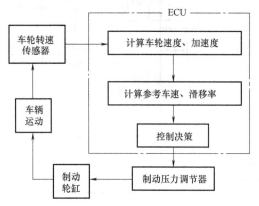

图 4-17 ABS ECU 在系统中的基本作用

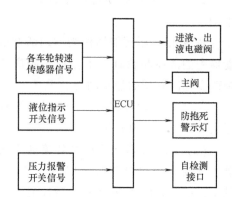

图 4-18 ABS ECU 的主要输入和输出

(2) 内部结构 ABS ECU 的内部结构如图 4-19 所示。为确保系统工作的安全可靠性，在许多 ABS ECU 中均采用了两套完全相同的微处理器，一套用于系统控制，另一套起监测

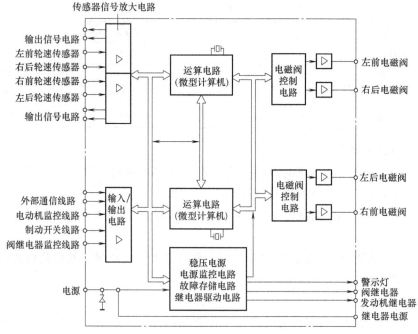

图 4-19 ABS ECU 的内部结构

作用，它们以相同的程序执行运算，一旦监测用 ECU 发现其计算结果与控制用 ECU 的计算结果不相符，则 ECU 立即让制动系统退出 ABS 控制，只维持常规制动。这种"冗余"的方法可保证系统更加安全。

ABS ECU 的内部电路结构主要包括以下方面：

1) 输入级电路。以完成波形转换整形（低通滤波器）、抑制干扰和放大信号（输入放大器）为目的，将车轮转速传感器输入的正弦波信号转换为脉冲方波，经过整形放大后，传输给运算电路。输入级电路的通道数视 ABS 所设置的传感器数目而定，通常以三通道和四通道为多见。

2) 运算电路（微型计算机）。其作用是根据输入信号计算电磁阀控制参数并输出。运算电路主要根据车轮转速传感器输入信号进行车轮线速度、开始控制的初速度、参考滑移率、加速度和减速度等的计算，调节电磁阀控制参数的计算和监控计算，并将计算出的电磁阀控制参数输送给输出级电路。

3) 输出级电路。利用微机产生的电磁阀控制参数信号，控制大功率晶体管向电磁阀线圈提供控制电流。

4) 安全保护电路。将汽车 12V 电源电压转变并稳定为 ECU 所需的 5V 标准电压，并监控这种工作电压的稳定性，同时还要监控输入放大电路、ECU 运算电路和输出级电路的故障信号。当系统出现故障时，控制继动电动机和继动阀门，使 ABS 停止工作，转入常规制动状态，并使 ABS 警示灯亮起，将故障以故障码的形式存储在 ECU 内存中。

(3) 控制过程　ABS ECU 电路的控制原理如图 4-20 所示。

图 4-20 所示的 ABS 为四传感器三通道（前轮独立控制、后轮低选控制），传感器输入端为 FR+～RL-。回油泵电动机受 ECU 和液压泵继电器共同控制，有以下两种工作状态：

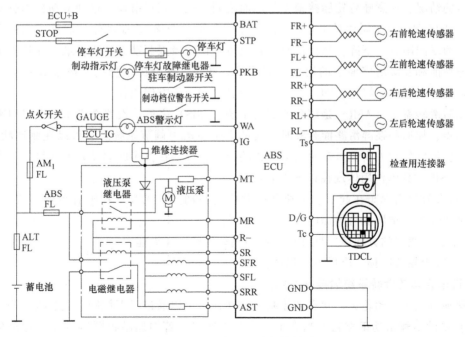

图 4-20　ABS ECU 电路的控制原理

1）减压时高速运转。ECU 通过 MR 端向液压泵继电器线圈供电，继电器触点闭合，蓄电池直接向电动机供电，电动机高速运转，迅速将制动液泵回制动主缸。

2）其余时间低速运转。ECU 停止向液压泵继电器线圈供电，继电器触点断开，ECU 经由 MT 端通过电阻向回油泵电动机提供较小电流（2A），液压泵低速运转，将蓄能器中的制动液抽空，以备下次减压时储油。

制动压力调节器中的三个电磁阀线圈与一个监测电阻并联，共同受 ECU 和电磁继电器控制。点火开关未接通时，电磁继电器线圈中无电流，继电器常闭触点使电磁继电器线圈搭铁，ABS 不工作。接通点火开关后，在短时间内，ECU 仍不向电磁继电器线圈供电，此时，ABS 警示灯经维修连接器、电磁继电器常闭触点搭铁而亮起，ECU 对系统自检。如系统无故障，ECU 向电磁继电器线圈供电，常闭触点断开，常开触点闭合，电磁阀线圈常开触点与电源相连。此后，电磁阀的状态完全由 ECU 控制，即电磁线圈可以经过 SFR、SFL、SRR 和 GND 端由 ECU 加以控制。

监测电阻用来检测电磁阀线圈的故障，当线圈出现故障时，电阻两端的电压发生变化，通过 AST 端将此故障信息输入 ECU，同时切断调节器电路，ABS 退出工作。

4.3 汽车驱动防滑转系统

4.3.1 概述

1. 汽车驱动防滑转系统的作用

在汽车行驶过程中，时常会出现车轮转动而车身不动，或者汽车的移动速度低于驱动轮轮缘速度的情况，这意味着轮胎接地点与地面之间出现了相对滑动，这种滑动称为驱动轮的"滑转"，以区别于汽车制动时车轮抱死所产生的车轮"滑移"。驱动轮的滑转，同样会使车轮与地面的纵向附着力下降，从而使驱动轮上可获得的极限驱动力减小，最终导致汽车的起步、加速性能和在湿滑路面上的通过性能下降。同时，还会由于横向摩擦系数几乎完全丧失，使驱动轮出现横向滑动，随之产生汽车行驶过程中的方向失控。

驱动防滑转系统（ASR）是继防抱制动系统（ABS）之后，设置在汽车上专门用来防止驱动轮起步、加速和在湿滑路面行驶时滑转的电子驱动力调节系统。它可以在驱动状态下，通过计算机帮助驾驶人实现对车轮运动方式的控制，以便在汽车的驱动轮上获得尽可能大的驱动力。ASR 的具体作用体现在以下方面：

1）可有效提高汽车在起步、加速和行驶中的驱动力，尤其是在附着系数小的路面上，起步、加速性能和爬坡能力的提高较为显著。

2）能保持汽车的方向稳定性和前轮驱动汽车的转向操纵能力。

3）能减少轮胎磨损，降低发动机油耗。

2. 汽车驱动防滑转系统的控制方式

为达到对汽车驱动轮运动状态的控制，ASR 通常可以通过以下控制方式加以实现。

（1）发动机输出功率控制　当汽车起步、加速时，若加速踏板踩得过猛，时常会因驱动力超出轮胎和地面的附着极限，出现驱动轮短时间的滑转。这时，ASR 电子控制器将根据加速踏板的行程大小发出控制指令，可通过发动机的副节气门驱动装置，适当调节节气门开度，也可以直接控制发动机 ECU，改变点火时刻或燃油喷射量，通过限制发动机功率输出，达到抑制驱动轮滑转的目的。

（2）**驱动轮制动控制** 在单侧驱动轮打滑时，ASR 电子控制器将发出控制指令，通过制动系统的压力调节器，对产生滑转的车轮施加制动。随着滑转车轮被制动减速，其滑动率会逐渐下降。当滑动率降到预定范围之内时，ECU 立即发出指令，减少或停止这种制动，其后，若车轮又开始滑转，则继续下一轮的控制，直至将驱动轮的滑动率控制在理想范围内。与此同时，另一侧车轮仍然保持正常的驱动力。这种作用类似于驱动桥差速器中的差速锁，即当一侧驱动轮陷入泥坑中，部分或完全丧失了驱动能力时，若制动该车轮，另一侧的驱动轮仍能够提供足够的驱动力，以便维持汽车正常行驶。当两侧驱动轮均出现滑转，但滑动率不同时，可以通过对两侧驱动轮施加不同的制动力，分别抑制它们的滑转，从而提高汽车在湿滑路面上的起步、加速能力和行驶的方向稳定性。这种方式是防止驱动轮滑转最迅速有效的一种控制方法。但是，出于对舒适性的考虑，一般这种制动力不可太大，因此常常作为发动机输出功率控制方法的补充，以保证控制效果和控制速度的统一。

（3）**差速锁止控制** 采用由电子控制的可锁止式差速器，可将驱动轮的差速滑动率控制在一定的范围内。

（4）**综合控制** 为了达到更理想的控制效果，可采用上述各种控制相结合的控制系统。汽车在行驶过程中，路面湿滑程度各不相同，驱动力的状态也随时变化，综合控制系统将根据发动机工况和车轮滑转的实际情况采取相应的控制措施。如在发动机输出大转矩的状态下，车轮滑转的主要原因往往是路面湿滑，采用对滑转车轮施加制动比较有效，而当发动机输出大功率时，抑制车轮滑转则以减小发动机输出功率的方法更为有效。在更复杂的工况下，借助综合控制的方式能够更好地达到控制驱动轮滑转的目的。

4.3.2 汽车驱动防滑转系统的结构与原理

1. ASR 的基本组成与工作过程

典型 ASR 的基本组成如图 4-21 所示。它由 ASR 选择开关、车轮转速传感器、ABS 和 ASR ECU、制动主继电器、制动执行装置、制动灯开关、节气门继电器、主节气门位置传感器、副节气门位置传感器、副节气门执行器、液压调节装置、故障报警灯、压力传感器和制动压力调节执行器等部分组成。

其中，车轮转速传感器用来检测各车轮的转速；节气门位置传感器用来检测主、副节气门的开度；ABS 和 ASR ECU 根据车轮转速信号、发动机节气门开度信号等判断汽车的行驶状况，向制动执行装置和副节气门执行器发出控制指令，并可在系统出现故障时，记录故障码，点亮故障报警灯；制动主继电器向制动执行装置和泵电动机继电器提供电流；节气门继电器向副节气门执行器提供电流；副节气门执行器接收 ABS 和 ASR ECU 的指令信号，控制副节气门的开启角度；液压调节装置接收 ABS 和 ASR ECU 的指令信号，控制各制动工作缸中的制动压力；故障报警灯指示系统装置是否工作正常，并可闪烁出故障码；空档起动开关向 ABS 和 ASR ECU 提供变速杆位置；压力传感器和制动压力调节执行器控制调节系统的油液量和压力。其中许多传感器和执行器可以与 ABS 共用。

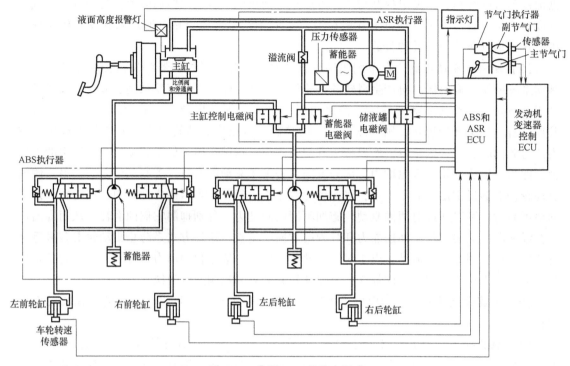

图 4-21 典型 ASR 的基本组成

车轮转速传感器将驱动轮和非驱动轮转速转变为电信号，输送给 ECU，ECU 根据这些信号计算出驱动轮的滑动率，当滑动率超出设定范围时，ECU 便依据节气门开度信号、发动机转速信号、转向盘转向信号等选定控制方式，然后向各执行器发出控制指令，最终将驱动轮的滑动率控制在目标范围内。

汽车上的 ASR 通常与 ABS 结合为一体，平时处于待命状态，不干预常规行驶，只有当驱动轮滑转出现后才开始工作。当 ASR 出现故障时，以指示灯告知驾驶人，发动机和制动系统正常工作不受影响。

2. ASR 传感器与开关

ASR 的传感器主要有车轮转速传感器和节气门位置传感器，车轮转速传感器与 ABS 共用，而节气门位置传感器则与发动机电子控制系统共用，其结构不再赘述。

ASR 选择开关是系统的另一个输入装置，若将 ASR 选择开关切断（处于 OFF 位置），系统可以靠人为因素使系统退出工作状态，以便适应某些特殊的需要。如为了检查汽车传动系统或其他系统故障时，让系统停止工作，可以避免因驱动轮悬空，ASR 对驱动轮施加制动而影响故障检查。

3. ASR ECU

ASR ECU 以微处理器为核心，配以输入、输出电路及电源电路等。为了减少电子元器件的数目，使结构简化和紧凑，ASR ECU 通常与 ABS ECU 组合为一体（图 4-22），ASR ECU 的输入信号来自 ABS ECU、发动机 ECU 和一些选择控制开关等。根据输入信号，ASR ECU 经过计算后向制动器与发动机节气门发出工作指令，并通过指示灯显示当前的工作状态。一旦 ASR ECU 检测到任何故障，则立即停止 ASR 调节，此时，车辆仍可以保持常规方式行驶，同时系统会将检测出的故障信息存入计算机的 RAM，所诊断的故障码输出到多路显示 ECU，并让报警灯闪烁。

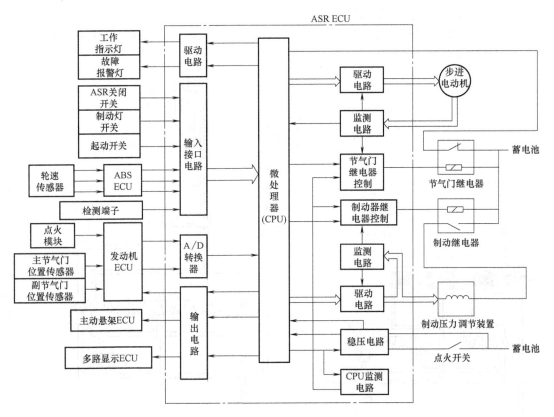

图 4-22　ASR ECU 的组成

4. ASR 的执行器

(1) ASR 制动压力调节器　ASR 制动压力调节器执行 ASR 电子控制器的指令，对滑转车轮施加制动力，并控制制动力的大小，以使驱动轮的滑动率处于目标范围内。高压蓄能器是 ASR 的制动压力源，而经过制动压力调节电磁阀可以调节驱动轮制动压力的大小。ASR 制动压力调节器有独立式和组合式两种结构形式。

1) 独立式 ASR 制动压力调节器。独立式 ASR 制动压力调节器如图 4-23 所示。ASR 与 ABS 两者的制动压力调节器彼此分立，比较适合将 ASR 作为选装系统的车辆。它布置较灵活，但结构不紧凑，连接点较多，易泄漏。

当三位三通电磁阀处于断电状态而处于左位时，调压缸右腔与储液室相通，压力较低，故缸内活塞在回位弹簧推力作用下被推至右极限位置，此时，一方面可借助调压缸中部的通液孔将 ABS 制动压力调节器与车轮上的制动轮缸导通，使 ASR 不起作用，从而保证 ABS 实现正常调压，另一方面也可实现 ASR 对制动轮缸的减压。

若电磁阀通电而处于右位时，调压缸右腔与储液室隔断，但与高压蓄能器导通，具有一定压力的液体将调压缸活塞推向左端，截断 ABS 制动压力调节器与制动轮缸的联系，调压缸左腔的压力会随活塞的左移而增大，带动制动轮缸压力上升，便可实现对驱动轮制动压力的增压调节。

当 ECU 使电磁阀半通电而处于中间位置时，调压缸与储液室和高压蓄能器均相通，调压缸活塞保持不动，驱动轮制动轮缸压力维持不变。

2）组合式 ASR 制动压力调节器。组合式 ASR 制动压力调节器将两套压力调节装置合二为一，其特点与独立式相反，如图 4-24 所示。

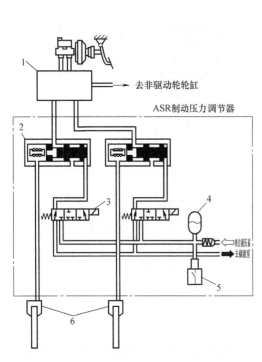
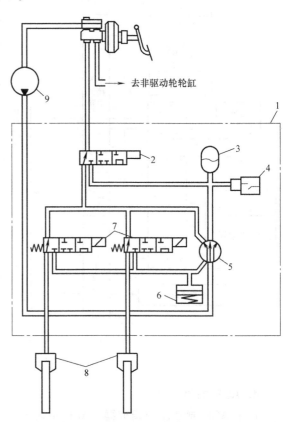

图 4-23　独立式 ASR 制动压力调节器
1—ABS 制动压力调节器　2—调压缸　3—调压电磁阀
4—高压蓄能器　5—压力开关　6—制动轮缸

图 4-24　组合式 ASR 制动压力调节器
1—ABS/ASR 制动压力调节器　2—ASR 调节电磁阀
3—高压蓄能器　4—压力开关（传感器）　5—循环泵
6—储液器　7—调压电磁阀　8—制动轮缸　9—液压泵

当 ASR 调节电磁阀断电而处于左位时，ASR 不起作用。通过两调压电磁阀的作用，可实现对两驱动轮制动压力的 ABS 调节。

当 ASR 调节电磁阀通电而处于右位时，若调压电磁阀仍处于断电状态而处于左位，则此时高压蓄能器的压力油可通入驱动车轮制动轮缸，达到制动增压的目的。

当 ASR 调节电磁阀半通电而处于中间位置时，则切断了高压蓄能器与制动主缸的联系，驱动轮制动轮缸压力维持不变。

当两调压电磁阀通电处于右位时，驱动轮制动轮缸与储液器导通，制动压力下降，实现制动减压。

第4章　汽车防滑及稳定性控制系统

（2）副节气门驱动装置　ASR 以副节气门控制发动机输出功率是应用最广的方法，当 ASR 不起作用时，副节气门处于全开的位置，控制副节气门开度，改变发动机进气量，便可实现发动机输出功率的调节。副节气门驱动装置一般由步进电动机和传动机构组成，安装在节气门体上的位置如图 4-25 所示。步进电动机根据 ASR ECU 输出的控制脉冲使副节气门转过规定的角度。

副节气门驱动装置的工作原理如图 4-26 所示。

副节气门与主节气门在节气门体的进气通道中前后布置，当 ASR 不起作用时，副节气门处于全开的位置，驾驶人通过操纵主节气门的开度来调节进气量，以控制发动机的功率。当驱动轮滑

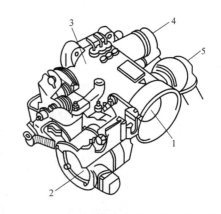

图 4-25　安装副节气门的节气门体总成
1—副节气门　2—步进电动机　3—节气门体
4—主节气门位置传感器　5—副节气门位置传感器

转而需要减小发动机输出功率时，ASR ECU 输出控制信号，副节气门驱动电动机随之转动，通过传动机构带动副节气门转过相应的角度，以改变发动机进气量，从而达到控制发动机的输出功率、抑制驱动轮滑转的目的。

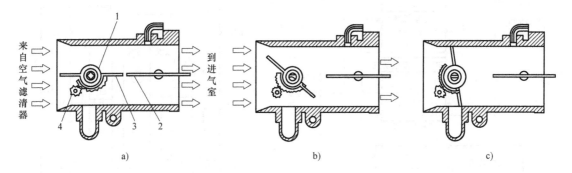

图 4-26　副节气门驱动装置的工作原理
a) 全开位置　b) 50%开启位置　c) 全关位置
1—扇形齿轮　2—主节气门　3—副节气门　4—主动齿轮

4.3.3　LS400 ABS/TRC 系统电路

LS400 型乘用车的 ABS/TRC 系统电路原理图如图 4-27 所示。

1. 进入自检和等待工作状态的电路

（1）ABS 电路　当点火开关接通时，蓄电池电压通过点火开关加到 ABS&TRC ECU 的 IG 端子上，ECU 开始自检。此时，由于 ABS 的电磁继电器处于非激励状态，ABS 警告灯中因有电流通过而亮起。经过短暂的自检，如果发现系统中存在影响正常工作的故障，ECU 将故障信息以代码形式存入存储器中，并将 ABS 置于关闭状态。此时，由于电磁继电器始终处于非激励状态，ABS 警告灯持续发亮。

经自检后，如果未发现系统存在故障，ECU 将从其端子 BAT 接受蓄电池电压，作为其

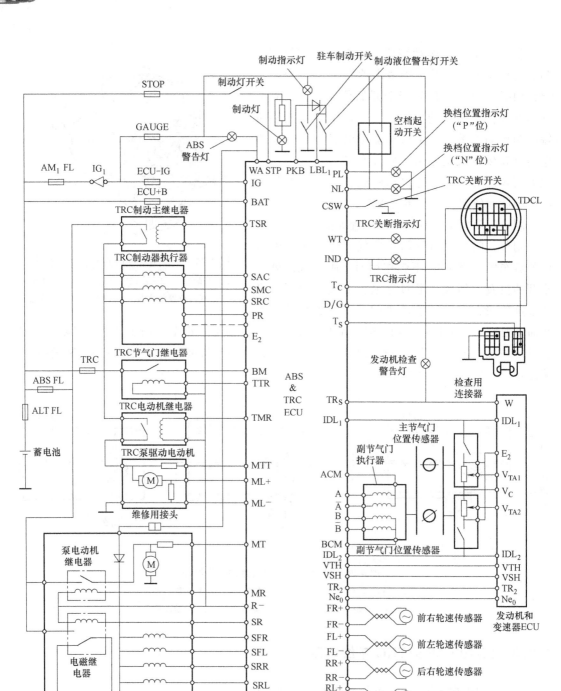

图 4-27 LS400 ABS/TRC 系统电路原理图

工作电压。此时，ECU 使其端子 SR 有蓄电池电压输出，并且使端子 R-内部搭铁，电磁继电器线圈中因有电流通过而处于激励状态（常开触点闭合，常闭触点断开），ABS 警告灯中因不再有电流通过而熄灭。ABS 警告灯的熄灭标志着自检过程基本完成，蓄电池电压开始通过电磁继电器中的闭合触点，加在调压电磁阀线圈的一端和 ECU 电磁继电器监控端子 AST

上，ECU 由此判断电磁继电器处于激励状态，ABS 即进入等待工作状态。

（2）TRC 电路　当点火开关接通时，蓄电池电压通过点火开关加到 ECU 的 IG 端子上，ECU 开始自检。如果 TRC 关断开关处于开启位置，ECU 端子 CSW 未搭铁而处于高电位状态，ECU 则判定驾驶人采用 TRC 装置。此时，ECU 将停止端子 WT 内部搭铁并供给蓄电池电压，因 TRC 关断指示灯中没有电流通过而熄灭。如经自检，发现 TRC 系统有故障，ECU 将使其端子 IND 内部搭铁，点亮仪表板上的 TRC 指示灯，提醒驾驶人 TRC 系统出现故障，同时储存故障码；若未发现故障，ECU 将停止端子 IND 内部搭铁并供给蓄电池电压，因 TRC 指示灯内无电流流过而熄灭，标志着 TRC 系统自检过程基本完成，进入等待工作状态。

TRC 进入等待工作状态时，ECU 首先接通 TRC 制动主继电器和 TRC 节气门继电器。此时，ECU 使其端子 TSR 输出蓄电池电压至端子 R-内部搭铁，TRC 制动主继电器线圈中因有电流通过而处于激励状态（触点闭合），蓄电池电压将通过 TRC 制动主继电器中的闭合触点加到 TRC 制动器执行器（三个隔离电磁阀）线圈的一端及 TRC 电动机继电器上。与此同时，ECU 使其端子 TTR 输出蓄电池电压至端子 R-内部搭铁，TRC 节气门继电器线圈中因有电流通过而处于激励状态，蓄电池电压经 TRC 节气门继电器触点至 ECU 端子 BM，并通过 ECU 内部电路加到副节气门执行器电源端子 ACM 和 BCM 上。在 TRC 制动主继电器接通后，当发动机运转超过一定转速时，如果 TRC 供能总成中的压力开关因蓄能器中制动液压力不足而闭合，因 ECU 的端子 PR 和端子 E_2 间电位相同，ECU 由此判定 TRC 泵驱动电动机需要通电运转，将接通 TRC 电动机继电器。此时 ECU 向其端子 TMR 供给蓄电池电压至端子 R-内部搭铁，TRC 电动机继电器线圈通电而处于激励状态，使蓄电池电压经过 TRC 电动机继电器触点加到 TRC 泵驱动电动机上，电动机通电运转。在 TRC 电动机继电器处于激励状态期间，因有一定电压加在 ECU 的端子 MTT 上，ECU 可以对 TRC 电动机继电器的工作状态进行监测。与此同时，ECU 还通过端子 ML+ 和 ML- 之间的电压进行测量，以便监测 TRC 泵驱动电动机运转情况。

2. ABS 工作时的电路

在汽车行驶过程中，四个轮速传感器分别通过端子 FR+ 和 FR-、FL+ 和 FL-、RR+ 和 RR-、RL+ 和 RL- 向 ECU 输入车轮转速信号。当驾驶人踩下制动踏板时，制动灯开始闭合，蓄电池电压通过制动灯开关加到 ECU 的端子 STP 上，ECU 由此判定汽车进入制动状态。

如果制动强度不大，车轮没有趋于抱死，ABS 不介入制动压力控制。调压电磁阀不通电，回油泵电动机也不驱动液压泵运转，各制动轮缸的压力随制动主缸的输出压力而变化，这与普通制动系统工作状态完全相同。ECU 通过控制调压电磁阀线圈控制端 SFR、SFL、SRR 和 SRL 与内部搭铁之间的电阻值，控制通过前左、前右及后轮电磁阀线圈中的电流发生变化，使相应制动轮缸的制动液压力处于减小、保持及增大循环过程。同时 ECU 还向其端子 MR 提供蓄电池电压，使泵电动机继电器处于激励状态（触点闭合），回油泵电动机通电运转。在泵电动机继电器被激励期间，ECU 根据端子 MT 的电压变化情况，对泵电动机继电器的工作状态进行监测。当制动强度较大，车轮趋于抱死滑移时，根据轮速传感器的信号，ECU 控制制动压力调节器进行制动压力的调节。通过增压、保压、减压控制，使车轮在最佳制动状态下工作，达到最佳制动效果。

当 ABS 出现故障时，系统中的失效保护继电器断开，使 ABS 退出工作状态，整个系统如同普通制动系统一样工作，当制动力增大后，会出现车轮抱死现象。

3. TRC 工作时的电路

在 TRC 工作时，ECU 除了接收四个轮速传感器输入的信号外，还接收以下主要信号（其中有的信号在 ABS/TRC 自检时与 ABS 工作时也被采用）：

1) 通过端子 IDL_1 和 IDL_2 输入主、副节气门上的怠速开关信号。

2) 通过端子 Ne_0、TR_2、VTH 和 VSH，与发动机和变速器的 ECU 进行通信，输入发动机转速、点火正时及主、副节气门位置（开度）信号。

3) 通过端子 TR_2 输入发动机电子控制系统故障信号。

4) 通过端子 PKB 和 LBL_1 输入驻车制动开关和制动液位开关状态信号。

5) 通过端子 PL 和 NL，输入变速器档位"P"（驻车档）和"N"（空档）的档位开关信号。

在汽车驱动过程中，当 ECU 根据轮速传感器输入的信号，判定驱动轮的滑移率超过控制门限时，TRC 系统就进入驱动防滑控制。此时，ECU 通过控制电路，首先接通 TRC 节气门继电器端子 BM，输入的蓄电池电压加至副节气门执行器的电源端子 ACM 和 BCM 上，然后，通过控制 A 和 B 等四个副节气门执行器（步进电动机）端子与内部搭铁之间的电阻值，控制步进电动机并带动副节气门转动，实现对发动机进气量的调节，以改变发动机的输出转矩。

如果 ECU 判定需要制动介入时，就使 TRC 制动器执行器（三个隔离电磁阀）控制端子 SAC、SMC 和 SRC 通过内部搭铁，三个隔离电磁阀因线圈中有电流通过而换位；ECU 再通过控制后轮三位三通电磁阀控制端子 SRL 和 SRR 与内部搭铁之间的电阻值，以控制两个后轮调压电磁阀，分别对两个后轮制动轮缸的制动压力进行调节。

在驱动防滑控制期间，ECU 使其端子 IND 内部间断搭铁，TRC 指示灯将闪亮。若在此期间，发动机电子控制系统发生故障，发动机和变速器 ECU 的 W 端子即通过内部搭铁，发动机检查警示灯亮起，此时 ECU 通过端子 TR_5 判定发动机电子控制系统存在故障，将关闭 TRC 系统，不再进行驱动防滑控制。

驱动防滑控制还必须具备以下条件：

1) 主节气门不是完全关闭位置。

2) 变速杆应在"D""L""2"或"R"档位（不在"P"位或"N"位）。

3) 制动开关处于断开位置，ABS 系统未工作。

4) TRC 关断开关应处于断开位置。

如果驾驶人不希望进入驱动防滑控制，可以使 TRC 关断开关关闭，ECU 一旦判定其端子 CSW 搭铁，就不再向其端子 TSR、TTR 和 TMR 供给蓄电池电压，使 TRC 制动主继电器、TRC 节气门继电器和 TRC 电动机继电器等都处于非激励状态，TRC 系统就会退出驱动防滑控制，同时，ECU 使其端子 WT 通过内部搭铁，使 TRC 关断指示灯亮起。

4. 故障自诊断电路

ECU 通过其端子 T_C、D/G、T_S 与检查用连接器和故障诊断通信插座（TDCL）相应的端子相连。进行故障自诊断时，可通过跨接检查用连接器中的 T_C 与 E_1 端子，ECU 就会使其端子 WA 或 IND 内部间断搭铁，使 ABS 警告灯或 TRC 指示灯闪烁，显示存储的故障码。

4.4 电子制动力分配与制动辅助系统

4.4.1 电子制动力分配系统

电子制动力分配（EBD）系统可以根据汽车制动时前后轴的轴荷变化，自动调节前、后轴的制动力分配比例，提高制动效能（在一定程度上可以缩短制动距离）。EBD 系统是在 ABS 的基础上发展而来的，不需要增加任何硬件配置，其功能通过改进 ABS 软件的控制逻辑即可实现。配置 EBD 的 ABS 能在很大程度上提高车辆制动时的安全性和稳定性。

1. 电子制动力分配系统的原理

汽车直行制动时，EBD 系统会实时采集车轮转速、车轮阻力以及车轮载荷等信息，经计算得出不同车轮最合理的制动力并分配给每个车轮。开始制动时，在 ABS 动作之前，EBD 系统便会根据车轮垂直载荷和路面附着系数分配制动器制动力，充分利用路面附着系数，从而缩短制动距离并提高汽车的方向稳定性。

EBD 系统不仅可对汽车前、后轮制动器的制动力进行分配，而且可根据汽车的行驶工况，实时、合理地分配制动力给左、右车轮，防止汽车发生跑偏。另外，当汽车出现失稳趋势时，EBD 系统还可通过调节某车轮的制动压力，来主动遏制此失稳状态，从而避免汽车发生倾斜甚至侧翻。基于车轮滑移率的 EBD 系统，无论车轮垂直载荷和路面附着条件如何变化，都可迅速、合理地分配制动器制动力，如图 4-28 所示。

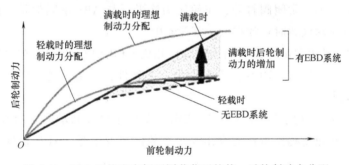

图 4-28　EBD 系统在车辆不同载荷下的前、后轮制动力分配

转弯制动时，以汽车向左转弯为例（图 4-29），由于载荷转移，使得汽车右前轮上的垂直载荷最大，而左后轮上的垂直载荷最小。因此，汽车的左后轮会最先出现抱死趋势。EBD

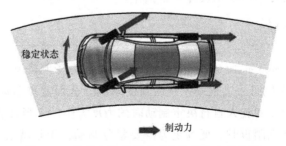

图 4-29　汽车左转弯制动时车轮制动力的分配

系统会在车轮上施加与垂直载荷和附着系数相应的制动力,保证汽车各车轮制动力相对质心的偏转力矩始终小于地面提供的侧滑力矩,从而保证汽车制动时的方向稳定性。

EBD 系统实际上是 ABS 的辅助,它可以提高 ABS 的功效,由图 4-30 可以看出 ABS+EBD 的功效。

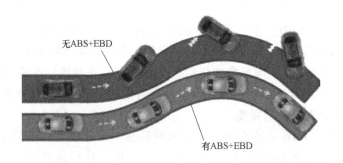

图 4-30 ABS+EBD 的功效

2. 电子制动力分配的工作内容

EBD 是 ABS 附加的软件功能,无须添加任何硬件。车辆轻微制动,车轮无抱死倾向时 EBD 起作用,自动调整不同路况下前后轴的制动力分配比例,其工作的内容包括以下方面:

1) EBD 的升压及保压与 ABS 工作过程完全一样,但降压控制不同。当后轮有抱死倾向时,后轮的常开阀关闭,常闭阀打开,车轮压力降低。与 ABS 不同的是,此时液压泵不工作,降压所排出的制动液暂时存放在低压蓄能器中。

2) 同传统的制动力分配方式(用比例阀)相比,EBD 功能保证了较高的车轮附着力以及合理的制动力分配。同时,EBD 并没有增加新的硬件,而是通过软件来实现制动力的合理分配,降低了成本。

3) 使用 EBD 功能可免装比例阀及减载阀。在车轮部分制动时,EBD 功能将起作用,转弯时尤其如此,轮速传感器将按时发出 4 个车轮的转速信号,ECU 根据这些信号计算车轮的转速。

4) 如果后轮滑移率大于某个设定值,则由液压控制单元调节后轮制动压力,使后轮制动力降低,以保证后轮不会先于前轮抱死。

5) 当 ABS 起作用时,EBD 系统即停止工作。

4.4.2 制动辅助系统

制动辅助系统(brake assist system,BAS),也称为电子制动辅助(electronic brake assist,EBA)系统。在车辆行驶过程中,制动辅助系统会全程监测制动踏板,一般正常制动时该系统不会介入,会让驾驶人自行决定制动时的力度大小。但当其监测到驾驶人忽然以极快的速度和力量踩下制动踏板时,便判定为需要紧急制动,于是就会对制动系统进行加压,使制动力在不到 1s 的时间内增至最大,缩短紧急制动情况下的制动距离,让车辆及驾乘者能够迅速脱离险境。根据测试数据结果表明，拥有 BAS 的车辆比未装有该系统的车辆可缩短 45%的制动距离。

BAS 与 ABS 配合工作，可以大大提高制动效能。BAS 靠时基监控制动踏板的运动，一旦监测到踩制动踏板的速度陡增，而且驾驶人继续大力踩制动踏板，该系统就会释放出储存的液压以施加最大的制动力，显著缩短紧急制动情况下的制动距离。驾驶人一旦释放制动踏板，BAS 就转入待机模式。

EBA 系统由传感器、执行器和电控单元（ECU）组成，其核心的执行器是电子真空助力器。EBA 系统的工作原理如图 4-31 所示。压力传感器安装在制动主缸上，通过压力传感器感知驾驶人是否进行紧急制动行为。一旦遇到紧急制动，ECU 会启动电子真空助力器内部的电磁机构，瞬间将制动压力提升至助力器的最大伺服点。EBA 与激光雷达、毫米波雷达、视觉感知系统及 ECU 配合，能够实现车辆自适应巡航功能。

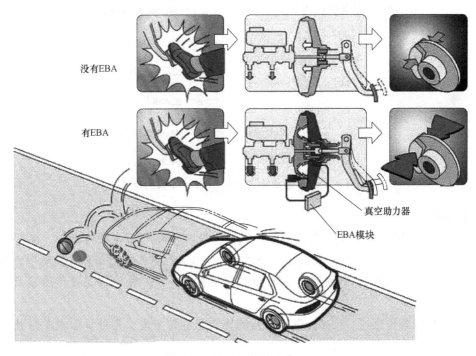

图 4-31 EBA 系统的工作原理

简而言之，BAS 相当于一个驾驶教练，在万分紧急的情况下，可以帮助驾驶人迅速、果断地采取强有力的制动措施，确保行车安全。

4.5 汽车电子稳定程序

汽车电子稳定程序（ESP）的功能是监控汽车的行驶状态，在因紧急躲避障碍物或转弯而出现不足转向或过度转向时，使车辆避免偏离理想轨迹。它综合了 ABS、BAS 和 ASR 三个系统，其功能更为强大。ESP 是博世公司的专利产品，因此只有搭载博世公司的车身电子稳定系统才可称为 ESP。在此之后，其他公司也研发出了类似的系统，如丰田的 VSC、宝马的 DSC 和通用的 ESC 等。

电子稳定程序通常起到支援 ABS 和 ASR 的功能。它通过对从各传感器传来的车辆行驶状态信息进行分析，然后向 ABS 和 ASR 发出纠偏指令，以帮助车辆维持动态平衡。ESP 可以使车辆在各种状况下保持最佳的稳定性，在转向过度或转向不足的情形下效果更加明显。

4.5.1 汽车电子稳定程序的组成

汽车电子稳定程序（ESP）系统由传感器、电控单元（ECU）及执行器等组成，如图 4-32 所示。

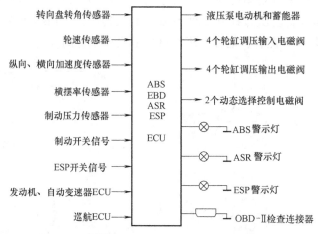

图 4-32 汽车电子稳定程序（ESP）系统的组成

1. 传感器

传感器包括转向盘转角传感器、轮速传感器、纵向和横向加速度传感器、横摆率传感器、制动压力传感器以及制动开关信号、ESP 开关信号等。这些传感器和开关信号负责采集车身状态的数据送给 ECU，并和动力系统 ECU 联网控制。ESP 系统的主要传感器及其功能如下：

1）转向盘转角传感器。该传感器用于监测转向盘旋转角度，帮助确定汽车行驶方向是否正确。

2）轮速传感器。该传感器用于监测每个车轮的速度，确定车轮是否打滑。

3）横摆率传感器。该传感器用于记录汽车绕垂直轴线的运动，确定汽车是否在打滑。

4）横向加速度传感器。该传感器用于检测汽车转弯时产生的离心力，确定汽车通过弯道时是否打滑。

2. 电控单元（ECU）

ABS、EBD、ASR、ESP 的电控单元（ECU）集成为一体，组成了一个综合信息处理系统。ECU 将传感器采集到的数据进行计算，算出车身状态然后跟存储器里面预先设定的数据进行比对。当计算数据超出存储器预存的数值，即车身临近失控或者已经失控时命令执行器工作，以保证车身行驶状态能够尽量满足驾驶人的意图。

当点火开关接通时，ECU 会不断进行自检，以检测并查明 ABS-ASR/ESP 系统的故障。

此外，ECU 还在每个点火循环都执行自检初始化程序。当车速达到约 15 km/h 时，初始化程序即启动。在执行初始化程序时，可能会听到或感觉到程序正在运行，这属于系统的正常操作。在执行初始化程序的过程中，ECU 将向液压调节器发送一个控制信号，循环操作各个电磁阀并运行泵电动机，以检查各部件是否正常工作。如果泵电动机或任何电磁阀不能正常工作，ECU 会设置一个故障诊断码。当车速超过 15km/h 时，ECU 会将输入和输出逻辑序列信号与其内部所存储的正常工作参数进行比较，以此来不断监测 ABS-ASR/ESP 系统。如果有任何输入或输出信号超出正常工作参数范围，ECU 将设置故障诊断码。

3. 执行器

ESP 系统的执行器就是一个能单独对车轮进行制动的制动系统，它利用 ABS 和 ASR 系统所有的电控液压部件，如 ABS 的 8 个电磁阀（2/2 阀）、ASR 的隔离电磁阀（3/3 阀）、供能电动机和液压泵及蓄能器等。液压系统中增加了两个动态选择控制电磁阀，行驶中当 ABS、ASR、ESP 各系统工作时，进行转换控制，关断或导通制动主缸油路，使供能装置（蓄能器）的油液进入需用的轮缸调压电磁阀中。

ESP 系统与 ABS 一样，对驱动轮和非驱动轮都能进行调压控制，以防止侧滑为主体。

4.5.2 汽车电子稳定程序的工作原理

电子稳定程序（ESP）用于在高速转弯或在湿滑路面上行驶时提供最佳的车辆稳定性和方向控制。ECU 通过转向盘转角传感器确定驾驶人想要的行驶方向；通过轮速传感器和横摆率传感器计算车辆的实际行驶方向。当电子稳定程序检测到车辆行驶轨迹与驾驶人要求不符时，电子稳定程序首先利用 ASR 中的发动机转矩减小功能并向发动机控制模块（ECM）发送一个串行数据通信信号，请求减小发动机转矩。如果电子稳定程序仍然检测到车轮侧向滑移，则将根据"从外部作用于车辆上的所有力（不管是制动力、推动力，还是任何一种侧向力）都会使车辆环绕其质心而转动"的原理，通过对前、后桥一个以上的车轮进行制动干预，使车辆不偏离正确的行驶轨迹，确保安全。

1. 抑制转向不足的操作

转向不足示意图如图 4-33 所示。转向盘转角传感器向 ECU 发送一个驾驶人想朝方向"A"转向的信号，横摆率传感器检测到车辆开始打转（"B"），同时车辆前端开始向方向"C"滑移，说明车辆出现转向不足，电子稳定程序将实行主动制动干预。如图 4-34 所示，电子稳定程序利用 ABS-ASR 系统中已有的主动制动控制功能，对左后轮进行制动干预，此刻，由于左后轮被制动，而车辆的质心因惯性作用继续向前运动，于是汽车就只好以左后轮为支点绕其旋转，这样一来，汽车就朝方向"A"转向，即向驾驶人想要的方向转向，转向不足的操作缺陷即被克服。

2. 抑制转向过度的操作

转向过度示意图如图 4-35 所示。转向盘转角传感器向 ECU 发送一个驾驶人想向方向"A"转向的信号，横摆率传感器检测到车辆开始打转（"B"），同时车辆后端开始向方向"C"滑移，说明车辆开始转向过度，电子稳定程序将实行主动制动干预。如图 4-36 所示，电子稳定程序利用 ABS-ASR 系统中已有的主动制动控制功能，对右后轮进行制动干预，此刻，由于右后轮被制动，而车辆的质心因惯性作用继续向前运动，于是汽车就只好以右后轮为支点绕其旋转,这样一来,汽车就朝方向"A"转向,即向驾驶人想要的方向转向,转向过度的操作缺陷即被克服。

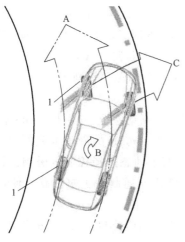

视频:ESP 工作原理

图 4-33 转向不足示意图

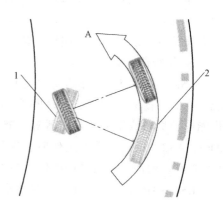

图 4-34 抑制转向不足示意图

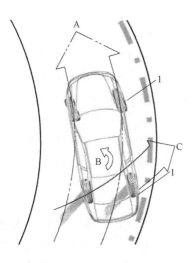

图 4-35 转向过度示意图

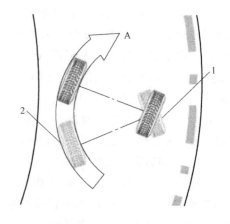

图 4-36 抑制转向过度示意图

3. 抑制后轮侧滑

当汽车在弯道上或湿滑的路面上高速行驶时,因地面的原因,附着力变化无常,后轮产生侧滑,使汽车横向甩尾。电子稳定程序立即把制动力施加到转弯的外前轮上,使汽车产生相反的回正力矩,恢复直线行驶,如图 4-37a 所示。

4. 抑制前轮侧滑

同理,前轮也会产生侧滑,使汽车横向飘出。电子稳定程序立即把制动力施加到两个非驱动的后轮上,使汽车产生相反的回正力矩,恢复直线行驶,如图 4-37b 所示。因前轮为驱动轮,应使后轮采用先拉后摆的方法恢复直行,对两后轮还可以用占空比方式调节制动力的大小。

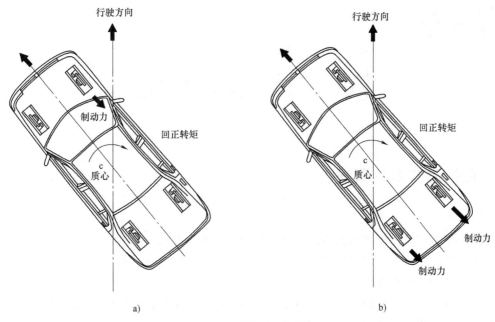

图 4-37 抑制前、后车轮侧滑
a) 抑制后轮侧滑 b) 抑制前轮侧滑

思 考 题

1. 什么是滑移率？滑移率的最佳值是多少？
2. ABS、ASR、EBD、ESP 的作用各是什么？
3. ABS 具有哪些优点？
4. 轮速传感器有哪几种形式？基本原理是什么？
5. 防滑转控制的方式有哪些？
6. ASR 与 ABS 相比有哪些不同？
7. ASR 的基本组成有哪些？各起什么作用？
8. ASR 的工作原理是什么？
9. 分析带 ESP 的汽车在弯道或湿滑路面上行驶时的工作情况。

第5章

汽车电控悬架系统

5.1 电控悬架系统概述

普通悬架的弹簧刚度和减振器阻尼在悬架结构确定后是固定不变的,称为被动悬架。被动悬架不能适应汽车在不同行驶状态和道路条件下对弹簧刚度和减振器阻尼变化的要求。

电控悬架能自动控制车辆悬架的刚度、阻尼系数及车身高度,根据汽车载质量、车速和路面状况的变化改变悬架特性,因而可最大限度地提高汽车行驶的平顺性和操纵稳定性,适应现代汽车要求更高的乘坐舒适性和行车安全性。

电控悬架可分为半主动悬架和主动悬架两大类。

1. 半主动悬架

半主动悬架是指悬架元件中弹簧刚度或减振器阻尼系数之一可以根据需要进行自动调整的悬架。为降低执行元件的功率,一般都采用调节减振器阻尼系数的方法。

2. 主动悬架

主动悬架是指悬架元件中弹簧刚度和减振器阻尼系数均可根据需要进行自动调整的悬架。主动悬架可根据汽车载质量、路面状况、行驶速度以及起动、制动、转向等工况变化,自动调整悬架刚度、减振器阻尼以及车身高度,从而满足汽车行驶平顺性和稳定性等各方面的要求。

主动悬架根据悬架介质的不同,又可分为油气式主动悬架和空气式主动悬架两种形式。

5.2 半主动悬架系统

5.2.1 半主动悬架系统的组成

电动式阻尼控制半主动悬架系统的组成如图5-1所示,其主要由电控单元(ECU)、车速传感器、转向盘转角传感器、加速度传感器、制动开关和超声波道路传感器等组成。ECU根据各传感器输入的信号优化并确定减振器阻尼,并控制可变阻尼减振器,使减振器的阻尼能够根据汽车的行驶状态和道路条件进行变化。

超声波道路传感器可以对汽车行驶的道路条件进行检测,ECU可根据从超声波发出到收到的时间差计算出车身的离地高度,并根据车身离地高度的变化对道路条件进行判定。ECU根据道路条件确定减振器应具有的阻尼状态,并通过安装在减振器顶部的执行器进行

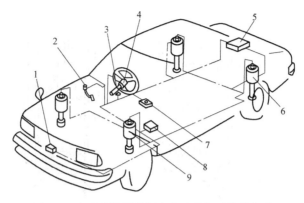

图 5-1 电动式阻尼控制半主动悬架系统的组成

1—超声波道路传感器 2—制动开关 3—车速传感器 4—转向盘转角传感器 5—电控单元（ECU）
6—可变阻尼传感器 7—选择开关 8—加速度传感器 9—阻尼控制执行器

阻尼转换。

5.2.2 半主动悬架系统的工作原理

1. 阻尼控制执行器

阻尼控制执行器的结构如图 5-2 所示。ECU 采用脉宽调制信号控制直流电动机转动，带动扇形齿轮驱动调节减振器油液通道截面的转阀转动，使减振器的阻尼状态发生改变。减振器有较软、适中和较硬三种不同的阻尼状态，如图 5-3 所示。当转阀转动节流孔 A 和 C 都打开的位置时，减振器处于较软状态；当转阀转到节流孔 B 和 C 都打开的位置时，减振器处于适中状态；当转阀转到节流孔 A、B 和 C 都关闭的位置时，减振器处于较硬状态。

2. 半主动悬架系统的控制内容

（1）**高速急转弯时的阻尼控制** 为减轻汽车在高速急转弯时发生的侧倾现象，ECU 根据车速传感器和转向盘转角传感器输入的信号，对汽车发生侧倾的趋势进行预测。当判定汽车将要发生侧倾时，ECU 控制汽车外侧前、后减振器，使其均处于较硬状态。

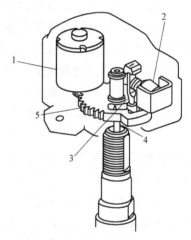

图 5-2 阻尼控制执行器的结构

1—电动机 2—电磁铁 3—限制器
4—转阀控制件 5—扇形齿轮

（2）**制动时的阻尼控制** 为减轻汽车在制动时发生"点头"现象，ECU 根据制动灯开关和道路传感器输入的信号，对汽车点头的趋势进行预测。当判定汽车将要发生点头时，ECU 控制前、后减振器均转入较硬状态。

（3）**加速或减速时的阻尼控制** 为减轻汽车在加速或减速时发生俯仰运动，ECU 根据车速传感器和节气门位置传感器输入的信号，对汽车发生俯仰的趋势进行预测。当判定汽车将会出现俯仰运动时，ECU 控制前、后减振器均转入适中状态。

（4）**高速行驶时的阻尼控制** 为改善汽车高速行驶时的稳定性，ECU 根据车速传感器

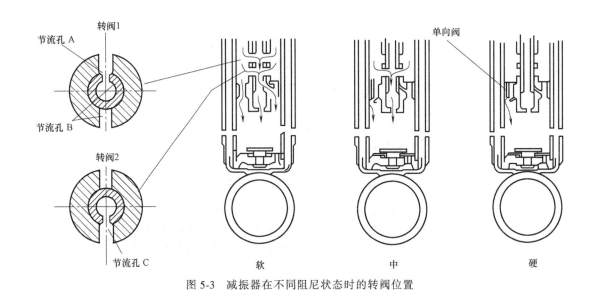

图 5-3 减振器在不同阻尼状态时的转阀位置

输入的信号,对汽车的速度区间进行判定。当判定汽车处于高速行驶状态时,ECU 控制前减振器转入适中状态,后减振器转入较软状态。

(5) **车身跳动时的阻尼控制** 为减轻车身跳动并改善车轮在不平整路面上的附着情况,ECU 根据车速传感器和道路传感器输入的信号,对车身跳动情况进行判定。当判定车身跳动时,ECU 控制前、后减振器均转入适中状态。

(6) **停车状态时的阻尼控制** 为避免乘员上下车时引起车身摇动,ECU 根据车速传感器输入的信号,对汽车是否处于停车状态进行判定。当判定汽车处于停车状态时,ECU 控制前、后减振器均转入较硬状态。

在汽车行驶过程中,ECU 除了根据各传感器输入的信号对汽车的运动状态进行判定,并对减振器进行相应控制外,还根据道路传感器输入的信号对道路条件进行判定。当道路传感器输入信号中的高频成分和低频成分都很小,或高频成分较大而低频成分较小时,ECU 判定路面为平整路面;当道路传感器输入信号中的高频成分较小而低频成分较大时,ECU 判定路面为起伏较大的平整路面;当道路传感器输入信号中的高频成分和低频成分都较大时,ECU 判定路面为不平整路面。ECU 将根据路面条件对减振器的阻尼进行相应控制。

5.3 主动悬架系统

5.3.1 主动悬架系统的组成和基本结构

1. 主动悬架系统的组成

主动悬架系统分为以高压液体作为能量的油气悬架系统和以高压气体作为能量的空气悬架系统。

主动空气悬架系统的原理框图如图 5-4 所示,它由传感器、ECU、空气悬架和高度控制器等组成。主动空气悬架系统根据悬架位移（车身高度）、车速、转向和制动等信号，由 ECU 控制电磁式或步进电动机执行器，改变悬架的特性，以适应各种复杂的行驶工况对悬架特性的不同要求。

主动悬架系统控制的参数可以是车身高度、弹簧刚度、减振器的阻尼力等。

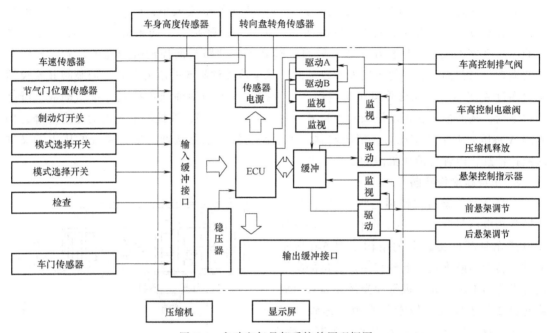

图 5-4 主动空气悬架系统的原理框图

2. 油气悬架系统的基本工作原理

液控油气悬架系统的基本工作原理如图 5-5 所示，它由一个压力控制阀、液控油缸和一个单作用油气弹簧构成。压力控制阀实际上由一个电控液压比例阀 4 和一个机械式压力伺服滑阀 3 组成，油气弹簧 6 则是由气体弹簧和相当于液力减振器的液压缸组成。该系统工作时，对于低频干扰，可以通过 ECU 对控制阀的线圈加一电流以控制针阀开度，从而在控制

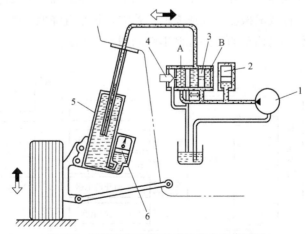

图 5-5 液控油气悬架系统的基本工作原理

1—液压泵 2—蓄能器 3—机械式压力伺服滑阀 4—电控液压比例阀 5—液控油缸 6—油气弹簧

阀的出口处产生一个与电流成比例的输出油压，由此来控制油气悬架内的油压，以控制车体的振动；对于中频范围内的干扰，主要由滑阀的机械反馈功能对油气悬架内的油压进行伺服控制，从而进行车体减振；而在高频范围，则利用油气悬架内的油气弹簧吸收振动能量以达到减振的目的。

液控油气悬架根据 ECU 的指令信号调节电磁线圈的电流大小，改变液压比例阀 4 的位置，使悬架液压缸获得与电流成比例的油压。通常在行驶状态，伺服滑阀 3 两侧 A 室的系统油压与 B 室的反馈油压相互平衡，伺服滑阀处于主油路与液控油缸相通的位置，控制车体的振动。当路面凸起而使车辆发生跳动时，悬架液控油缸 5 的压力上升，伺服阀 B 室反馈压力超过 A 室压力，推动滑阀向左侧移动，液控油缸 5 与回油通道接通，排出油液，维持压力不变，从而使车轮振动被吸收而衰减。在悬架伸张行程，液控油缸 5 内的压力下降，伺服阀 A 室压力大于 B 室压力，滑阀右移，主油路与液控油缸接通，来自系统的压力油又进入液控油缸，以保持液压缸内的压力不变。

3. 车身高度传感器

车身高度传感器的作用是将车身高度的变化转变为电信号并输入 ECU。丰田汽车采用的光电式车身高度传感器的结构如图 5-6 所示，随轴 7 转动的遮光盘 2 上刻有一定数量的窄缝，信号发生器 1 由发光二极管和光敏晶体管组成。遮光盘 2 位于发光二极管与光敏晶体管之间，转动遮光盘，发光二极管发出的光不断被遮光盘遮挡，使信号发生器 1 的光敏晶体管输出电压发生变化，从而使 ECU 检测出车身高度的变化。

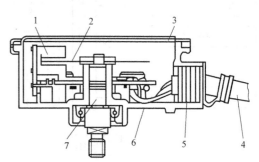

图 5-6　光电式车身高度传感器的结构
1—信号发生器　2—遮光盘　3—导杆
4—电缆　5—金属油封环　6—壳体　7—轴

汽车行驶时，因车身有振动，ECU 可根据一定的时间间隔（10ms）来判定车高在某区间的百分比频度，决定是否需要进行车高调整，即频度一旦超过规定值，则开始进行调整。车高调整可用高压空气驱动空气弹簧悬架，也可用液压泵驱动油气弹簧悬架。调整时若需将车身提高，可向弹性元件或减振器充气或充油；若需要将车身降低，则放气或放油。通过减振器充气或放气来进行车高调整的电路控制框图如图 5-7 所示。

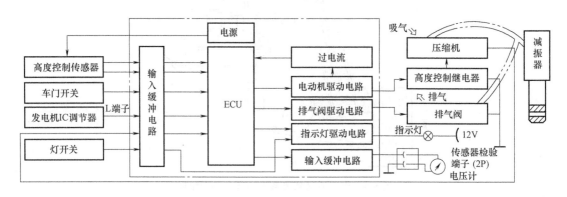

图 5-7　车高调整的电路控制框图

4. 光电式转角传感器

转角传感器装在转向轴管上,其作用是向 ECU 提供转向速率、转角大小及转动方向信息,再由 ECU 确定需调节哪些车轮的悬架以及调节量。该传感器主要用于对汽车悬架系统的侧倾刚度进行调节。

光电式转角传感器的安装位置和结构如图 5-8a 所示,其工作原理如图 5-8b 所示。在转向轴 4 的圆盘中间,装有带窄缝的遮光盘 3,遮光盘 3 上等距离均匀排列着窄缝。当遮光盘 3 随转向轴 4 转动时,两个信号发生器 2 的输出随之进行通(ON)、断(OFF)变换。由发光二极管和光敏晶体管组成的信号发生器 2 以两个为一组,套装在遮光盘 3 上。转角传感器 1 的电路原理如图 5-8c 所示。ECU 根据两信号发生器输出信号通、断变换的速率,即可检测出转向轴的转动速率;通过计算通、断变换的次数,即可检测出转向轴的转角。

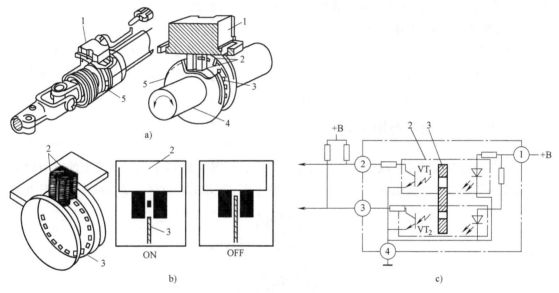

图 5-8 光电式转角传感器
a)安装位置和结构 b)工作原理 c)电路原理
1—转角传感器 2—信号发生器 3—遮光盘 4—转向轴 5—传感器圆盘

为判断左右转向,可将两个信号发生器通、断变换的相位错开 90°,如图 5-9 所示。汽车直线行驶时,信号 A 处于通断状态的中间位置。转向时,根据信号 A 下降沿对应于信号 B 的状态,即可判断出转向的方向。当信号 A 由断状态(高电平)变为通状态(低电平)时,如果信号 B 为通状态,则为左转向;如果信号 B 为断状态,则为右转向。

5. 模式选择开关

(1) **高度控制开关** 高度控制开关主要用于选定车高控制模式("NORM"或"HI")。该开关设置在变速杆指示器附近,为跷跷板式两档开关,如图 5-10 所示。操作此开关,仪表板上的 NORM 和 HI 灯会亮起。NORM 灯也是悬架系统故障指示灯。

(2) **LRC 开关**(调平顺性控制开关) LRC 开关主要用于选定弹簧刚度和减振器阻尼力的控制模式,为跷跷板式两档开关,设有"NORM"和"SPORT"两个档位。操作此开关,仪表板上的指示灯会变亮显示出来,当选择"SPORT"(运动)模式时,SPORT 指示灯

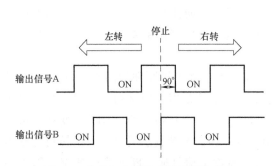

图 5-9　信号发生器输出端的动作状态

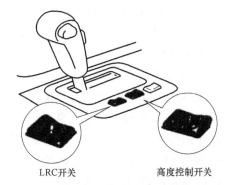

图 5-10　模式选择开关

亮起；当选择"NORM"（正常）模式时，SPORT 指示灯熄灭。

6. 高度控制（ON/OFF）开关

高度控制（ON/OFF）开关一般设置在行李舱内，其作用是允许或禁止汽车高度调节。例如，在举升车辆、牵引拖挂车辆和道路条件过于苛刻，以及空气悬架系统检测时，可关断此开关（处于"OFF"位置），取消悬架的自动控制。

5.3.2　空气悬架刚度与阻尼的自动调节

空气悬架由空气弹簧、减振器和执行器等组成，如图 5-11 所示。当弹簧上的载荷增加时，容器内的定量气体被压缩，气压升高，则弹簧的刚度增大；反之，载荷减小时，弹簧内

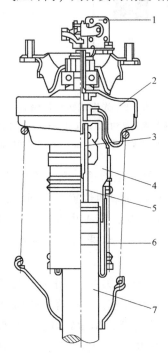

图 5-11　空气悬架的组成

1—执行器　2—副气室　3—减振器阻尼调节杆　4—主气室　5—减振器活塞杆　6—滚动膜　7—减振器

的气压下降，刚度减小。由步进电动机带动空气控制阀，通过改变主、副气室之间通路的大小，即可使悬架的刚度在低、中、高三种状态下变化。

悬架刚度的调节原理如图 5-12 所示，当空气阀芯 8 的开口转到对准"低"位置时，主、副气室通路 3 的大孔 9 被打开。主气室 4 的气体经过空气阀芯 8 的中间孔、阀体侧面通道与副气室 5 的气体相通，两气室间的流量加大，相当于参与工作的气体容积增加，悬架的刚度减弱。当空气阀芯 8 的开口转到对准"中"位置时，气体通路小孔 7 被打开，主、副气室间的流量变小，悬架刚度增加。当空气阀芯 8 的开口转到对准"高"位置时，主、副气室间的通路被切断，只有主气室 4 单独承担缓冲任务，悬架刚度进一步增强。

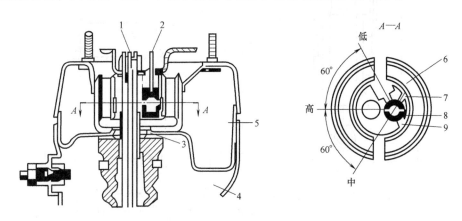

图 5-12　悬架刚度的调节原理
1—阻尼调节杆　2—气阀控制杆　3—主、副气室通路　4—主气室　5—副气室
6—气阀体　7—气体通路小孔　8—空气阀芯　9—气体通路大孔

5.3.3　车身高度自动控制

车身高度控制装置可根据车内乘员或载质量的变化自动调整悬架高度。车身高度控制的工作原理如图 5-13 所示，空气压缩机 5 由直流电动机驱动工作，压缩空气经干燥器 3 干燥后进入储气罐 7，储气罐 7 的气体压力由调压阀 8 进行调节。

ECU 根据车身高度传感器、车速传感器及其他传感器输入的信号和驾驶人对车身高度的控制模式进行分析计算。当 ECU 确认车身需要升高时，便控制电磁阀 1、2 通电打开，压缩空气便进入四个空气弹簧的主气室，使主气室的充气量增加，悬架高度因而也增加，提升车身高度；当 ECU 确认车身高度符合要求时，便控制电磁阀 1、2 断电关闭，四个空气弹簧的主气室中的充气量不变，车身高度保持不变；当 ECU 确认车身需要下降时，便控制空气压缩机 5 停止工作，并使电磁阀 1、2、排气阀 4 通电打开，四个空气弹簧主气室内的高压气体通过电磁阀 1、2、空气管路、干燥器 3、排气阀 4 排出，使空气弹簧高度下降，直到确认车身高度符合要求为止。

5.3.4　LS400 汽车电控悬架系统

雷克萨斯 LS400 汽车电控悬架系统的电路如图 5-14 所示。

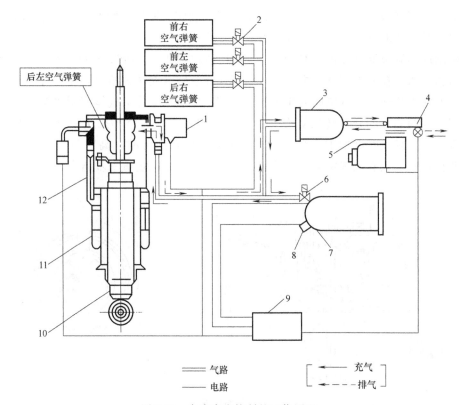

图 5-13 车身高度控制的工作原理

1、2—电磁阀 3—干燥器 4—排气阀 5—空气压缩机 6—进气阀 7—储气罐 8—调压阀
9—控制单元 10—减振器 11—伸缩膜 12—车身高度传感器

视频：雷克萨斯全系 SUV-主动悬架高度控制系统

1. 自检电路

当点火开关接通时，蓄电池电压通过点火开关加到 ECU 的 IG 端子上，ECU 开始自检。如经自检，发现电控悬架系统有故障，ECU 将控制 VN 端子，使高度控制指示器"NORM"指示灯以 1s 时间间隔闪烁，提醒驾驶人电控悬架系统出现故障，同时储存故障码；若未发现故障，ECU 将使仪表板上的高度指示灯、LRC 指示灯亮 2s 左右，然后熄灭，标志着电控悬架系统自检过程基本完成，进入等待工作状态。

汽车行驶时，ECU 对悬架系统进行控制。

2. 弹簧刚度和减振器阻尼力控制

(1) 防侧倾控制　悬架 ECU 根据车速传感器和转向传感器信号，判断汽车在转弯中或在 S 形弯路上行驶时，进行车辆的防侧倾控制。悬架 ECU 使电流从其 FS+ 和 RS+ 端子输出，将悬架控制执行器设置在"硬"的状态，从而保证车身的稳定性。

(2) 防点头控制　这一控制用于防止汽车在制动时过量点头。当悬架 ECU 检测到车速、制动灯开关和汽车高度发生变化时，会使电流从其 FS+ 和 RS+ 端子输出，通过悬架控制执行器把减振器阻尼和弹簧刚度设置在"硬"的状态。在松开制动踏板约 1s 后，这一控制被取消，悬架 ECU 使减振器阻尼和弹簧刚度恢复原值。

(3) 防后坐控制　这一控制可在汽车起动或突然加速时抑制汽车后坐。当悬架 ECU 通

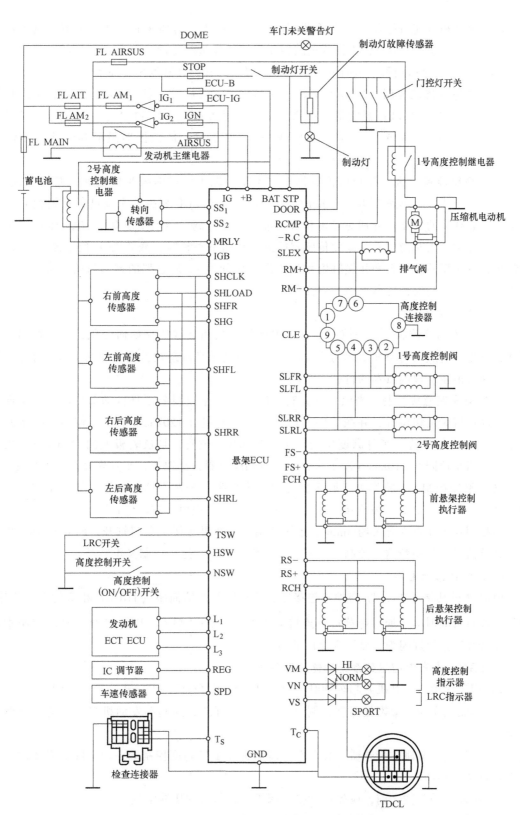

图 5-14 雷克萨斯 LS400 汽车电控悬架系统的电路

过车速传感器和节气门位置传感器检测到汽车在起步或突然加速时，会使电流从其 FS+ 和 RS+ 端子输出，通过悬架控制执行器把减振器阻尼和弹簧刚度设置在"硬"的状态。这一控制在 2s 后或是车速达到预定值时取消，使减振器阻尼和弹簧刚度恢复原值。

（4）**高车速感应控制** 当车速较高（约 ≥120km/h）时，悬架 ECU 使电流从其 FCH 和 RCH 端子输出，将减振器阻尼和弹簧刚度分别设置在"中"和"硬"的状态，以提高汽车稳定性。当车速降至某一值（约 110km/h）以下时，使减振器阻尼和弹簧刚度恢复原值。

（5）**坏路控制** 这一控制可抑制汽车在不平道路上行驶时发生的碰底、俯仰和跳振，以改善乘坐舒适性。车速在 40~100km/h 范围内，悬架 ECU 根据四个高度传感器信号判断汽车前、后高度的变化，分别对前轮和后轮进行单独控制。但当车速低于 10km/h 时，不再进行这一控制。当左前或右前高度传感器检测到路面不平整时，悬架 ECU 使电流从 FCH 端子输出，将减振器阻尼力和弹簧刚度均设置为"中间值"。后悬架的控制与前悬架一样，只是由左后或右后高度传感器来检测路面的平整程度。

3. 车身高度控制

（1）**自动高度控制** 这一控制不管车内乘员人数和装载质量如何变化，自动控制车身高度，避免车身底盘与路面凸起物相碰，改善汽车的乘坐舒适性，还能使汽车前大灯光束照射位置保持恒定，提高汽车的行驶安全性。

（2）**高车速感应控制** 当汽车高速行驶时，高车速控制令车身自动降低高度，从而提高汽车高速行驶的稳定性，并减少空气阻力。当车速超过 120km/h 时，即使高度控制开关设置在"HI"的位置，车身高度仍会降至"NORM"位置，且仪表板上的"NORM"指示灯亮起。当车速降至 110km/h 以下时，高车速感应控制自动取消，车身恢复至原来高度。

（3）**驻车控制** 当汽车处于驻车状态时，为使车身外观平衡，保持良好驻车姿势，当点火开关关闭后，ECU 即发出指令，使车身高度处于常规值模式的低状态。

本控制在关闭点火开关约 3min 后才能使用。但如果有任一车门打开，ECU 从 DOOR 端子接到此信号，便中断这一控制。在所有车门都关闭后，这一控制又重新开始。

4. 故障自诊断电路

ECU 通过其端子 T_S、T_C 与检查连接器和故障诊断通信插座（TDCL）相应的端子相连。进行故障自诊断时，可通过跨接检查连接器中的 T_C 与 E_1 端子，ECU 就会使高度控制指示器"NORM"指示灯闪烁，显示存储的故障码。

5. LS400 汽车电控悬架系统检修注意事项

1）用千斤顶或举升机升起车辆时，应将高度控制（ON/OFF）开关拨至"OFF"位置。

2）驾驶汽车前，应恢复高度控制（ON/OFF）开关，并起动发动机将汽车的高度调至正常状态。

3）前安全气囊碰撞传感器安装在空气压缩机和 1 号高度控制阀上面。除非必要时，不要触及这个传感器。

4）拆卸空气弹簧之前，应先通过排气阀排出弹簧内的压缩空气。

5）拆卸或安装高度控制阀时，必须顶起车辆。

思 考 题

1. 简述半主动悬架系统的基本组成和作用。
2. 简述阻尼控制执行器的工作原理。
3. 简述主动悬架系统的基本组成和作用。
4. 空气悬架系统的基本组成有哪些?简述空气悬架刚度与阻尼自动调节的工作原理。
5. 电控悬架系统的输入信号主要有哪些?各有何作用?
6. 结合车身高度控制的工作原理,分析如何实现车高控制。

第6章

汽车电控助力转向系统

6.1 汽车电控助力转向系统概述

6.1.1 电控助力转向系统的作用

1. 助力转向系统

助力转向系统是在驾驶人的控制下，借助于汽车发动机产生的液体压力或电动机驱动力来实现车轮转向的，因而助力转向系统也称为转向动力放大装置。

助力转向系统由于具有使转向操纵灵活、轻便，在设计汽车时对转向器结构形式的选择灵活性增大，能吸收路面对前轮产生的冲击等优点，在中型载货汽车，尤其是在重型载货汽车上使用广泛。但是，传统助力转向系统所设定的固定放大倍率不可能同时满足汽车在不同行驶工况下都有最佳助力作用的要求，因此使汽车的转向盘操纵总不能达到令人满意的程度。

2. 电控助力转向系统

电控助力转向系统（electronic control power steering，EPS 或 ECPS）可根据车速、转向情况等对转向助力实施控制，使助力转向系统在不同的行驶条件下都有最佳的放大倍率。在低速时有较大的放大倍率，可以减轻转向操纵力，使转向轻便、灵活；在高速时则适当减小放大倍率，以稳定转向手感，提高高速行驶的操纵稳定性。

发动机前置及前轮驱动式轿车前轴负荷的增加使得转向轻便性也成为普遍关注的问题，由于电控助力转向系统不仅能很好地解决转向轻便与转向灵活的矛盾，还能提高行驶安全性和舒适性，在轿车上使用电控助力转向系统也日渐增多。

6.1.2 电控助力转向系统的组成与分类

电控助力转向系统主要由机械转向机构、转向助力系统和电子控制系统三大部分组成。目前汽车上使用的电控助力转向系统有多种结构形式，按转向助力装置的动力源不同，可分为液压式电控助力转向系统和电动式电控助力转向系统两大类。

1. 液压式电控助力转向系统

液压式 EPS 是在传统的液压助力转向系统的基础上增设了控制液体流量的电磁阀、车速传感器和 ECU 等，ECU 根据检测到的车速信号控制电磁阀，使转向动力放大倍率实现连续可调，从而满足高、低速时的转向助力要求。液压式 EPS 根据其控制方式不同，又可分为流量控制式、反作用力控制式和阀灵敏度控制式三种形式。

2. 电动式电控助力转向系统

电动式 EPS 利用直流电动机作为动力源，ECU 根据转向参数和车速等信号，控制电动机转矩的大小和转动方向。电动机的转矩由电磁离合器通过减速机构减速增矩后，加在汽车的转向机构上，使之得到一个与工况相适应的转向作用力。

电动式 EPS 按照其转向助力机构结构与位置的不同，又可分为转向轴助力式、转向器小齿轮助力式和齿条助力式三种形式。

（1）**转向轴助力式** 如图 6-1 所示，转向助力机构安装在转向轴 2 上，电动机 4 的动力经电磁离合器 5、电动机齿轮传给转向轴 2 的转向齿轮 12，然后经万向节及中间轴传给转向器。

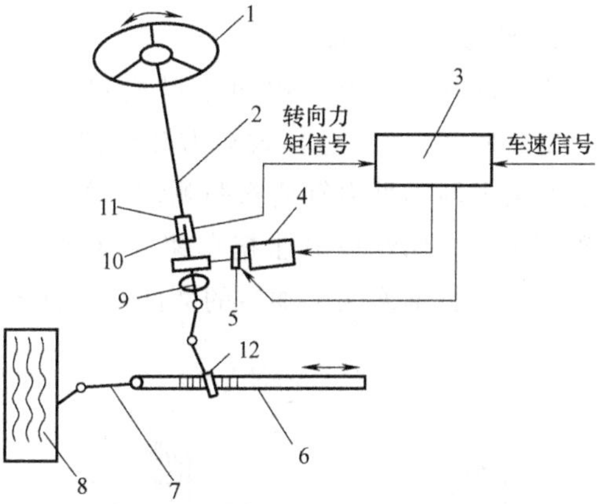

（2）**转向器小齿轮助力式** 如图 6-2 所示，转向助力机构安装在转向器小齿轮处。与转向轴助力式相比，这种形式可以提供较大的转向力，适用于中型车。这种助力形式的助力控制特性比较复杂。

图 6-1 轴向助力式转向系统
1—转向盘　2—转向轴　3—EPS ECU　4—电动机
5—电磁离合器　6—转向齿条　7—横拉杆
8—转向轮　9—输出轴　10—扭力杆
11—转矩传感器　12—转向齿轮

（3）**齿条助力式** 如图 6-3 所示，转向助力机构安装在转向齿条 5 处，电动机 4 通过减速传动机构直接驱动转向齿条 5。与转向器小齿轮助力式相比，这种形式可以提供更大的转向力，适用于大型车。这种助力形式对原有的转向传动机构有较大改变。

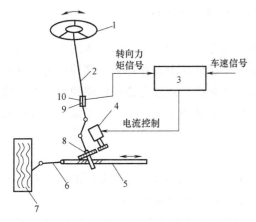

图 6-2 转向器小齿轮助力式转向系统
1—转向盘　2—转向轴　3—EPS ECU　4—电动机
5—齿条　6—拉杆　7—转向轮　8—小齿轮
9—扭力杆　10—转向力矩传感器

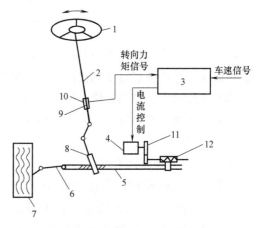

图 6-3 齿条助力式转向系统
1—转向盘　2—转向轴　3—EPS ECU
4—电动机　5—转向齿条　6—横拉杆
7—转向轮　8—小齿轮　9—扭力杆
10—转矩传感器　11—斜齿轮　12—螺杆螺母

6.2 电控助力转向系统的结构与工作原理

6.2.1 液压式电控助力转向系统

1. 流量控制式 EPS

雷克萨斯汽车上采用的流量控制式 EPS 如图 6-4 所示。该系统主要由车速传感器 5、10，电磁阀 2、11，整体式动力转向控制阀 3，转向助力泵 1 和 ESP ECU4 等组成。电磁阀安装在通向转向助力缸活塞两侧油室的油道之间，当电磁阀的阀芯完全开启时，两油道就被电磁阀旁路。EPS ECU 根据车速传感器的信号，控制电磁阀阀针的开启程度，从而通过控制转向助力缸活塞两侧油室的旁路液压油流量来改变转向助力。

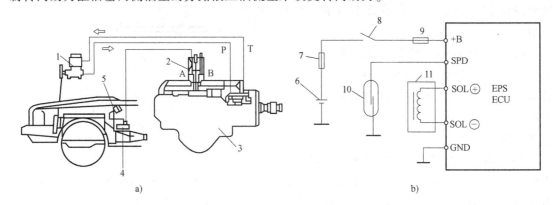

图 6-4 流量控制式 EPS
a) 动力转向控制系统 b) 电子控制系统电路
1—转向助力泵 2、11—电磁阀 3—整体式动力转向控制阀 4—ESP ECU 5、10—车速传感器
6—蓄电池 7—熔丝 8—点火开关 9—熔丝（ECU IG）

当车速很低时，控制器输出的控制信号脉冲占空比很小，通过电磁阀线圈的平均电流很小，电磁阀阀芯的开启程度也很小，旁路液压油流量小，液压助力作用大，使转向盘操纵轻便。当车速提高时，控制器输出的控制信号脉冲占空比增大，通过电磁阀线圈的平均电流增大，电磁阀阀芯的开启程度增大，旁路液压油流量增大，从而使液压助力作用减小，以增加转向盘的路感。

2. 反作用力控制式 EPS

反作用力控制式 EPS 主要由转向控制阀、分流阀 3、电磁阀 4、转向助力缸 14、转向液压泵 1、储油箱 2、车速传感器及 ECU 等组成，其工作原理如图 6-5 所示。

转向控制阀是在传统的整体转阀式动力转向控制阀的基础上增设了油压反作用力室而构成。扭力杆的上端通过销子与转阀阀杆 8 相连，下端与小齿轮轴 12 用销子连接。小齿轮轴 12 的上端部通过销子与控制阀阀体相连。转向时，转向盘上的转向力通过扭力杆传递给小齿轮轴 12。当转向力增大，扭力杆发生扭转变形时，控制阀阀体和转阀阀杆 8 之间将发生相对转动，于是就改变了阀体和阀杆 8 之间油道的通、断关系和工作油液的流动方向,从而实现了转向助力作用。

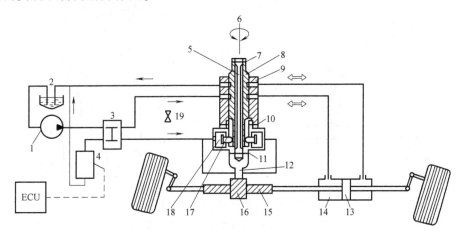

图 6-5 反作用力控制式 EPS 的工作原理

1—转向液压泵 2—储油箱 3—分流阀 4—电磁阀 5—扭力杆 6—转向盘 7、10、11—销子
8—转阀阀杆 9—控制阀阀体 12—小齿轮轴 13—活塞 14—转向助力缸
15—齿条 16—小齿轮 17—柱塞 18—油压反作用力室 19—固定小孔

分流阀 3 的作用是将来自转向液压泵 1 的油液向控制阀一侧和电磁阀一侧分流,按照车速和转向要求,改变控制阀一侧与电磁阀一侧的油压,确保电磁阀一侧具有稳定的油液流量。固定小孔 19 的作用是把供给转向控制阀的一部分流量分配到油压反作用力室 18 的一侧。电磁阀 4 根据需要开启适当的开度,使油压反作用力室 18 一侧的油液流回储油箱 2。工作时,EPS ECU 根据车速的高低线性控制电磁阀 4 的开口面积。

当车辆停驶或速度较低时,ECU 使电磁阀 4 线圈的通电电流增大,电磁阀 4 开口面积增大,经分流阀 3 分流的油液通过电磁阀 4 重新回流到储油箱 2 中,使作用于柱塞 17 的背压(油压反作用力室压力)降低。于是柱塞 17 推动控制阀转阀阀杆 8 的力(反作用力)较小,因此只需要较小的转向力就可使扭力杆 5 扭转变形,使阀体与阀杆发生相对转动而实现转向助力作用。

当车辆在中高速区域转向时,ECU 使电磁阀 4 线圈的通电电流减小,电磁阀 4 开口面积减小,因而油压反作用力室 18 的油压升高,作用于柱塞 17 的背压增大,于是柱塞 17 推动转阀阀杆 8 的力增大,此时需要较大的转向力才能使阀体与阀杆之间做相对转动而实现转向助力作用,使得在中高速时驾驶人可获得良好的转向手感和转向特性。

3. 阀灵敏度控制式 EPS

阀灵敏度控制式 EPS 是根据车速控制电磁阀,通过直接改变动力转向控制阀的油压增益(阀灵敏度)来控制油压的系统。这种转向系统结构简单、部件少、价格便宜,而且具有较大的选择转向力的自由度,可以获得自然的转向手感和良好的转向特性。阀灵敏度控制式 EPS 如图 6-6 所示。

转子阀的可变小孔分为低速专用小孔(1R、1L、2R、2L)和高速专用小孔(3R、3L)两种,在高速专用可变孔的下边设有旁通电磁阀回路。该系统的阀部等效液压回路如图 6-7 所示。

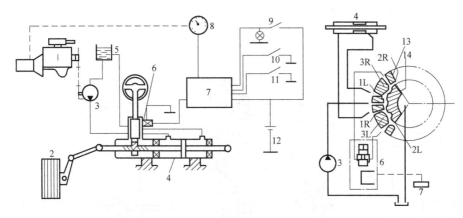

图 6-6 阀灵敏度控制式 EPS

1—发动机 2—前轮 3—转向助力泵 4—转向助力缸 5—储油箱 6—电磁阀 7—EPS ECU
8—转速传感器 9—车灯开关 10、11—空档开关 12—蓄电池 13—外体 14—内体

当车辆停止时，电磁阀完全关闭，如果此时向右转动转向盘，则高灵敏度低速专用小孔 1R 及 2R 在较小的转向力矩作用下即可关闭，转向助力泵的高压油液经 1L 流向转向助力缸的右腔室，其左腔室的油液经 3L、2L 流回储油箱。因此，此时具有轻便的转向特性。而且施加在转向盘上的转向力矩越大，可变小孔 1L、2L 的开口面积越大，节流作用越小，获得的转向助力也越大。

随着车辆行驶速度的提高，EPS ECU 输出的控制信号使电磁阀的开度线性增加。如果向右转动转向盘，则转向助力泵的高压油液经 1L、3R、旁通电磁阀流回储油箱。此时，转向助力缸右腔室的转向助力油压就取决于旁通电磁阀和灵敏度低的高速专用可变孔 3R 的开度。车速高时，电磁阀的开度大，旁路流量大，转向助力作用小；在车速不变的情况下，施加在转向盘上的转向力越小，高速专用小孔 3R 的开度越大，转向助力作用也越小，当转向力增大时，3R 的开度逐渐减小，获得的转向助力也随之增大。

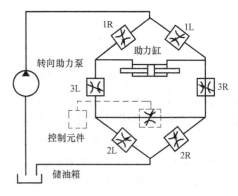

图 6-7 转向控制阀的等效液压回路

6.2.2 电动式电控助力转向系统

动画：电控助力转向系统

1. 电动式 EPS 的组成与原理

电动式 EPS 在机械转向机构的基础上，增加了电动式助力机构及转向助力控制系统。电动式 EPS 的 3 种形式如图 6-1~图 6-3 所示。电动式 EPS 利用电动机作为助力源，EPS ECU 根据车速、转向力及转向角等参数，计算得到最佳的转向助力转矩，并向转向助力机构输出控制信号，实现最佳的转向助力控制。

当操纵转向盘时，装在转向盘轴上的转向力矩传感器不断地测出转向轴上的转向力矩信号，该信号与车速信号同时输入 ECU。ECU 根据这些输入信号，确定助力转矩的大小和方向，即选定电动机的电流大小和方向，调整转向辅助动力的大小。电动机的转矩由电磁离合器通过减速机构减速增矩后，加在汽车的转向机构上，使之得到一个与汽车工况相适应的转向作用力。

2. 电动式 EPS 的特点

1) 能耗低。电动式 EPS 只在汽车转向时才工作，消耗的能量较少，与液压式 EPS 相比，在各种行驶工况下均可节能 80%~90%。

2) 轻量化显著。电动式 EPS 无液压式 EPS 必须具有的液压缸、液压泵、转阀、液压管道等部件，因此其结构紧凑、重量减轻，且无油渗漏问题、系统易于布置。

3) 优化助力控制特性。液压助力的增减有一定的滞后性，反应敏感性较差，随动性不够，电动式 EPS 由于采用电子控制，可以使转向系统的转向性能得到优化，增强随动性。

4) 系统安全可靠。当电动式 EPS 出现故障时，可立即切断电动机与助力齿轮机构的动力传送，迅速转入人工-机械转向状态。

6.2.3 电控助力转向系统的部件结构

1. 转向力矩传感器

转向力矩传感器用于测定转向盘与转向器之间的转向力矩，其结构和原理如图 6-8 所示。

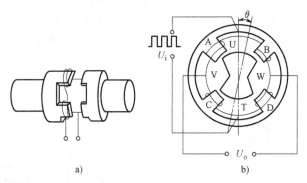

图 6-8 转向力矩传感器
a) 结构 b) 工作原理

在输出轴的极靴上分别绕有 A、B、C、D 四个线圈，连接成一个桥式回路。在线圈的 U、T 两端输入持续的脉冲电压 U_i，当转向杆上的转矩为 0 时，定子与转子的相对转角为 0，这时转子的纵向对称面处于图示定子 AC、BD 的对称平面上，每个极靴上的磁通量均相等，因而由线圈组成的电桥处于平衡状态，V、W 两端的电位差 U_o 为 0。转向时，由于扭力杆与输出轴极靴之间发生相对的扭转变形，定子与转子之间产生角位移 θ。这时，极靴 A、D 间的磁阻增大，B、C 间的磁阻减小，各极靴的磁通量产生了差别，使电桥失去平衡。于是，在 V、W 之间就出现电位差 U_o。这个电位差与扭力杆的扭转角和输入电压 U_i 成正比（$U_o = k\theta U_i$，k 为比例系数）。由于扭转角与作用于扭力杆上的转向力矩成比例（图 6-9），由 U_o 就可获得转向盘的转向力矩。

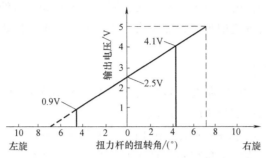

图 6-9 转向力矩传感器的输出特性

2. 直流电动机

直流电动机的原理与起动机电动机基本相同，通常采用永磁式电动机。电动机的输出转矩控制是通过控制其输入电流来实现的，而电动机的正转和反转则是由 ECU 输出的正反转触发脉冲控制。图 6-10 所示为一种比较简单适用的控制电路。

a_1、a_2 为电动机正反转信号触发端，当 a_1 端有触发信号输入时，VT_3 导通，VT_2 得到基极电流也导通，电流经 VT_2、电动机 M、VT_3 搭铁，电动机正转。当 a_2 端有触发信号输入时，VT_4 导通，VT_1 得到基极电流也导通，电流经 VT_1、电动机 M、VT_4 搭铁，电动机反转。电动机的电流大小可由触发信号电流的大小控制。

3. 电磁离合器

EPS 通常采用干式单片电磁离合器，其原理如图 6-11 所示。装在电动机输出轴上的主动轮内装有电磁线圈 2，通过集电环 1 引入电流。当离合器通电时，电磁线圈 2 产生的电磁力使压板 3 与主动轮 6 的端面压紧。于是，电动机的动力经主动轮 6、压板 3、花键 4、从动轴 5 传递给减速机构。

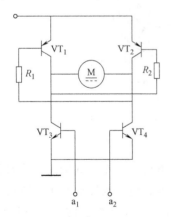

图 6-10 电动机正反转控制电路

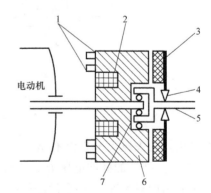

图 6-11 电磁离合器的原理
1—集电环 2—电磁线圈 3—压板 4—花键
5—从动轴 6—主动轮 7—球轴承

电动式 EPS 一般都设定一个工作范围。如当车速达到 45km/h 时，就不需要辅助动力转向，这时电动机就停止工作。为了不使电动机和电磁离合器的惯性影响转向系统的工作，离合器应及时分离，以切断辅助动力。

4. 减速机构

电动式 EPS 的减速机构有多种组合方式，一般采用蜗轮蜗杆传动与转向轴驱动组合方式，也有的采用两级行星齿轮传动与传动齿轮驱动组合方式（图 6-12）。为了抑制噪声和提高耐久性，减速机构中的齿轮有的采用特殊齿形，有的采用树脂材料制成。

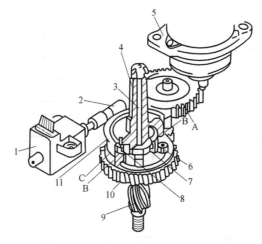

图 6-12 两级行星齿轮减速机构

1—转向力矩传感器 2—转轴 3—扭力杆 4—输入轴 5—电动机与离合器 6—行星小齿轮 A
7—太阳轮 8—行星小齿轮 B 9—驱动小齿轮 10—齿圈 11—齿圈 C

6.2.4 电动式电控助力转向系统示例

1. EPS 控制系统的基本组成

三菱微型汽车上使用的电动式 EPS 的电子控制系统组成如图 6-13 所示。该系统在行驶车速高于设定车速时，变为常规转向机构（不起助力作用）；当系统发生故障时，系统将切断电动机电流，变为常规转向系统，同时速度表内的 EPS 警告灯亮起，以提醒驾驶人。交流发电机 L 端的电压信号输送给 EPS ECU，用于判断发动机是否开始转动。直流电动机的最大通过电流为 30A。在发动机不工作时，EPS 的工作由蓄电池供电，怠速时由发电机供电。因此，EPS 工作时，EPS ECU 必须控制发动机处于高怠速工作状态。电磁式车速传感器安装在变速器上，可以提供主、副两个车速信号，提高了信号的可靠性。滑动可变电阻式转矩传感器也可提供主、副两个信号。

2. EPS 控制系统的工作原理

1）点火开关接通时，EPS ECU 即与蓄电池接通，EPS 开始工作。

2）在发动机起动后，交流发电机 L 端的电压输送给 EPS ECU，感知发动机在运转，电动转向控制装置转为工作状态。

3）汽车在行驶过程中，EPS ECU 根据车速和转矩传感器信号，经过对比运算后，向电动机和电磁离合器发出控制指令（电信号），使电动机通过相应的电流而转动，电动机由输出轴经减速机构驱动小齿轮，使小齿轮产生转向助力。电动机电流的大小分为 6 种情况，如图 6-14 所示。

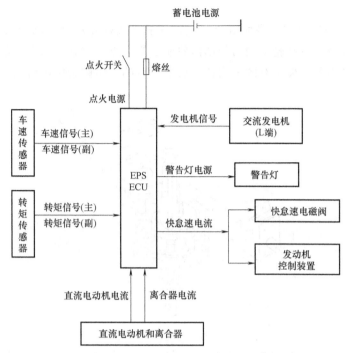

图 6-13 三菱微型汽车电动式 EPS 的电子控制系统

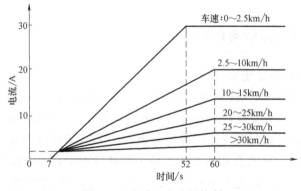

图 6-14 电动机电流的控制

当车速在 30km/h 以上时,电控装置将切断离合器和电动机电流,使离合器分离、电动机停止工作,电动式 EPS 变为常规转向工作模式;当车速在 27km/h 以下时,EPS 控制装置使离合器通电接合、电动机电流接通,变为电动助力转向工作模式。

思 考 题

1. 电控助力转向系统的作用和要求是什么?
2. 简述电动式 EPS 的组成、原理与特点。
3. 试分析转向力矩传感器的工作原理。

第7章

汽车安全气囊系统与安全带

安全气囊系统又称为辅助约束系统（supplement restrain system，SRS）或气体发生器式辅助约束系统（supplement inflatable restrain system，SIR）。安全气囊系统和安全带是乘用车上重要的被动安全保护装置。安全气囊在保护乘员、减轻交通事故伤害程度方面，发挥着不可替代的作用。尽管安全气囊对乘员的保护作用明显，但它只是辅助约束系统，为得到更好的保护效果，必须正确佩戴安全带。

7.1 汽车安全气囊系统

7.1.1 安全气囊系统的作用及类型

1. 安全气囊系统的作用

安全气囊系统是一种当汽车遭到冲撞而急速减速时能很快膨胀的缓冲垫，与座椅安全带配合使用，可以为乘员提供有效的防撞保护。当车辆在较高车速范围内（19~32km/h）发生意外碰撞时，若冲击力超过规定限度，位于转向盘内的驾驶人气囊和乘员前侧的乘员气囊引爆张开，如图7-1所示，缓冲驾驶人和前乘员的碰撞冲击，保护驾驶人和前乘员的安全。

图7-1 安全气囊系统

为防止乘员与气囊相碰时因振荡而造成伤害，在气囊的背面开有两个直径为25mm左右的圆孔。当乘员和气囊相碰时，借助圆孔的放气可减轻振荡，放气过程同时也是一个释放能量的过程，因此可以很快吸收乘员的动能，有助于保护乘员。

2. 安全气囊系统的基本类型

（1）单安全气囊系统和双安全气囊系统　按照系统中气囊的数量分类，可将安全气囊系统分为单安全气囊系统和双安全气囊系统。单安全气囊系统只在转向盘上安装一个安全气囊，双安全气囊系统则是在转向盘和前乘员前仪表台上各安装一个安全气囊。在少数高级轿车上还安装后排乘员安全气囊，组成多安全气囊系统。

（2）正面碰撞安全气囊系统和侧面碰撞安全气囊系统　按照系统的保护作用分类，可将安全气囊系统分为正面碰撞安全气囊系统和侧面碰撞安全气囊系统。正面碰撞安全气囊系统是在车辆发生正面碰撞时（通常为汽车前方60°范围内）起安全保护作用，侧面碰撞安全气囊系统是在车辆发生侧面碰撞时起安全保护作用。

(3) **机械控制式和电子控制式安全气囊系统** 按照气囊引爆的控制方式分类,可将安全气囊系统分为机械控制式安全气囊系统和电子控制式安全气囊系统两类。机械控制式安全气囊系统采用机械方式检测和引爆气囊,目前已很少使用;电子控制式安全气囊系统采用碰撞传感器及电控单元检测控制安全气囊的引爆,是目前广泛采用的控制方式。

(4) **智能型安全气囊系统和非智能型安全气囊系统** 智能型安全气囊系统将安全气囊系统与安全带相结合,根据座椅上是否有乘员和是否系好安全带来控制安全气囊系统的引爆时机和安全带收紧器;而在非智能型安全气囊系统中,安全气囊系统和安全带的保护作用是相互独立的。

智能型 SRS 与一般 SRS 相比增加了以下功能:

1)检测座椅上是否有乘员。
2)检测乘员是否系上安全带。
3)检测乘员乘坐位置。
4)检测儿童座椅。
5)调控安全气囊充气膨胀力。
6)检测气温。

7.1.2 安全气囊系统主要部件的结构及原理

安全气囊系统根据碰撞传感器数量和安装位置分为单点式和多点式布置方式,如图 7-2 所示。单点式安全气囊系统的碰撞传感器安装在电控单元内部,具有通用性好、成本低和安装方便等优点。多点式安全气囊系统是将 2~4 个碰撞传感器安装在汽车前部。

安全气囊系统主要由碰撞传感器(或称碰撞识别传感器)、SRS 电控单元(ECU)、安全气囊组件及 SRS(或 AIR BAG)警告灯等组成,如图 7-3 所示。

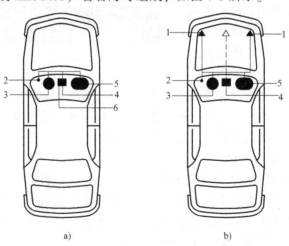

图 7-2 碰撞传感器的布置方式

a)单点式碰撞传感器 b)多点式碰撞传感器

1—机电式传感器 2—警告灯 3—驾驶人气囊 4—电控单元 5—乘员气囊 6—电子式传感器

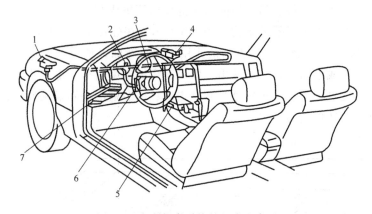

图 7-3 安全气囊系统的组成和布置

1—左前碰撞传感器　2—SRS 警告灯　3—安全气囊组件　4—右前碰撞传感器
5—中央气囊传感器总成及电控单元（ECU）　6—螺旋电缆　7—接线盒

1. 碰撞传感器

碰撞传感器的作用是检测碰撞强度并向 ECU 输入检测信号。安全气囊系统的碰撞传感器可分为机电式和电子式两大类。

（1）机电式碰撞传感器　机电式碰撞传感器一般布置在 ECU 外部，其结构与工作原理如图 7-4 所示。在汽车未发生碰撞时，钢球 1 被永久磁铁 2 吸附在滚道的后端，当汽车发生碰撞且碰撞强度达到设定值 [$(1.8\sim3)g$，g 为重力加速度] 时，钢球 1 在惯性力的作用下克服磁力沿轨道向前滑动并使位于轨道前端的片簧电触点 3 开关闭合，从而向 ECU 输入碰撞信号。

（2）电子式碰撞传感器　电子式碰撞传感器一般布置在 ECU 内，有压电式加速度传感器、电阻式加速度传感器及智能传感器等形式。压电式加速度传感器如图 7-5 所示。当汽车发生碰撞时，质量块 1 产生的惯性力作用在压电晶体 2 上，压电晶体 2 上产生电荷并转变为电压信号，ECU 根据电压信号即可确定碰撞的加速度。

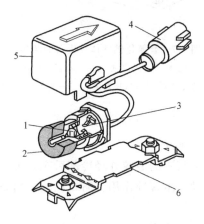

图 7-4　机电式碰撞传感器的结构与工作原理

1—钢球　2—永久磁铁　3—电触点
4—电束及插接器　5—外壳　6—安装底板

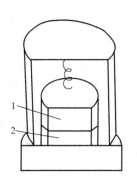

图 7-5　压电式加速度传感器

1—质量块　2—压电晶体

智能传感器是将传感元件、信号适配器和滤波器等集成在一块芯片上,主要有电阻式和电容式两种。电阻式智能传感器的结构如图7-6所示,在硅片1的窗口内装有嵌入式应变电阻3,当汽车碰撞时,悬臂梁2在惯性力的作用下发生弯曲,使应变电阻3发生变化。应变电阻3的变化经过集成电路4处理后输出,即可获得加速度信号。电容式智能传感器则是在硅片中集成一个可变电容器,当传感器受到冲击时,电容器的电容发生变化,经过集成电路处理后输出,获得加速度信号。

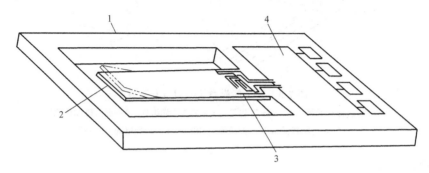

图7-6 电阻式智能传感器的结构
1—硅片 2—悬臂梁 3—嵌入式应变电阻 4—集成电路

2. 安全气囊组件

安全气囊组件主要由气体发生器、气囊及装饰盖底板等组成。

(1) 气体发生器 气体发生器的作用是快速向气囊充入气体,使气囊膨胀打开。电子控制安全气囊采用烟火式气体发生器,按气体发生剂的类型可分为叠氮化钠、非叠氮化钠固态燃料和液态燃料等。叠氮化钠(NaN_3)气体发生器的结构如图7-7所示,气体发生剂6封装在金属壳体1中,中间装有点火器3,外周装有助燃剂2和叠氮化钠。叠氮化钠(NaN_3)和三氧化二铁(Fe_2O_3)制成片状合剂。当点火器3收到ECU引爆信号时,点火器3引爆,助燃剂2迅速燃烧放热,使叠氮化钠与三氧化二铁在高温高压下发生急剧的化学反应,产生大量氮气,反应方程式为

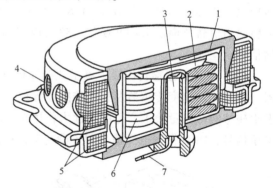

图7-7 叠氮化钠气体发生器的结构
1—金属壳体 2—助燃剂 3—点火器 4—出气口
5—过滤冷却器 6—气体发生剂 7—控制信号导线

$$6NaN_3 + Fe_2O_3 \longrightarrow 3Na_2O + 2Fe + 9N_2$$

氮气经过由金属网与陶瓷纤维组成的过滤层,滤去其中的渣粒并经冷却后充入折叠的气囊中,使气囊冲开装饰盖而迅速膨胀打开,对人体移动产生缓冲作用,防止或减轻驾驶人和乘员受伤。

在点火器的电路连接器中设有短接条,当连接器脱开或未完全接合时,短接条将点火器的引线短接,防止因静电、感应电或误通电导致气囊打开。

(2) 驾驶人气囊组件与螺旋电缆 驾驶人气囊组件的结构如图7-8所示,其主要由气体

发生器、气囊和装饰盖等组成。驾驶人气囊组件安装在转向盘转向轴底板上，随转向盘一起转动，点火器4导线通过螺旋电缆8与SRS ECU始终保持接触，气体发生器引爆后，气体向气囊充气，并冲开装饰盖6使气囊2张开。驾驶人气囊张开的容积通常为50～60L。气囊由尼龙制成，内表面涂有树脂阻燃层，气囊张开后，通过背面开设的排气圆孔减缓充气速度并排气。安全气囊组件只能作为一个整体部件更换，不能分解和维修。

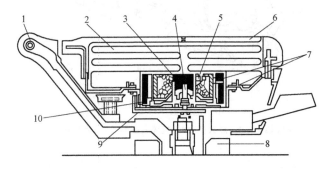

图7-8　驾驶人气囊组件的结构
1—转向盘　2—气囊　3—助燃剂　4—点火器　5—气体发生剂　6—装饰盖
7—隔板和过滤器　8—螺旋电缆　9—底盖　11—充气元件

螺旋电缆的作用是动态连接驾驶人气囊点火器与ECU控制端导线。螺旋电缆的结构如图7-9所示，其由转子3、电缆线1、凸轮4和壳体6等组成。转子3与凸轮4之间有连接凸缘和槽，转动转向盘时，两者互相触动，形成一个整体一起旋转。电缆线1呈螺旋状缠绕在壳体6内，当按正反方向转动转向盘时，转子3与电缆线1保持接触而不会产生导线拖动。

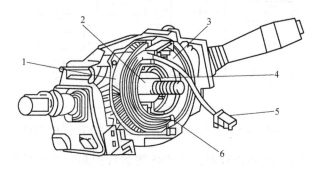

图7-9　螺旋电缆的结构
1—电缆线　2—转向盘轴　3—转子　4—凸轮　5—点火器电路插接器　6—壳体

（3）前乘员气囊组件　前乘员气囊组件位于仪表板右侧手套箱的上方，其结构和工作原理与驾驶人气囊组件相似，其结构如图7-10所示。气囊张开的容积通常为100～140L。

3. SRS电控单元

SRS电控单元（ECU）具有碰撞检测、引爆控制、故障自诊断和通信等功能。SRS ECU内部电路的组成如图7-11所示。

内置的碰撞传感器检测车辆碰撞减速度的大小，当碰撞强度超过触发门限值时，触发电路控制点火器点火。在碰撞过程中，若蓄电池断电，备用电源可短时间供电，以确保系统工作。变压器电路保证蓄电池电压过低时，将供电电压升至12V正常工作电压。ECU随时检

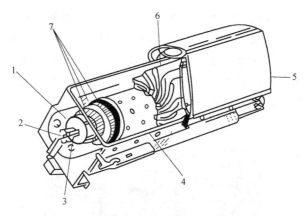

图 7-10 前乘员气囊组件的结构

1—气体发生剂 2—点火器电缆插头 3—点火器 4—气体发生器 5—装饰盖 6—折叠气囊 7—过滤器滤网

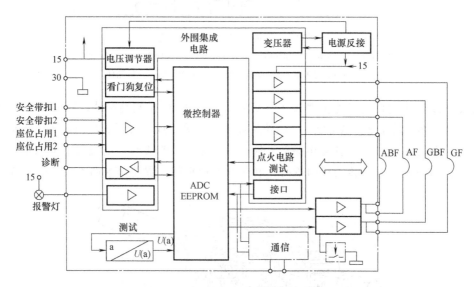

图 7-11 SRS ECU 内部电路的组成

ABF—前乘员气囊 GBF—前乘员安全带收紧器 AF—驾驶人气囊 GF—驾驶人安全带收紧器

测系统的工作状况,当系统出现故障时,使 SRS 警告灯亮起,以提醒驾驶人及时检修车辆,并将故障内容存储在专用存储器中。检修时,通过与诊断座连接的串行通信接口即可读取故障内容。

在具有安全带收紧器引爆控制的 ECU 中,ECU 会根据驾乘人员是否系好安全带选择高、低两种触发门限值。若没系安全带,ECU 选择低触发门限值,使安全气囊提前引爆,以最大限度地保护驾乘人员的安全。

正面/侧面气囊控制装置的 ECU 内部电路组成如图 7-12 所示。

4. SRS 警告灯和线束

安全气囊系统具有故障自诊断功能,通过仪表板上的 SRS 警告灯指示安全气囊系统的工作情况。将点火开关置于"ON"位置后,警告灯亮 6~8s 后熄灭,说明安全气囊系统正常。否则,若警告灯不亮、闪烁或常亮,说明安全气囊系统有故障。检修时,可用故障测试

第7章 汽车安全气囊系统与安全带

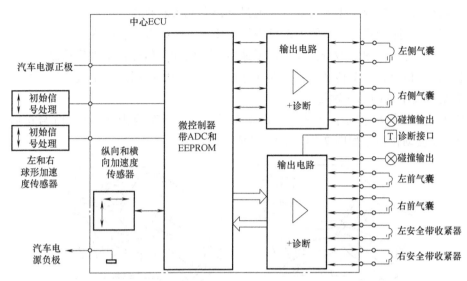

图 7-12　正面/侧面气囊控制装置的 ECU 内部电路组成

仪通过诊断座读取故障码或通过诊断座和 SRS 警告灯读取故障码。

安全气囊系统的线束采用了特殊的包扎和黄色色标,以便于检查和安全警示。各电路插接器带锁止装置,以保证电路连接可靠。

7.1.3　安全气囊系统的工作原理及动作时序

1. 安全气囊系统的工作原理

汽车上装有车前与车内两种碰撞传感器,位于车前两侧的车前传感器可保证在正面 30°范围内有效工作。安全气囊系统的工作原理如图 7-13 所示。当汽车发生碰撞时,由安全传感器对碰撞程度进行识别,对于中等程度以上的碰撞,安全传感器触点闭合,发出信号给 SRS ECU,ECU 根据设定的程序进行计算和逻辑判断,当检测到碰撞强度超过设定值时,ECU 发出点火指令使点火器工作,引爆传爆管,气体

视频:安全气囊工作原理

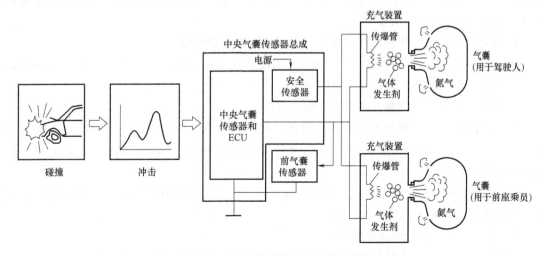

图 7-13　安全气囊系统的工作原理

发生装置在极短的时间内产生大量氮气，通过滤清器充入卷收在一起的气囊，使其膨胀。

SRS 所用的碰撞传感器，一般根据所承担的任务不同分为车前传感器、中央传感器与安全传感器。车前传感器用来检测汽车正面低速所受到的冲击信号；中央传感器用来检测汽车发生高速碰撞的信息；安全传感器用来防止系统在非碰撞状况引起安全气囊误动作。

2. 安全气囊系统的工作过程

根据博世公司在奥迪汽车上的试验研究表明：当汽车车速为 50km/h 时与正面障壁相撞，安全气囊的动作时序如图 7-14 所示，具体如下：

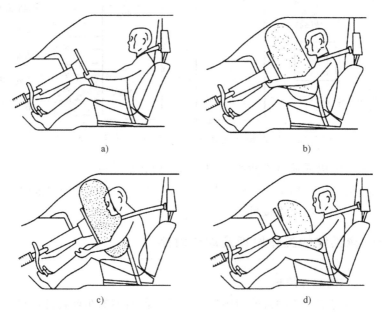

图 7-14 安全气囊系统的动作时序
a) 10ms 时 b) 40ms 时 c) 80ms 时 d) 110ms 时

1）车辆碰撞，达到气囊引爆极限，传感器从测出碰撞到接通电流需 10ms，引爆器引爆安全气囊的气体发生器，使充气剂（叠氮化钠）分解，产生大量的氮气。驾驶人仍保持在座椅上不动，如图 7-14a 所示。

2）碰撞 20ms 后，驾驶人开始移动，但还没有接触到气囊。

3）碰撞 40ms 后，气囊已经完全张开，驾驶人逐渐向前移动，安全带拉紧，人体的部分冲击能量被安全带吸收，如图 7-14b 所示。

4）碰撞 60ms 后，驾驶人已经开始沉向气囊。

5）碰撞 80ms 后，驾驶人的头部和身体上部压向气囊。气囊背后的排气孔在人和气体的压力下打开，其中的气体在高压下匀速地逸出，以吸收人体与气囊的碰撞能量，如图 7-14c 所示。

6）碰撞 110ms 后，大部分气体已从气囊中逸出，驾驶人身体开始后移，退向座位，前方视野重新恢复清晰，如图 7-14d 所示。

7）碰撞 120ms 后，车速已降为 0。

由此可见，在安全气囊的整个工作过程中，气囊动作时间极短，大约需要 110ms。

7.2 汽车安全带

7.2.1 汽车安全带的作用及种类

1. 汽车安全带及其作用

汽车安全带又可以称为座椅安全带，与安全气囊一样都是现代汽车上的安全装置，二者共同构成乘员约束系统。汽车安全带历史悠久，是公认的廉价且有效的安全装置，很多国家是强制装备安全带的。

汽车安全带能在汽车发生碰撞或者急转弯时约束乘员的身体，使其尽可能保持在座椅位置上不移动和转动，避免乘员与转向盘及仪表板等发生二次碰撞或避免碰撞时冲出车外导致死伤。

车辆碰撞时，车与车（或固定物体）的碰撞称为一次碰撞，乘员撞在车内结构物上称为二次碰撞。乘员的伤害程度取决于二次碰撞的程度，车速越高，二次碰撞的减速度越大，伤害越严重。实践证明，使用安全带对于减轻交通事故中的人身伤害程度有积极的作用，特别是在高速公路上最常见的多车追尾事故中，安全带的作用尤为明显。

2. 汽车安全带的种类

（1）按固定方式分类　按固定方式不同，安全带可分为四种，如图7-15所示。

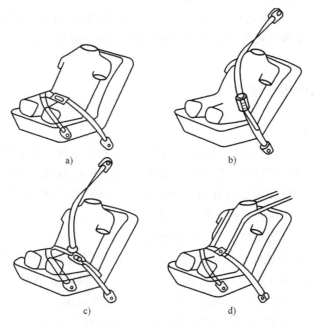

图 7-15　安全带的种类
a）两点式　b）斜挂式　c）三点式　d）四点式

1）两点式。两点式又称为腰带式，是安全带的基本型。飞机和长途客车一般使用这种安全带，软带从腰的两侧挂在腹部。两点式安全带的优点是使用方便，容易逃出摆脱；缺点是腹部负荷很大，撞车时，上身容易前倾，前排乘员头部会碰到仪表板或风窗玻璃。后排乘员一般可以使用两点式安全带。

2) 斜挂式。斜挂式又称为安全肩带，软带经乘员胸前斜挂在肩部，可防止上体转动。其缺点是撞车时乘员受力不均，下体容易向前挤出；若安装不当，身体会从带中脱出或头部被撞。这种安全带在欧洲使用较多，但日本、加拿大、澳大利亚等国家在标准中排除了这种安全带。国际标准中虽然通过了这种安全带，但是不推荐使用。由于开发了膝部保护装置与这种安全带并用，消除了上述缺点，美国已认可使用。

3) 三点式。三点式安全带有两种，一种是两点式和斜挂式合二为一的复合式，又称为连续三点式；另一种是将防止上体前倾的肩带连在两点式安全带上任意点而成的，称为分离三点式。三点式兼有两点式和斜挂式的优点并且消除了缺点，对乘员保护效果良好，实用性高，是现在应用最广泛的一种安全带。

三点式又可分为带紧急锁止机构和不带紧急锁止机构（但可以用手来调节织带的长度）两种类型。

4) 四点式。四点式又称为马夹式安全带，是在两点式安全带上再连两条肩带组合而成的。其保护效果最好，也是最完善的一种；但使用不便，一般用于特殊用途车辆或赛车上。

(2) **按智能化程度分类** 按智能化程度来分，安全带可分为被动式安全带与自动式安全带两种。

1) 被动式安全带。被动式安全带需要乘员的操作才能起作用，即需要乘员自行系上。目前大部分汽车装配的都是被动式安全带。

2) 自动式安全带。自动式安全带是一种自动约束驾驶人或乘员的安全带，即在汽车起步时，不需要驾驶人或乘员操作就能自动提供保护，而且乘员上下车时也不需要任何操作动作。

7.2.2 安全带的结构及性能

1. 安全带的结构

轿车普遍使用三点式安全带，其组成包括织带、固定机构和卷收器等部件，如图7-16所示。三点式安全带的作用原理是检测织带被拉出来的加速度以锁定织带。假如织带被拉出来的加速度过高，转轴的转速太快使得加速度检测器感受到的离心力大于弹簧对卡榫的拉力，此时卡榫被甩出，使得转轴被卡死而织带无法继续被抽出。反之，只要将织带放松，卡榫会被弹簧拉回，转轴也会被释放，安全带便放松了。

(1) **织带** 织带是构成安全带的主体，多用尼龙、聚酯、维尼纶等合成纤维原丝编织成宽约50mm、厚约1.2mm的带子，具有足够的强度、延伸性能和吸取能量的性能。对于织带的技能性能指标，各国都有明确规定，须符合规定才能使用。

(2) **固定机构** 固定机构包括插扣、锁舌、固定销和固定座等。插扣及锁舌是系紧和解开座椅安全带的装置。负责将织带的一端固定在车身的称为固定板，车身固定端称为固定座，固定用螺栓称为固定螺栓。肩部安全带固定销的位置对系安全带时的便捷性有很大的影响，因此为了适合各种身材的乘员，一般都选用可调节式固定机构，能够上下调节肩部安全带的位置。

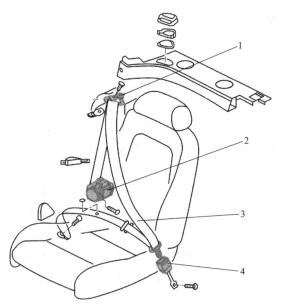

图 7-16 标准三点式安全带的结构
1—导向板 2—卷收器 3—安全带织带 4—插扣、插板

固定机构的安装位置和牢固性,直接影响安全带的保护结果和乘员的舒适感。各国对于安全固定件的安装位置和安装标准也有明确规定,以防意外。

(3) **卷收器** 卷收器的作用是贮存织带和锁止织带拉出,它是安全带系统中最复杂的部件。卷收器与安全带织带的一端相连,由内部的预紧弹簧来提供收紧织带的力矩,从而实现了安全带机械式自动调整长度的功能,不再需要手动来调整安全带的长度。

与靠弹簧驱动的卷收器不同,电动机驱动的卷收器则有更多实用性的功能,奔驰 C200L 则是其中一个应用示例。奔驰 C200L 具有电子式自动调整安全带长度的功能,当乘员系上安全带时,它的卷收器电动机会自动拉紧安全带,消除与人之间的缝隙,尤其在冬天穿着较厚时非常实用。此外,奔驰 C200L 还具备电子式的锁止功能。例如在急加、减速及高速过弯时,只要传感器所接收的信号到达系统所限定的加速度值,它都会自动锁止安全带,从而给予驾驶人更多的保护。

在紧急制动或者下坡时,安全带也能实现机械式的锁止功能,这是利用了惯性原理,最简单也最可靠地对驾驶人进行了保护。另外,在较高端的车型上也有配备了电子锁止功能的,相比机械式的锁止,它能在更多行驶状况下给予保护。

2. 安全带的性能

(1) **安全带设计要素** 安全带在设计上应能满足乘员的保护性能、提醒使用安全带以及舒适性和方便性方面的要求。使上述几点得以实现的设计手段是安全带调节器位置的选定、安全带的规格和采用的辅助装置。

(2) **乘员保护性能** 汽车安全带的乘员保护性能要求如下:尽早对乘员进行约束;尽量减小约束时乘员受到的压力;保持约束位置不变,以使约束力避开人身体较脆弱的部位。

7.2.3 预紧式安全带

1. 预紧式安全带的功能

预紧式安全带也称为预缩式安全带。这种安全带的特点是具有预紧功能，所谓的预紧功能是指当汽车发生碰撞事故的一瞬间，乘员尚未向前移动时安全带卷收器里的执行机构迅速拉紧织带，立即将乘员紧紧地绑在座椅上，然后锁止织带防止乘员身体前倾，有效保护乘员的安全。这样可以最大限度地减小事故中乘员被安全带勒伤的概率，同时也为气囊弹出争取了时间。

预紧式安全带中起主要作用的卷收器与普通安全带不同，除了普通卷收器的收放织带功能外，还可以在车速发生急剧变化时，在 0.1s 左右加强对乘员的约束力。因此它还有控制装置和预拉紧装置。

控制装置分为电子式（E 型）和机械式（M 型）两种。两者的工作原理实质上是一样的，都是由传感器检测到汽车碰撞加速度的不正常变化，控制装置激发预拉紧装置工作；但气体发生器的点火方式不同。

2. 安全带收紧器

安全带收紧器是预紧式安全带的核心部件，安全带收紧器布置在两前排座椅的外侧，其安装位置和工作原理如图 7-17 所示。预拉紧装置常见的类型是爆燃式，主要由点火器 2、气体发生剂 3、活塞 4、缸筒 5、收紧拉索 6 和安全带转轴 7 等组成。带安全带收紧器的安全气囊系统，在引爆安全气囊的同时引爆安全带收紧器的气体发生器，其作用是迅速收紧安全带至一定长度。

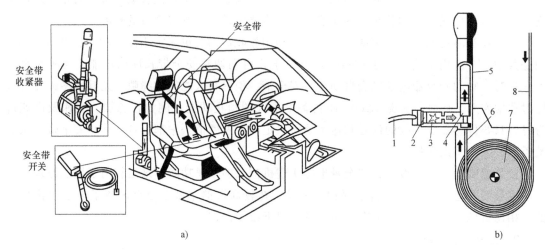

图 7-17 安全带收紧器的安装位置和工作原理
a）安装位置 b）工作原理
1—点火器导线 2—点火器 3—气体发生剂 4—活塞 5—缸筒 6—收紧拉索 7—安全带转轴 8—安全带

当汽车遇到碰撞而预拉紧装置受到激发后，点火器 2 引爆气体发生剂 3，气体发生剂 3 在高温作用下立即产生大量气体膨胀，推动活塞 4 移动并拉动收紧拉索 6 使安全带转轴 7 转动，从而使安全带 8 收紧，以固定乘员身体，防止其身体前倾与转向盘、仪表板和风窗玻璃相撞。

　　理想的安全带作用过程如图 7-18 所示。当车辆发生碰撞时，预紧装置会瞬间将安全带收紧，将车内乘员稳稳地保护在座椅上，大幅提升安全性；如果安全带的收紧力超过一定限度，限力装置就会让安全带适量放松，缓解对乘员胸部可能造成的伤害。

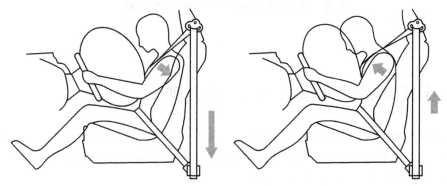

图 7-18　理想的安全带作用过程

思 考 题

1. 电子控制式安全气囊系统主要由哪些部分组成？
2. 简述电子式碰撞传感器的工作原理。
3. 简述安全气囊组件的结构。
4. SRS ECU 主要有哪些功能？
5. 安全带的作用是什么？
6. 安全带的类型有哪些？
7. 什么是预紧式安全带？
8. 预紧式安全带的工作原理是什么？

第8章 汽车巡航控制系统

8.1 汽车巡航控制系统的组成与工作原理

汽车巡航控制系统（cruise control system，CCS）又称为速度控制（speed control）系统，该系统工作时，驾驶人无须操作加速踏板就能保证汽车以设定的车速匀速行驶，从而给汽车驾驶带来了很大的方便，可减轻驾驶人的疲劳。

1. 巡航控制系统的组成

巡航控制系统主要由巡航控制开关、车速传感器、电控单元（ECU）和执行器四部分组成，如图8-1所示。

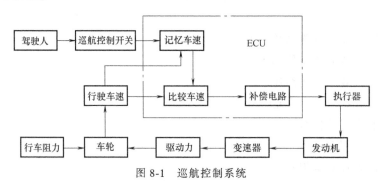

图8-1 巡航控制系统

巡航控制开关同时用来接通或关断该控制系统的工作，并用来设置所要求的行驶车速，同时用来选择其他的控制信息。ECU根据车速传感器信号计算车速，并与所设置的车速相比较后产生一个偏差信号，然后控制执行机构驱动节气门开度变化，使节气门开度随行驶阻力的变化而变化，从而使实际车速与所设置的车速一致。ECU根据取消控制信号，如制动信号、离合器动作信号或巡航控制开关切断信号等，即可终止巡航控制系统。

2. 巡航控制系统的基本原理

闭环巡航控制系统的基本原理如图8-2所示，ECU有两个输入信号，一个是按驾驶人要求的车速调定的指令车速信号，另一个是实际车速反馈信号。当测出的实际车速高于或低于驾驶人调定的车速时，ECU将这两种信号进行比较，得出两信号之差，即误差信号，再经放大、处理后成为节气门控制信号，送至节气门执行器，驱动节气门执行器动作，调节发动机节气门开度，以修正两输入车速信号的误差，从而使实际车速很快恢复到驾驶人设定的车速，并保持恒定。

在使用巡航控制时需要注意：如果在车辆行驶中无法安全地以稳定的速度行驶，最好不

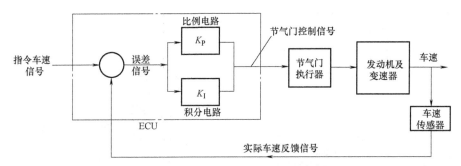

图 8-2 闭环巡航控制系统的基本原理

要使用这一系统；在雨雪天气行车路面很滑的条件下，使用巡航控制系统也会有一定的危险，这是因为各行车路段上汽车轮胎与地面的附着力在雨雪天气下的变化较大，会导致车轮产生不必要的打滑空转，使车辆失去控制。

8.2 巡航控制系统的电路与部件结构

1. 巡航控制系统的电路

采用微处理控制器的巡航控制系统电路框图如图 8-3 所示。CCS ECU 的作用是接收车速传感器、巡航控制开关、制动开关等作用信号，经计算、记忆、放大及信号转换等处理后，输出控制信号，驱动执行器动作。

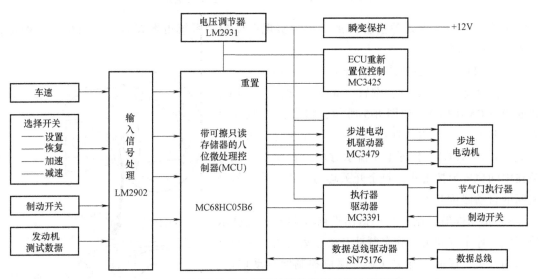

图 8-3 采用微处理控制器的巡航控制系统电路框图

雷克萨斯轿车的巡航控制系统电路如图 8-4 所示。

2. 巡航控制系统的部件结构

（1）**操作开关** 操作开关主要用于巡航车速设置、车速重置或取消，包括主开关、控制开关和退出巡航控制开关。

1）主开关。主开关是巡航控制系统的电源开关，为按键式接合，只有在发动机工作时

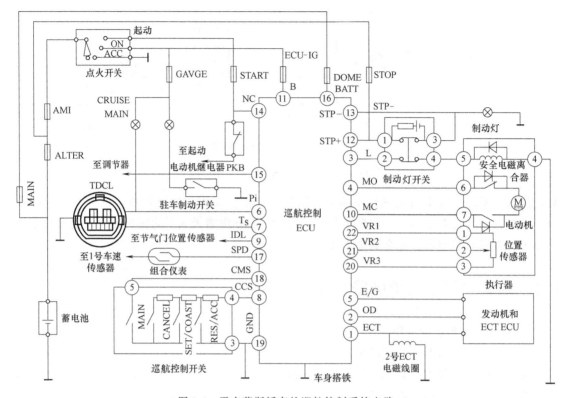

图 8-4 雷克萨斯轿车的巡航控制系统电路

的电源接合（如点火开关接合）后，才能实现巡航控制系统电源接合。发动机停转断电，系统电源也切断。

2）控制开关。手柄式控制开关有五个功能：设置（SET）、减速（COAST）、重置（RES）、加速（ACC）和取消（CANCEL）。如图 8-5 所示，将设置与减速合为一个开关（SET/COAST），将重置与加速合为另一个开关（RES/ACC），按图 8-5 指示方向进行操作。主开关在中间位置为按键式，每个开关均为操作接通、松开关断的自动回位开关。

3）退出巡航控制开关。退出巡航控制开关包括取消开关、停车灯开关、驻车制动开关、离合器开关和空档起动开关。任何一开关接通，巡航控制便自动取消。注意：在巡航控制取消的瞬间，只要当时车速高于 35km/h，此车速就会存储到巡航控制的 ECU 中，当接通设置（SET）时，就默认已存储到 ECU 中的车速为巡航车速。

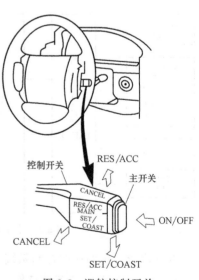

图 8-5 巡航控制开关

(2) **执行器** 执行器的作用是接收 CCS ECU 的控制指令，以电动或气动方式操纵节气门，改变节气门开度，使车辆加速、减速及定速行驶。

在车辆巡航控制系统中，常采用电动机或真空管型执行器来控制节气门的开度。电动机型执行器的结构示例如图 8-6 所示。在执行器上装有起安全作用的电磁离合器 1，当电磁离合器 1 的电磁线圈被接通时，离合板被吸住。随着离合器的吸合，执行器中的电动机被接通而转动，依次驱动蜗轮、蜗杆和主减速齿轮，并通过一根连杆带动节气门转动。连杆的位置是通过与转动轴相连的位置传感器进行检测的，通过对连杆的实际移动量和控制目标量的比较，ECU 控制执行器中电动机电流的方向来调节节气门的开度。在节气门完全关闭和完全打开的相应连杆轴位置上设有开关，当这些开关被触动

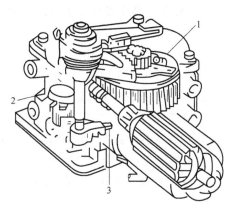

图 8-6 电动机型执行器的结构示例
1—电磁离合器　2—电位器　3—启闭开关

时，通向电动机的电流被切断。当汽车制动或处于空档位置时，节气门处于全关闭状态。当踩下离合器或制动踏板，或变速器处于空档，或驻车制动器起作用时，由离合器开关、制动开关、空档开关、驻车制动开关等信号直接控制离合器将其分离，使巡航控制的执行器对节气门控制不起作用。

(3) **车速传感器**　车速传感器将产生的车速信号输入 ECU，作为实际车速反馈信号，以便实现定速行驶功能。

(4) **巡航控制系统电路的工作信号**　巡航控制系统电路的工作信号传递以图 8-4 为例，具体过程如下：

1) 接通主开关（MAIN）。接通主开关后，电流流向为 ECU 的 CMS 端子→巡航控制开关端子 5→MAIN 开关→巡航控制开关端子 3→搭铁。ECU 处于预备状态，且 CRUISE MAIN 指示灯亮起。

2) 控制开关接通。控制开关具有不同功能。当开关转至不同档位时，电流流向为 ECU 的 CCS 端子→巡航控制开关端子 4→控制开关（SET/COAST 或 RES/ACC 或 CANCEL）→巡航控制开关端子 3→搭铁。ECU 检测控制开关设置的各档位，并开始控制操作。

当将控制开关按向 SET/COAST 方向，并将其释放后，ECU 检测"设置"档位并开始实施其控制。

3) 车速控制过程。控制开关设定车速后，安全电磁离合器电路接通，电流流向为 ECU 的 L 端子→制动灯开关端子 2→开关端子 4→执行器端子 5→安全电磁离合器→执行器端子 4→搭铁。

同时，执行器的位置传感器工作，电流流向为 ECU 的 VR1 端子→执行器端子 1→位置传感器→执行器端子 3→ECU 的 VR3 端子。此时，位置传感器会将执行器控制臂位置电压信号从执行器端子 2 送到 ECU 的 VR2 端子。

当实际车速下降到低于设置车速时，执行器电动机的电路接通，电流流向为 ECU 的 MO 端子→执行器端子 6→电动机→执行器端子 7→ECU 的 MC 端子。此时电机转动，使执行器控制臂沿节气门打开方向转动，以提高车速。当控制臂转过某一角度后，ECU 即从 VR2 端子接收到信号，并切断从 MO 端子输出的信号。

当实际车速高于设置车速时,电流由 ECU 的 MC 端子流出,使电动机反向转动,以降低车速。

4)人工取消巡航控制功能。若遇下列情况下可取消巡航控制。

① 控制开关置于取消(CANCEL)档位。

② 当驻车制动开关接通时,向 ECU 的 PKB 端子发送一个取消信号。

③ 当变速杆位于"N"位或"P"位时,向 ECU 的 NC 端子发送一个取消信号。

④ 当踩下制动踏板时,制动灯开关闭合,安全电磁离合器被释放,经制动灯开关向 ECU 的 L 端子发送一个取消信号。

当 ECU 检测到上述任一信号时,它便切断向执行器发出的指令信号并终止巡航控制系统工作。

8.3 自适应巡航控制系统

自适应巡航控制(adaptive cruise control,ACC)系统是在定速巡航控制系统基础上发展起来的一种汽车先进驾驶辅助系统。它是在汽车定速巡航控制系统(CCS)上,增加了与前方车辆保持合理间距控制功能的新系统。ACC 系统既有定速巡航控制系统的全部功能,还可以通过车载雷达等传感器监测汽车前方的道路交通环境,一旦发现当前行驶车道的前方有其他前行车辆,将根据本车与前车之间的相对距离及相对速度等信息,对车辆进行纵向速度控制,使本车与前车保持安全距离行驶,避免追尾事故发生。

1. **基本组成**

自适应巡航控制(ACC)系统主要由传感器、电控单元(ACC ECU)、执行器和人机交互界面等组成,如图 8-7 所示。

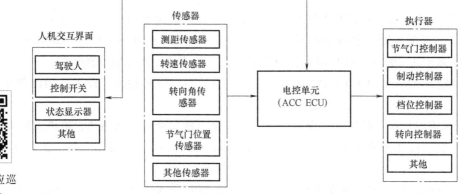

视频:自适应巡航控制系统

图 8-7 自适应巡航控制系统组成框图

(1)**传感器** 传感器主要用于向 ACC ECU 提供自适应巡航控制所需要的各种信息。它包括测距传感器、转速传感器、转向角传感器、节气门位置传感器及制动踏板传感器等。测距传感器用来获取车间距离信号,一般使用激光雷达或毫米波雷达;转速传感器用于获取实时车速信号;转向角传感器用于获取汽车转向信号;节气门位置传感器用于获取节气门开度信号;制动踏板传感器用于获取制动踏板动作信号。

(2) 电控单元（ACC ECU） ACC ECU 根据驾驶人所设定的安全车距及巡航行驶速度，结合信息感知单元传送来的信息确定当前车辆的行驶状态，决策出车辆的控制动作，并输出给执行单元。例如，当两车间的距离小于设定的安全距离时，ECU 计算实际车距和安全车距之比及相对速度的大小，选择减速方式，同时通过报警器向驾驶人发出警报，提醒驾驶人采取相应的措施。

(3) 执行器 执行器主要执行 ACC ECU 发出的指令，它包括节气门控制器、制动控制器、档位控制器和转向控制器等。节气门控制器用于调整节气门的开度，使车辆加速、减速及定速行驶；制动控制器用于紧急情况下的制动；档位控制器用于控制车辆变速器的档位；转向控制器用于控制车辆的行驶方向。

(4) 人机交互界面 人机交互界面用于驾驶人设定系统参数及系统状态信息的显示等。驾驶人可通过设置在仪表板或转向盘上的人机界面启动或清除 ACC 系统控制指令。启动 ACC 系统时，要设定当前车辆在巡航状态下的车速和与目标车辆间的安全距离，否则 ACC 系统将自动设置为默认值，但所设定的安全距离不可小于设定车速下交通法规所规定的安全距离。

2. 工作原理

在车辆行驶过程中，安装在车辆前部的测距传感器（雷达）持续扫描车辆前方道路，同时转速传感器采集车速信号。当车辆前方无障碍物时，车辆按设定的速度巡航行驶；当行驶车道的前方有其他前行车辆时，ACC ECU 将根据本车与前车之间的相对距离及相对速度等信息，通过与 ABS、发动机控制系统、自动变速器控制系统协调动作，对车辆纵向速度进行控制，使本车与前车始终保持安全距离行驶。

ACC 系统工作示意图如图 8-8 所示。图中假设巡航行驶（ACC）车辆当前设定车速为 100km/h，目标车辆行驶速度为 80km/h。四种典型的控制模式为巡航控制、减速控制、跟随控制和加速控制。

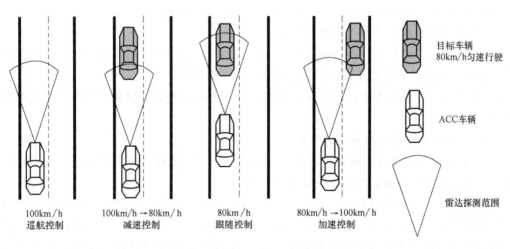

图 8-8 ACC 系统工作示意图

(1) 巡航控制 巡航控制是汽车 ACC 系统最基本的功能。当 ACC 车辆前方无行驶车辆时，ACC 车辆将处于普通的巡航行驶状态，ACC 系统按照驾驶人设定的车速对车辆进行巡航控制，驾驶人只需要进行方向控制。

(2) **减速控制** 当 ACC 车辆前方出现目标车辆，且目标车辆的行驶速度小于 ACC 车辆的行驶速度时，ACC 车辆将自动开始进行减速控制，确保两车的距离为所设定的安全距离。

(3) **跟随控制** 当 ACC 车辆减速至理想的目标值之后采用跟随控制，即与目标车辆以相同的车速行驶。

(4) **加速控制** 当前方的目标车辆发生移线，或 ACC 车辆移线行驶使得 ACC 车辆前方又无行驶车辆时，ACC 系统将对 ACC 车辆进行加速控制，使 ACC 车辆恢复至设定的车速。

在恢复行驶速度后，ACC 系统又转入对 ACC 车辆的巡航控制。当驾驶人参与车辆驾驶后，ACC 系统将自动退出对车辆的控制。

3. 汽车自适应巡航控制系统的要求

汽车 ACC 系统要求包括基本控制策略要求和基本性能要求。

(1) 汽车 ACC 系统基本控制策略要求

1) 当汽车 ACC 系统处于工作状态时，本车通过对速度的自动控制来与前车保持一定的车间时距或预先的设定速度（以两者中速度低者为准）。这两种控制模式之间的转换可由 ACC 系统自动完成。

2) 稳定状态的车间时距可由系统自动调节或由驾驶人调节。

3) 当本车的速度低于最低工作速度时，应禁止由"ACC 等待状态"向"ACC 工作状态"的转换。此外，如果系统处于"ACC 工作状态"且速度低于最低工作速度时，自动加速功能应被禁止，此时 ACC 系统可由"ACC 工作状态"自动转换为"ACC 等待状态"。

4) 如果前方存在多辆车的情况，则 ACC 系统应自动选择跟随本车道内最接近的前车。

(2) 汽车 ACC 系统基本性能要求

1) 控制模式。控制模式（车间时距控制和车速控制）应自行转换。

2) 车间时距。可供选择的最小稳态车间时距应适应各种车速下的 ACC 控制，应大于或等于 1s，并且至少应提供一个在 1.5~2.2s 区间内的车间时距。

3) 本车速度。ACC 系统可以控制本车的行驶速度。

4) 静止目标。对静止目标的响应不是 ACC 系统所具备的功能，如果 ACC 系统不能对静态目标做出响应，则应在车辆的用户使用手册中予以声明。

5) 跟踪能力。ACC 系统应具备相关标准中规定的探测距离、目标识别能力以及弯道适应能力。

4. 汽车自适应巡航控制系统的作用

汽车 ACC 系统通过对车辆纵向运动进行自动控制，以减轻驾驶人的劳动强度，保障行车安全，并通过方便的方式为驾驶人提供辅助支持。

1) 汽车 ACC 系统可以自动控制车速，但在任何时候驾驶人都可以主动进行加速或制动。当驾驶人在巡航控制状态下进行制动后，ACC 系统控制单元就会终止巡航控制；当驾驶人在巡航控制状态下进行加速并停止后，ACC 系统控制单元会按照原来设定的车速进行巡航控制。

2) 通过测距传感器的反馈信号，ACC 系统控制单元可以根据靠近车辆物体的移动速度判断道路情况，并控制车辆的行驶状态；通过反馈式加速踏板感知驾驶人施加在踏板上的力，ACC 系统控制单元可以决定是否执行巡航控制，以减轻驾驶人的疲劳。

3）汽车 ACC 系统一般在车速大于 25km/h 时才会起作用，而当车速降低到 25km/h 以下时，就需要驾驶人进行人工控制。通过系统软件的升级，ACC 系统可以实现"停车/起步"功能，以应对在城市中行驶时频繁的停车和起步情况。ACC 系统的这种扩展功能，可以使汽车在非常低的车速时也能与前车保持设定的距离。当前方车辆起步后，ACC 系统会提醒驾驶人，驾驶人通过踩加速踏板或按下按钮发出信号，车辆就可以起步行驶。目前奥迪和英菲尼迪等车型都已经可以通过 ACC 系统自适应巡航跟车至速度为 0，实现全速自适应巡航。

4）汽车 ACC 系统使车辆的编队行驶更加轻松。ACC 系统控制单元可以设定自动跟踪的车辆，当本车跟随前车行驶时，ACC 系统控制单元可以将车速调整为与前车相同，同时保持稳定的车距，而且这个距离可以通过转向盘上的设置按钮进行选择。

5）带辅助转向功能的 ACC 系统不仅可以使车辆自动与前车保持一定间距，而且车辆还能够自动转向，使得驾驶过程更加安全舒适。

5. 汽车自适应巡航控制系统的设定

汽车 ACC 系统的指令通过控制开关由驾驶人设定，如图 8-9 所示为某汽车 ACC 系统的控制开关，操作 ACC 系统所需的按键位于转向盘上，使用很简单，只用左手大拇指就可以。另外，按键的功能不唯一，可复用，如 SET 键还能以 10 为单位调整速度。模式选择主要有限速巡航和自适应巡航；车速有设定区间，如 30~150km/h，在高速公路，设定的速度不要超过高速公路的限速，一般在 80~120km/h 之间；车距选择一般由远及近有 5 个档位可供选择，选择多大的车距，要根据车速和路况决定，如在高速公路，建议距离设定在较远的两个档位。这些参数设定完毕，ACC 系统就可以开始工作。

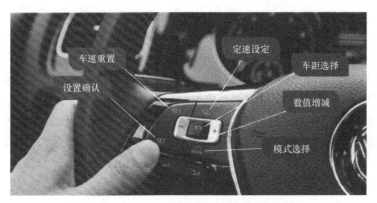

图 8-9　某汽车 ACC 系统的控制开关

当汽车进入自适应巡航状态后，驾驶人右脚不用一直踩加速踏板，只要握好转向盘，控制行驶方向即可。如果驾驶人预见前方的路况比较复杂，担心 ACC 系统不能正确处理，只需轻踩制动踏板就可以解除 ACC 系统对车速的控制权。

对于带辅助转向功能的 ACC 系统，当汽车进入自适应巡航状态后，驾驶人既不用踩加速踏板，也不用握转向盘，汽车能够自动跟随前车行驶。在遇到信号灯或者突发状态下，驾驶人踩下制动/加速踏板，或者转动转向盘，车辆便会回归驾驶人的掌控中。

6. 汽车自适应巡航控制系统应用示例

目前，汽车 ACC 系统在中高级轿车上得到了广泛的应用。沃尔沃汽车的 ACC 系统如图 8-10 所示。汽车通过设置在前风窗玻璃的摄像头以及隐藏在前格栅内的雷达来监测前方路况，在速度超过 30km/h 时，按下转向盘上的启动键，就可以激活 ACC 系统。当前方有车时，车辆自动跟随前车行驶，但不会超过设定的速度；如果前方没有车辆，就按设定的速度行驶。

图 8-10　沃尔沃汽车的 ACC 系统

沃尔沃汽车的 ACC 系统具有以下功能：

1）它在 0~200km/h 的范围内都可以实现自动跟车。

2）对前车的识别能力强。当前车转弯或超过前车时，能快速捕捉到新的前车，继续自动跟车。

3）如果有车辆插队驶入两车之间，ACC 系统会调节车速以保持之前设定的两车之间的安全距离。

4）具有辅助超车功能。如果感觉前车较慢，当驾驶人转动转向盘切入另外一条车道准备超车时，车辆会做瞬时加速以尽快超越前车。

未来汽车 ACC 系统将同其他的汽车电子电控系统相互融合，形成智能汽车电子控制系统，在卫星导航系统的指引下，利用环境感知技术和网络通信技术，实现自动驾驶功能。

思 考 题

1. 汽车巡航控制系统由哪几部分组成？各组成部分的作用是什么？
2. 简述巡航控制系统的基本工作原理。
3. 自适应巡航控制系统由哪几部分组成？
4. 自适应巡航控制系统的基本原理是什么？
5. 简述自适应巡航控制系统四种典型的控制模式的工作情况。
6. 简述汽车自适应巡航控制系统的作用。

第9章

车载网络技术

9.1 概述

随着汽车动力驱动、舒适、信息娱乐等系统中电子控制装置的不断增加，许多中高档轿车上采用了十几个甚至二十几个控制单元，而每一个控制单元都需要与相关的多个传感器和执行器进行通信，并且各控制单元间也需要进行信息交换，如果每项信息都通过各自独立的数据线进行传输，这样会导致控制单元针脚数增加，整个电控系统的线束和插接件相应增加，故障率也会随之增加。为了简化线路，提高各控制单元之间的通信速度，降低故障率，一种新型的数据传输技术——车载网络技术应运而生。

9.1.1 汽车车载网络技术简介

1. 汽车数据传输总线

所谓数据传输总线，就是指在一条数据线上传递的信号可以被多个系统共享，从而最大限度地提高系统的整体效率，充分利用有限的资源。作为一种优良的信息传输方式，总线技术在工业生产、科学研究和日常生活中的应用极为广泛。例如，人们每天工作、学习所使用的键盘与计算机主机之间的信息传输，就是采用数据总线技术进行的。将计算机领域的数据总线技术引入汽车电气系统中，可以在大大简化汽车电路的同时，传递丰富的信息，加速汽车智能化的发展。

汽车上传统的信息传递方式是每项信息需独立的数据线完成，即有几个信号就要有几条信号传输线，如宝来轿车的发动机电控单元 J220 与自动变速器电控单元 J217 之间就需要 5 条信号传输线，如图 9-1 所示。传递信号的项目越多，需要的信号传输线越多。如果采用数据传输总线，则只需 1 根或 2 根传输线即可，如图 9-2 所示。

采用数据总线技术在两个电控单元之间进行信息传输，可以有效减少数据传输线的数量。

2. 数据传输网络系统的优点

汽车网络信息传输方式是利用数据总线将汽车上的各个功能模块（控制单元或电器多路控制单元）连接起来，形成汽车信息传输网络系统。发送数据和控制信号的功能模块将数据和控制信号以编码的形式发送在同一根总线上，接收数据或控制信号的功能模块通过解码获得相应的数据和控制命令（或某个开关动作）。总线每次只传送一个信息，多个信息分时逐个（串行）传输。它的主要优点如下：

1) 降低线路成本，减轻整车自重。由于用一根总线替代多根导线，减少了导线的数量

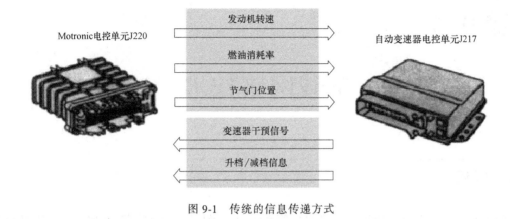

图 9-1 传统的信息传递方式

图 9-2 数据总线信息传输方式

和线束的体积,简化了整车线束,使线路成本和质量都有所下降。

2)提高工作可靠性。由于减少线路和节点,使信号传输的可靠性得以提高,并提高了整车电气线路的工作可靠性。

3)便于后续开发。改善了系统的灵活性,通过系统软件即可实现控制系统功能变化和系统升级。

4)提高了各控制系统的协调性。网络结构将各控制系统紧密连接,达到数据共享的目的,各控制系统的协调性可进一步提高。

5)便于对电子系统的维护和故障检修。可为诊断提供通用的接口,利用多功能测试仪对数据进行测试与诊断,方便了维修人员对电子系统的维护和故障检修。

3. 汽车车载网络信息传输系统的功能

(1)多路传输功能 为了减少车辆电气线束的数量,多路传输通信系统可使部分数字信号通过共用传输线路进行传输。系统工作时,由各个开关发送的输入信号通过中央处理器(CPU)转换成数字信号,该数字信号以串行信号的形式从传感器装置传输给接收装置,发送的信号在接收装置处被转换为开关信号,再由开关信号对有关元件进行控制。

(2)"唤醒"和"休眠"功能 该功能用以减少在断开点火开关时蓄电池的额外消耗。当系统处于"休眠"状态时,多路传输通信系统将停止诸如信号传输和CPU控制等功能,以节约蓄电池的电能；而当系统一旦有人为操作时，处于"休眠"状态的有关控制装置立即开始工作，同时还将"唤醒"信号通过传输线路发送给其他控制装置。

(3) **失效保护功能** 它包括硬件失效保护和软件失效保护两种功能。当系统的CPU发生故障时，硬件失效保护功能使其以固定的信号进行输出，以确保车辆能继续行驶；当系统某控制装置发生故障时，软件失效保护功能将不受来自有故障的控制装置的信号影响，以保证系统能继续工作。

(4) **故障自诊断功能** 故障自诊断功能具有两种模式，即多路传输通信系统的自诊断模式和各系统输入线路的故障诊断模式，通过这两种模式既能对自身的故障进行自诊断，还能对其他系统进行故障诊断。

9.1.2 常用的基本术语

1. 局域网

局域网是在一个有限区域内连接的计算机网络，简称局域网。一般这个区域具有特定的职能，通过这个网络实现这个系统内的资源共享和信息通信。连接到网络上的节点可以是计算机、基于微处理器的应用系统或控制装置。局域网一般的数据传输速度在 $10^2 \sim 10^5$ kbit/s 范围内，传输距离在 $100 \sim 250$ m 范围内，误码率低。汽车上的总线传输系统（车载网络）是一种局域网，数据传输速度一般在 $10 \sim 10^3$ kbit/s 范围内，传输距离在几十米。

2. 数据总线

数据总线是指模块间运行数据的通道，即所谓的信息高速公路，如果控制单元可以发送和接收数据，则这样的数据总线就称为双向数据总线。汽车上的信息高速公路实际是一条导线或两条导线，如图9-3所示。

各汽车制造商一直在设计自己的数据总线，如果不兼容，就称为专用数据总线；如果是按照某种国际标准设计的，就是非专用的。但基本上都是专用的数据总线。

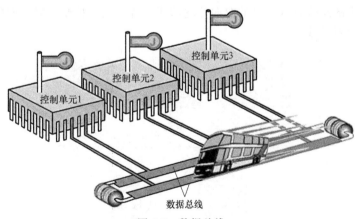

图 9-3 数据总线

3. 模块/节点

模块/节点是一种电子装置，如温度传感器、压力传感器。传感器是一个模块装置，根据温度或压力等的不同产生不同的电压信号，这些电压信号在数字装置（计算机）的输入接口被转变成数字信号。计算机多路传输系统中的控制单元模块则称为节点。

4. 局域网的拓扑结构

所谓拓扑结构就是网络的物理连接方式。局域网的常用拓扑结构有三种：星形、环形、总线型。

（1）**星形网络拓扑结构**　星形网络拓扑结构是一种以中央节点为中心，把若干外围节点连接起来的辐射式互联结构，如图9-4所示。这种结构适用于局域网。

（2）**环形网络拓扑结构**　环形网络拓扑结构由各节点首尾相连形成一个闭合环形线路，如图9-5所示。环形网络中的信息传送是单向的，即沿一个方向从一个节点传到另一个节点；每个节点需安装中继器，以接收、放大、发送信号。

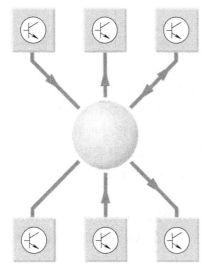 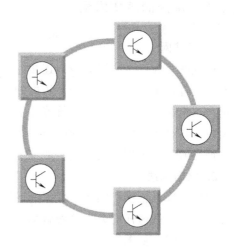

图9-4　星形网络拓扑结构　　　　　　　图9-5　环形网络拓扑结构

（3）**总线型网络拓扑结构**　总线型网络拓扑结构是一种信道共享的物理结构，如图9-6所示。这种结构中的总线具有信息的双向传输功能，普遍用于控制器局域网的连接，总线一般采用同轴电缆或双绞线。

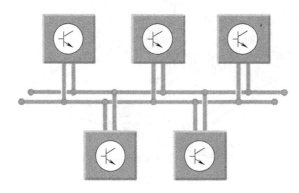

图9-6　总线型网络拓扑结构

5. 链路（传输媒体）

链路是指网络信息传输的媒体，分为有线和无线两种类型，目前汽车使用的大多数都是有线网络，通常用于局域网的传输媒体有双绞线、同轴电缆和光纤。

（1）**双绞线** 双绞线是局域网中最普通的传输媒体，一般用于低速传输，最大传输速率可达 Mbit/s 级；双绞线成本较低，传输距离较近，非常适合汽车网络的情况，也是汽车网络使用最多的传输媒体。

（2）**同轴电缆** 如图 9-7 所示，同轴电缆可以满足较高性能的传输要求，连接较多的网络节点，跨越更大的距离。

图 9-7 同轴电缆

（3）**光纤** 光纤在电磁兼容性等方面有独特的优点，数据传输速度高，传输距离远；在车载网络上，特别是在一些要求传输速度高的车载网络（如车上信息与多媒体网络）上有很好的应用前景。但受到成本和技术的限制，现在使用的并不多。

6. 数据帧

为了可靠地传输数据，通常将原始数据分割成一定长度的数据单元，数据单元即称为数据帧。一帧数据内应包括同步信号（起始与终止）、错误控制、流量控制、控制信息、数据信息及寻址信息等。

7. 传输协议

传输协议也称为通信协议，是控制通信实体间有效完成信息交换的一组约定和规则。换句话说，要想交流成功，通信双方必须"说同样的语言"（如相同的语法规则和语速等）。

协议的三要素如下：

（1）**语法** 确定通信双方之间"如何讲"，即通信信息帧的格式。

（2）**语义** 确定通信双方之间"讲什么"，即通信信息帧的数据和控制信息。

（3）**定时规则** 确定事件传输的顺序以及速度匹配。

8. 传输仲裁

当出现数个使用者同时申请利用总线发送信息时，传输仲裁是用于避免发生数据冲突的机构。仲裁可保证信息按其重要程度来发送。

9. 比特率

比特率是指每秒传送的比特（bit）数，单位为 bit/s（bit per second）。比特率越高，单位时间传送的数据量（位数）越大。

9.1.3 车载网络的分类及应用

1. 车载网络的分类

为方便研究和设计应用，美国汽车工程师学会（SAE）的汽车网络委员会按照系统的复杂程度、传输流量、传输速度、传输可靠性、动作响应时间等参量，将汽车数据传输网络划分为 A、B、C、D、E 五类。

（1）**A 类网络** A 类网络是面向传感器/执行器控制的低速网络，其位速率通常小于 10kbit/s，主要用于车外后视镜调整及电动车窗、灯光照明等控制。

（2）**B 类网络** B 类网络是面向独立模块间数据共享的中速网络，其位速率在 10~

125kbit/s 之间，主要应用于车身电子舒适性模块、仪表显示等系统。

（3）C 类网络　C 类网络是面向高速、实时闭环控制的多路传输网络，其位速率在 125kbit/s～1Mbit/s 之间，主要用于牵引力控制、发动机控制及 ABS、ESP 等系统。

（4）D 类网络　D 类网络是智能数据总线（intelligent data bus，IDB）网络，主要面向影音娱乐信息、多媒体系统，其位速率在 250kbit/s～100Mbit/s 之间。按照 SAE 的分类，IDB-C 为低速网络，IDB-M 为高速网络，IDB-Wireless 为无线通信网络。

（5）E 类网络　E 类网络是面向汽车被动安全系统（安全气囊）的网络，其位速率为 10Mbit/s。影音娱乐信息、多媒体系统多采用（domestic digital bus，DDB）总线或 MOST（media oriented systems transport）总线。无线通信则通过蓝牙（bluetooth）技术加以实现。随着技术的不断进步，相信在不远的未来，时间触发协议 TTP（time trigger protocol）和 FlexRay 将得到广泛使用，使汽车网络技术得到一次脱胎换骨的提升。

2．车载网络系统的应用

（1）A 类网络系统的应用　汽车防盗报警系统是典型的 A 类网络系统（LIN 总线系统），其应用示例如图 9-8 所示。

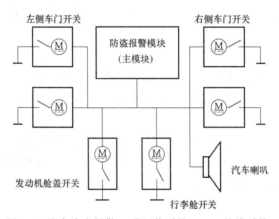

图 9-8　汽车防盗报警 A 类网络系统（LIN 总线系统）

（2）B 类网络系统的应用　当大量共享数据需要在车内各个控制单元之间进行交换时，A 类网络系统不再胜任，可采用 B 类网络系统，如图 9-9 所示。

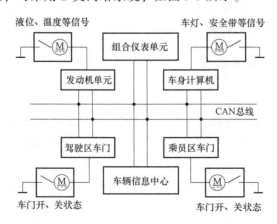

图 9-9　基于 CAN 总线的 B 类网络系统

(3) A、B 两类网络系统的组合应用 通常将 A 类网络通过车身计算机（网关）连接到 CAN 总线组成的 B 类网络中，使得该 A 类网络系统成为 CAN 总线的一个节点，这样无须在各传感器/执行器部件安装 CAN 控制器组件，就能使信号在 CAN 总线上传输，有效地利用了 A 类网络低成本的优点，如图 9-10 所示。

(4) C 类网络系统的应用 在 C 类网络系统方案中，CAN 总线有效地将发动机控制系统、驱动防滑系统及自适应巡航系统等连接成为一个综合控制系统，整车性能得到大幅提高，如图 9-11 所示。

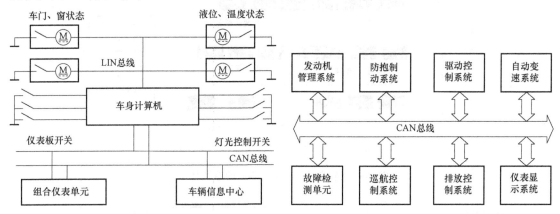

图 9-10　A、B 两类网络系统的组合应用　　　图 9-11　基于 CAN 总线的 C 类网络系统

9.1.4　车载网络的结构

在汽车电气系统内部采用基于总线的网络技术，可以达到信息共享、减少布线、降低成本、提高系统可靠性的目的。鉴于此，各大汽车制造商在其生产的汽车上大量使用了汽车网络系统。典型的车载网络结构如图 9-12 所示。不同控制系统对信息传输的要求不尽相同，因此不同的控制系统采用了不同的总线技术，如图 9-13 所示。

一般的车载网络平台包括动力与传动系统、安全系统、车身系统及信息（娱乐）系统，如图 9-14 所示。

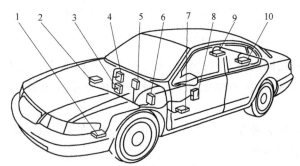

图 9-12　典型的车载网络结构

1—ABS 模块　2—动力系统控制模块（PCM）　3—电子自动温度控制（EATC）　4—集成控制板（ICP）
5—虚像组合仪表　6—照明控制模块（LCM）　7—驾驶人座椅模块（DSM）
8—驾驶人车门模块（DDM）　9—移动电话模块　10—汽车动态模块

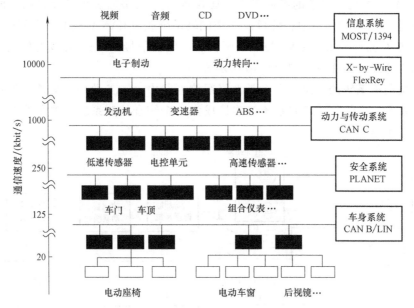

图 9-13 车载网络各系统不同的总线技术

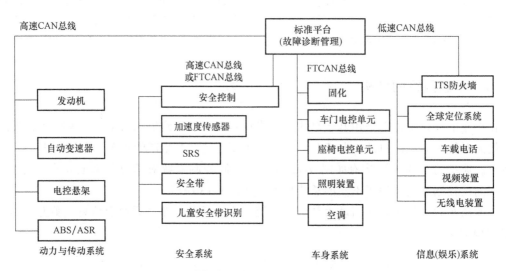

图 9-14 车载网络平台

动力与传动系统利用网络将发动机舱内的电控单元连接起来，实现诸如车辆行驶、停车及转弯等功能，采用高速网络（500kbit/s）。动力与传动系统电控单元的固定位置比较集中，节点数量也有限制。

安全系统根据各种传感器信息进行工作，因此使用的节点数较多。对此要求系统成本低、通信速度快、通信可靠性高。

与动力与传动系统相比，车上各处都配置有车身系统的部件。因此，线束变长，易受到干扰。应尽量降低通信速度，以提高抗干扰能力。在车身系统中，与性能（通信速度）相比，更注重成本，目前常采用直连总线和辅助总线。

信息（娱乐）系统的通信总线容量大，通信速率高（一般在2Mbit/s以上）。采用新型的多媒体总线连接车载媒体，这些新型的多媒体总线往往是基于光纤通信的，从而可以保证带宽和电磁兼容性。

9.2 CAN总线的传输原理与过程

9.2.1 CAN总线简介

控制器局域网（controller area network，CAN）是国际标准化的串行通信协议。由于其高性能高可靠性及独特的设计，目前，CAN总线是汽车网络系统中应用最多，也最为普遍的一种总线技术。

CAN最初是由德国的博世公司为汽车监测、控制系统而设计的。现代汽车越来越多地采用电子装置控制，如ABS、EBD、EMS（发动机管理系统）、多功能数字化仪表、主动悬架、导航系统、电子防盗系统、自动空调和自动CD机等。由于这些控制需检测及交换大量数据，采用硬接信号线的方式不但烦琐、昂贵，而且难以解决问题，采用CAN总线则能很好解决上述问题。

1. CAN总线的优点

1) 控制单元间的数据交换都在同一平台上进行。这个平台称为协议，CAN总线起到数据交换"高速公路"的作用。

2) 可以很方便地实现用控制单元来对系统进行控制，如发动机控制、变速器控制、ESP控制等。

3) 可以很方便地加装选装装置，为技术进步创造了条件，为新装备的使用埋下了伏笔。

4) CAN总线是一个开放系统，可以与各种传输介质进行适配，如铜线和光导纤维（光纤）。

5) 对控制单元的诊断可通过K线进行，车内的诊断有时通过CAN总线来完成（如安全气囊和车门控制单元），称为"虚拟K线"。随着技术的进步，有逐步取消K线的趋势。

6) 可同时通过多个控制单元进行系统诊断。

2. CAN总线的传输速率

目前，CAN总线系统中的信号是采用数字方式经铜导线传输的，其最大稳定传输速率可达1000kbit/s（1Mbit/s）。大众和奥迪公司将最大标准传输速率规定为500kbit/s，并将CAN总线系统分为三个专门的系统。

1) 驱动CAN总线（高速）。驱动CAN总线（高速）又称为动力CAN总线，其标准传输速率为500kbit/s，可基本满足实时要求，主要用于发动机、变速器、ABS、转向助力等汽车动力系统的数据传输。

2) 舒适CAN总线（低速）。舒适CAN总线（低速）的标准传输速率为100kbit/s，主要用于空调系统、中央门锁（车门）系统、座椅调节系统的数据传输。

3）信息 CAN 总线（低速）。信息 CAN 总线（低速）的标准传输速率为 100kbit/s，主要用于对时间要求不高的领域，如导航系统、组合音响系统、CD 转换控制等。

9.2.2 CAN 总线的基本原理

1. CAN 总线基本系统

CAN 总线基本系统由多个控制单元和两条数据线组成，这些控制单元通过所谓收发器（发射/接收放大器）并联在总线导线上，所有控制单元的地位均相同，没有哪个控制单元有特权，因而 CAN 总线也称为多主机结构，如图 9-15 所示。信息交换是按顺序连续完成的。

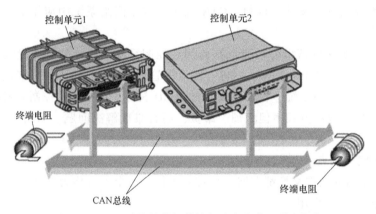

图 9-15　CAN 总线的数据传输与公交车载运乘客相似

CAN 总线系统采用双绞线进行数据传输，如图 9-16 所示。在这两根导线中，一根称为 CAN-High 导线，另一根称为 CAN-Low 导线。在双绞线上，信号是按相反相位传输的，这样可有效抑制外部干扰。

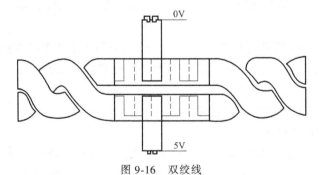

图 9-16　双绞线

2. 信息的发送与接收

CAN 数据总线在发送信息时，每个控制单元均可接收其他控制单元发出的信息。在通信技术领域，也把该原理称为广播，如图 9-17 所示，就像某个广播电台发送某个节目一样，每个连接的用户均可接收。这种广播方式可以使所有连接的控制单元总是处于相同的信息状态。

CAN 数据总线的数据传输又类似于"电话会议"，如图 9-18 所示。一个电话用户（控

第9章 车载网络技术

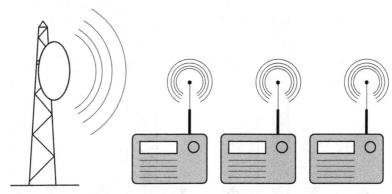

图 9-17 广播原理

制单元）在网络中"讲"数据，其他用户通过网络"接听"这个数据，对这个数据感兴趣的用户就会利用数据，而其他用户则选择忽略，类似电话会议。

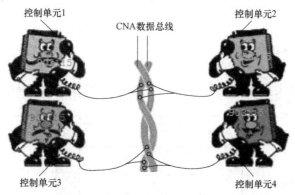

图 9-18 CAN 数据总线的数据传输类似于"电话会议"

用于交换的数据称为信息，每个控制单元均可发送和接收信息。信息以二进制值（一系列 0 和 1）表示，其中包含着要求传递的物理量。例如发动机转速为 1800r/min 时，可表示为 00010101，如图 9-19 所示。

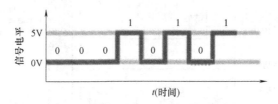

图 9-19 按时间顺序的电信号传输

在发送过程中，二进制值先被转换成连续的比特流，该比特流通过 TX 线（发送线）到达收发器，收发器将比特流转化成相应的电压值，最后这些电压值按时间顺序依次被传输到数据总线的导线上，如图 9-20 中控制单元 A 所示。

在接收过程中，这些电压值经收发器又转换成比特流，再经 RX 线（接收线）传至控制单元 B，控制单元 B 将这些二进制连续值转成信息。例如，将 00010101 这个值又转换成 1800r/min 的发动机转速值。

207

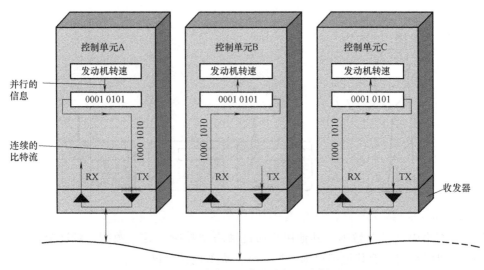

图 9-20　CAN 总线上的信息交换（广播原理）

9.2.3　CAN 总线系统元件

CAN 总线系统元件主要由 K-线、控制单元、CAN 构件及收发器等组成，如图 9-21 所示。

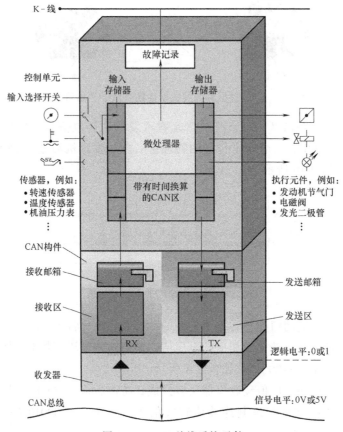

图 9-21　CAN 总线系统元件

1. K-线

K-线用于在 CAN 总线系统自诊断时连接汽车故障检测仪（如 VAS5051），属于诊断用的通信线。

2. 控制单元

控制单元接收来自传感器的信号，将其处理后再发送到执行元件上。

控制单元中的重要构件是微处理器，微处理器上带有输入存储器和输出存储器。控制单元接收到的传感器值（如发动机转速或温度）会被定期查询并按顺序存入输入存储器。这个过程在原理上相当于一个带有旋转式输入选择开关的选择器。

微处理器按系统程序处理输入值，处理后的结果存入相应的输出存储器内，然后控制各个执行元件工作。

3. CAN 构件

CAN 构件用于数据交换，分为两个区，一个是接收区，一个是发送区。CAN 构件通过接收邮箱或发送邮箱与控制单元相连。该构件一般集成在控制单元的微控制器芯片内。

4. 收发器

收发器就是一个发送/接收放大器。在接收数据时，收发器把 CAN 构件连续的比特流（也称为逻辑电平）转换成电压值（线路传输电平）；当发送数据时，收发器把电压值（线路传输电平）转换成连续的比特流。线路传输电平非常适合在铜质导线上进行数据传输。

收发器通过 TX 线（发送线）或 RX 线（接收线）与 CAN 构件相连。RX 线通过一个放大器直接与 CAN 总线相连，并总是在监听总线信号。

收发器的特点是 TX 线与总线的耦合，如图 9-22 所示。这个耦合过程是通过一个断路式集流器电路来实现的。因此，总线导线上就会出现如表 9-1 所示的两种状态。

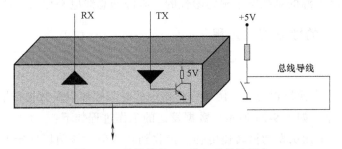

图 9-22　收发器的 TX 线与总线的耦合

表 9-1　收发器内晶体管的状态与总线电平之间的对应关系

状态	晶体管状态	是否有源	电阻状态	总线电平
1	截止（相当于开关断开）	无源	高阻抗	1
0	导通（相当于开关闭合）	有源	低阻抗	0

当有多个收发器与总线导线耦合时，总线的电平状态将取决于各个收发器开关状态的逻辑组合。开关未接合表示 1（无源），开关已接合表示 0（有源）。如图 9-23 所示，收发器 A 和 B 为无源，收发器 C 为有源。工作过程如下。

1) 如果某个开关已闭合，电阻上就有电流通过，于是总线导线上的电压为 0V。

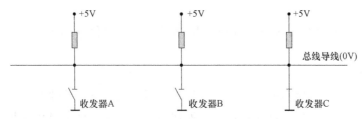

图 9-23　三个收发器接到一根总线导线上

2) 如果所有开关均未闭合，那么就没有电流通过，电阻上就没有压降，于是总线导线上的电压为 5V。收发器开关的状态与总线电平的逻辑关系见表 9-2。

表 9-2　收发器开关的状态与总线电平的逻辑关系

收发器 A	收发器 B	收发器 C	总线电平
1	1	1	1(5V)
1	1	0	0(0V)
1	0	1	0(0V)
1	0	0	0(0V)
0	1	1	0(0V)
0	1	0	0(0V)
0	0	1	0(0V)
0	0	0	0(0V)

因此，如果总线处于状态 1（无源），那么此状态可以由某一个控制单元使用状态 0（有源）来改写。将无源的总线电平称为隐性的，有源的总线电平称为显性的。

9.2.4　CAN 总线的数据传输过程

1. 信息发送过程

下面以转速信息交换过程为例，阐述数据传递的时间顺序以及数据传输总线构件与控制单元之间的配合关系。如图 9-24 所示。数据发送的工作过程如下：

1) 发动机控制单元从发动机转速传感器接收到转速值，该值以固定的周期（循环往复的）到达微控制器的输入存储器内。因为瞬时转速值还用于其他控制单元，如组合仪表，所以该值应通过数据传输总线（CAN 总线）来传递。

2) 转速值被复制到发动机控制单元的输出存储器内。

3) 转速值信息从输出存储器进入数据传输总线构件的发送邮箱内。如果发送邮箱内有一个实时值，那么该值会由发送特征位（举起的小旗示意有传输任务）显示出来，并将发送任务委托给数据传输总线构件，发动机控制单元就完成了此过程中的任务。

4) 发动机转速值按照协议被转换成数据传输总线的特殊格式。格式包括："状态区（标识符）" 11 位、"数据区（信息内容）" 最大 64 位、"安全区（CRC 校验）" 16 位以及 "确认区" 2 位，如图 9-25 所示。例如发动机信息包括：状态区（标识符）= 发动机-1，数据区（信息内容）= 发动机转速（即发动机转速为×××r/min）。当然，CAN 总线上传输的

第9章 车载网络技术

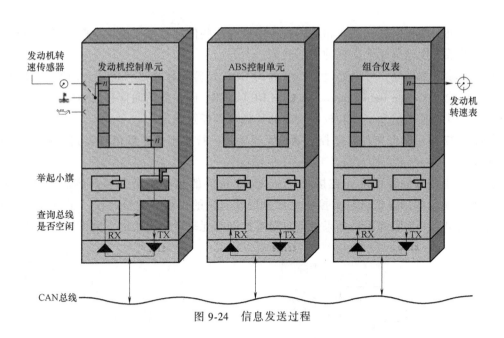

图 9-24　信息发送过程

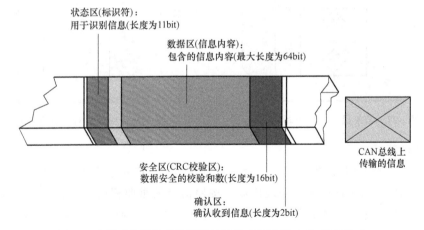

图 9-25　发动机转速值按协议被转换成标准的 CAN 信息格式

数据也可以是其他信息（如节气门开度、冷却液温度、发动机转矩等），具体内容取决于系统软件的设定。

5）数据传输总线构件通过 RX 线来检查总线是否有源（是否正在交换别的信息），必要时会等待，直至总线空闲下来为止。如果总线空闲下来，发动机信息就会被发送出去，如图 9-26 所示。

2. 信息接收过程

信息接收过程分以下两步：

（1）**检查信息是否正确**（在监控层）　接收

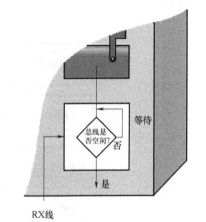

图 9-26　总线状态查询

器接收发动机的所有信息，并在相应的监控层检查这些信息是否正确。这样就可以识别出在某种情况下某一控制单元上出现的局部故障。

数据传输是否正确，可以通过监控层内的 CRC 校验和数来进行确定。CRC 校验即为循环冗余码校验（cycling redundancy check, CRC）。CRC 码是数据通信领域中最常用的一种差错校验码，其特征是信息字段和校验字段的长度可以任意选定。

如图 9-27 所示，经监控层监控、确认无误后，已接收到的正确信息会到达相关 CAN 构件的接收区。

（2）**检查信息是否可用**（在接收层） CAN 构件的接收层用于判断该信息是否可用，如图 9-28 所示。如果该信息对本控制单元来说是有用的，则举起接收旗，予以放行，该信息就会进入相应的接收邮箱；如果该信息对本控制单元来说是无用的，则可以拒绝接收。

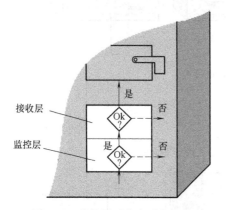

图 9-27 监控层对信息进行监控

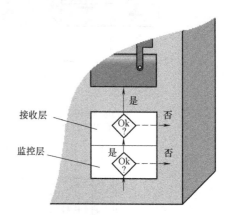

图 9-28 接收层对信息进行判断

3. 冲突仲裁

如果多个控制单元同时发送信息，那么数据总线上就必然会发生数据冲突。为了避免发生这种情况，CAN 总线具有冲突仲裁机制。按照信息的重要程度分配优先权，确保优先权高的信息能够优先发送。避免数据冲突的仲裁过程如图 9-29 所示。采取的措施如下：

1）每个控制单元在发送信息时通过发送标识符来标识信息类别，信息优先权包含在标识符中。

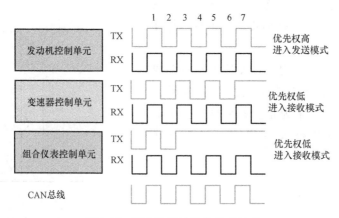

图 9-29 避免数据冲突的仲裁过程

2）所有控制单元都通过各自的 RX 线来跟踪总线上的一举一动并获知总线状态。

3）每个控制单元的发射器都将 TX 线和 RX 线的状态一位一位地进行比较（它们可以不一致）。

9.3 车载网络系统各控制单元的连接

9.3.1 网关

1. 网关的定义

网关（Gateway，GW）是在采用不同体系结构或协议的网络之间进行互通时，用于提供协议转换、数据交换等网络兼容功能的设备。网关又称为网间连接器、协议转换器。网关在传输层上用以实现网络互连，是最复杂的网络互连设备，仅用于两个高层协议不同的网络互连。

2. 网关的作用

1）网关可以把局域网上的数据转变成可以识别的 OBD-Ⅱ 诊断数据语言，方便诊断。

2）网关可以实现低速网络和高速网络的信息共享。

3）与计算机系统中的网关作用一样，负责接收和发送信息。

4）激活和监控局域网络的工作状态。

5）实现汽车网络系统内数据的同步性。

6）对信息标识符做翻译。

网关就是用于连接不同类型的总线系统的设备，如 CAN 信息、CAN 诊断、CAN 驱动、仪表、舒适等。通过网关可连接具有不同逻辑和物理性能的总线系统。

不同总线系统的输出数据到达网关后网关要对其做进一步处理。在网关中过滤各个信息的速度、数据量和紧急程度，并在必要时进行缓冲存储。同时要做故障监控和诊断工作。

3. 网关的工作原理

由于电压电平和电阻配置不同，在不同类型的数据总线之间无法进行直接耦合连接。另外，各种数据总线传输速率是不同的，决定了它们无法使用相同的信号。这就需要通过网关进行两个系统之间的转换。

可以用火车站转换旅客的过程来说明网关的工作原理，如图 9-30 所示。在某个车站，站台 A 到达一列特快列车（驱动 CAN 总线，数据传输速率为 500kbit/s），车上有数百名旅客（数据），而站台 B 已经有一列普快列车（舒适/信息 CAN 总线，数据传输速率为 100kbit/s）在等待，此时有一些旅客需要换到这列普快列车上，而有一些乘客则要换乘特快列车继续旅行。当然，也有很多时候旅客是从这一列火车上下来到候车厅去等待相应的车次，这相当于网关信息的缓冲作用。

车站的这种换乘功能，即让旅客换车，以便通过速度不同的交通工具到达各自的目的地的功能，与驱动 CAN 总线和舒适/信息 CAN 总线两种网络系统的网关功能是相同的，网关的主要任务是使两个数据传输速率不同的系统之间能正常进行信息交换。

奥迪 A5 乘用车的网关 J533 将驱动 CAN 总线、舒适 CAN 总线、组合仪表 CAN 总线、诊断 CAN 总线和娱乐信息 CAN 总线连接在一起，构成一个完整的汽车网络系统，如图 9-31 所示。

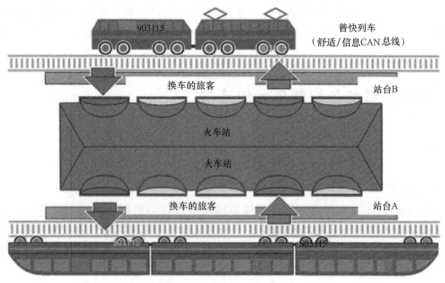

图 9-30 网关工作原理示意图

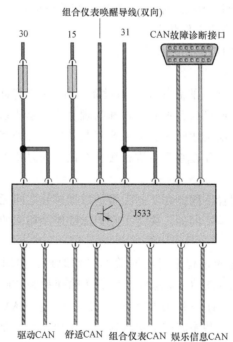

图 9-31 奥迪 A5 乘用车的网关 J533 电路图

9.3.2 CAN 总线

下面以大众汽车的 CAN 总线为例进行介绍。

1. CAN 总线分类

CAN 总线分为驱动 CAN 数据总线、舒适 CAN 数据总线及娱乐/信息 CAN 数据总线。

（1）驱动 CAN 数据总线　驱动 CAN 数据总线属于高速 CAN 总线，数据传输速率为 500kbit/s，用于将驱动系统中的控制单元联成网络。

（2）舒适 CAN 数据总线　舒适 CAN 数据总线属于低速 CAN 总线，数据传输速率为 100kbit/s，用于将舒适系统中的控制单元联成网络。

（3）娱乐/信息 CAN 数据总线　娱乐信息 CAN 数据总线属于低速 CAN 总线，数据传输速率为 100kbit/s，用于将收音机、电话和导航系统联成网络。

舒适 CAN 数据总线和娱乐/信息 CAN 数据总线可以通过带网关的组合仪表与驱动 CAN 数据总线进行数据交换。

2．不同 CAN 总线的共性

1）不同类别的 CAN 总线采用同样的数据传输协议进行数据传输。

2）为了保证信息传输的高抗干扰性，所有 CAN 数据总线都采用双线系统。

3）将要发送的信号在发送控制单元的收发器内转换成不同的信号电平，并输送到两条 CAN 导线上，只有在接收控制单元的差动信号放大器内才能建立两个信号电平的差值，并将其作为唯一经过校正的信号继续传至控制单元的 CAN 接收区。

4）娱乐/信息 CAN 数据总线与舒适 CAN 数据总线的特性是一致的。

在大众的 Polo 和高尔夫 Ⅳ 汽车上，娱乐/信息 CAN 数据总线和舒适 CAN 数据总线采用同一组数据导线。

3．不同 CAN 总线的区别

1）驱动 CAN 数据总线通过 15 号接线柱切断，或经过短时无载运行后自行切断。

2）舒适 CAN 数据总线由 30 号接线柱供电且必须保持随时可用状态。在"15 号接线柱关闭"后，若汽车网络系统不再需要舒适 CAN 数据总线工作，则舒适 CAN 总线进入"休眠模式"。

3）舒适 CAN 数据总线和娱乐/信息 CAN 数据总线具有"单线工作模式"，可以单线工作（俗称"瘸腿"工作）。

4）驱动 CAN 数据总线的电信号与舒适 CAN 数据总线、娱乐/信息 CAN 数据总线的电信号是不同的。

驱动 CAN 数据总线无法与舒适/信息 CAN 数据总线直接进行电气连接，但可以通过网关连在一起，构成一个更大的网络。

4．大众集团的 CAN 的链路

（1）CAN 导线　CAN 数据总线是一种双线式数据总线，称为双绞线。在大众车系中，CAN 导线的基色为橙色。驱动总线的 CAN-High 导线上还多加了黑色作为标志色；舒适总线的 CAN-High 导线上的标志色为绿色；娱乐/信息总线的 CAN-High 导线上的标志色为紫色，而 CAN-Low 导线的标志色都是棕色。

为易于识别，并与大众车系维修手册及 VAS5051 系列检测仪相适应，在本书中，CAN 导线分别用黄色和绿色来表示，CAN-High 导线为黄色，CAN-Low 导线为绿色，如图 9-32 所示。

（2）CAN 导线布线图　大众集团使用的 CAN 数据总线有一个特点，即控制单元之间呈树形连接，这在 CAN 标准中是没有的。这个特点使得控制单元布线更为完美。如图 9-33 所

图 9-32 双绞线（CAN-High 导线和 CAN-Low 导线）

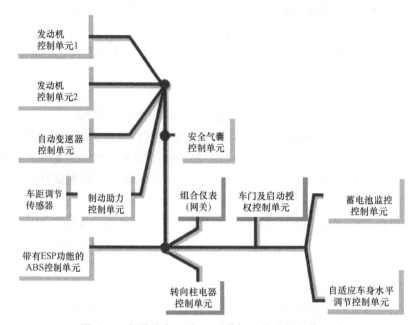

图 9-33 辉腾汽车驱动 CAN 数据总线的拓扑结构图

示的辉腾汽车驱动 CAN 数据总线的拓扑结构图，可以清楚地看到树形的网络结构。

9.3.3 驱动 CAN 总线

1. 驱动 CAN 总线上的电压

CAN 总线的静止状态也称为隐性状态，静止状态下 CAN-High 导线和 CAN-Low 导线的对地电压称为静止电平（也称为隐性电平），简称静电平。对于驱动 CAN 总线来说，静电平为 2.5V。

在显性状态时，CAN-High 导线上的电压值会升高一个预定值（1V），而 CAN-Low 导线上的电压值会降低一个同样的值（1V）。于是在驱动 CAN 总线上，CAN-High 导线就处于激活状态，其电压不低于 3.5V，而 CAN-Low 导线上的电压值最多可降至 1.5V。

因此，在隐性状态时，CAN-High 导线与 CAN-Low 导线上的电压差为 0V，在显性状态时该差值最低为 2V，如图 9-34 所示。

图 9-35 所示的驱动 CAN 总线的实测电压波形，是由一个收发器产生的，并由 VAS5051 的示波器（DSO）接收下来。CAN-High 导线上的显性电压约为 3.5V，CAN-Low 导线上的显性电压约为 1.5V。两个电平之间的叠加信号变化表示 2.5V 的隐形电平。

2. 驱动 CAN 的收发器

控制单元是通过收发器连接到驱动 CAN 总线上的，在收发器内部的接收器一侧设有差

第9章 车载网络技术

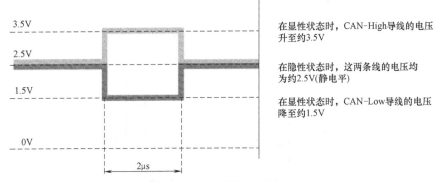

图 9-34 CAN 总线上的电压

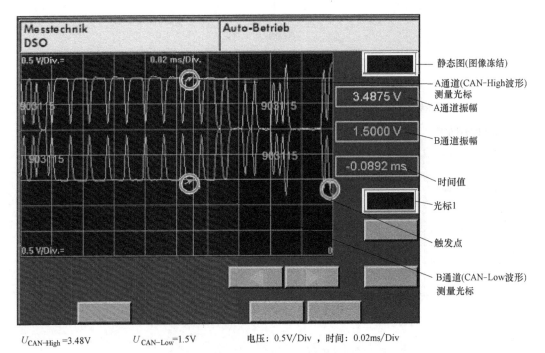

图 9-35 驱动 CAN 总线的实测电压波形

动信号放大器。差动信号放大器用于处理来自 CAN-High 导线和 CAN-Low 导线的信号,另外还负责将转换后的信号传至控制单元的 CAN 接收区。这个转换后的信号称为差动信号放大器的输出电压,如图 9-36 所示。

差动信号放大器的输出电压等于 CAN-High 导线上的电压($U_{CAN-High}$)减去 CAN-Low 导线上的电压($U_{CAN-Low}$),这样可以消除静电平(驱动 CAN 总线为 2.5V)或其他任何重叠的电压(如干扰)。

3. 干扰信号的消除

CAN-High 信号和 CAN-Low 信号经过差动信号放大器处理后(就是所谓的差动传输技术),可最大限度地消除干扰的影响,如图 9-37 所示。这样,即使车上的供电电压有波动(如起动发动机时),也不会影响各个控制单元的数据传输,从而可以大大提高数据传输的

217

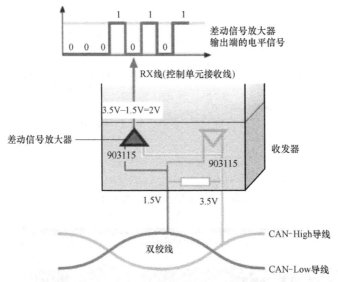

图 9-36 驱动 CAN 数据总线的差动信号放大器

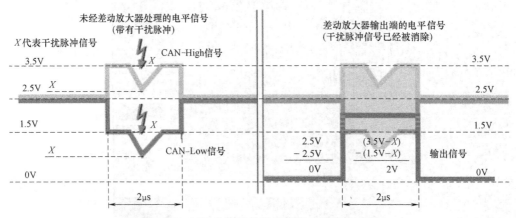

图 9-37 CAN 总线对外界干扰信号的消除过程

可靠性。

由图 9-37 可以清楚地看到这种传递的效果。由于 CAN-High 导线和 CAN-Low 导线是双绞线,干扰脉冲 X 就总是有规律地作用在两条线上,但经过差动信号放大器处理后,即 $(3.5V-X)-(1.5V-X)=2V$,就消除了干扰脉冲 X 的影响。

9.3.4 舒适/信息 CAN 总线

舒适/信息 CAN 总线用于将舒适 CAN 总线和信息 CAN 总线所控制的控制单元(如全自动空调/空调控制单元、车门控制单元、舒适控制单元、收音机和导航显示单元控制单元等)连成网络。

1. 舒适/信息 CAN 导线上的电压

与驱动 CAN 总线不同,舒适/信息 CAN 总线的 CAN-High 导线和 CAN-Low 导线不是通过电阻相连的。也就是说,CAN-High 导线和 CAN-Low 导线不再彼此相互影响,而是彼此独立作为电压源来工作。

舒适/信息 CAN 总线放弃了 CAN-High 导线和 CAN-Low 导线共同的中压，如图 9-38 所示。在隐性状态（静电平）时，CAN-High 信号为 0V；在显性状态时，该信号 ≥3.6V。对于 CAN-Low 信号来说，隐性电平为 5V，显性电平 ≤1.4V。

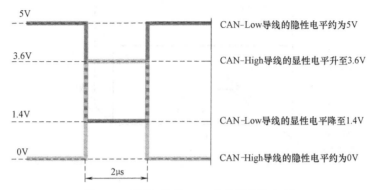

图 9-38 舒适/信息 CAN 总线的理论电压

于是，在差动信号放大器内相减后，隐性电平为 -5V，显性电平为 2.2V，隐性电平和显性电平之间的电压变化（电压提升）就提高到 ≥7.2V。VAS5051 的示波器（DSO）实测舒适/信息 CAN 总线的电压波形如图 9-39 所示。

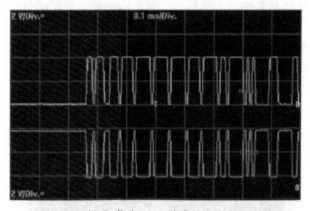

图 9-39 舒适/信息 CAN 总线的实测电压波形

由图 9-39 中所示的不同的零点可以看出，CAN-High 信号和 CAN-Low 信号彼此分开了，并且 CAN-High 信号和 CAN-Low 信号的静电平是不同的，显性电平和隐形电平交替转换。

2. 舒适/信息 CAN 总线的收发器

舒适/信息 CAN 总线的收发器如图 9-40 所示。舒适/信息 CAN 总线收发器的工作原理与驱动 CAN 总线收发器基本是一样的，只是输出电压和出现故障时切换到单线工作模式的方法不同。另外，CAN-High 导线和 CAN-Low 导线之间的短路可以由故障逻辑电路识别出来，并且在出现故障时会关闭 CAN-Low 驱动器，在这种情况下，CAN-High 信号和 CAN-Low 信号是相同的。

在正常工作模式下，由差动信号放大器进行差动数据传递，即 $U_{CAN\text{-}High} - U_{CAN\text{-}Low} = 3.6\text{V} - 1.4\text{V} = 2.2\text{V}$。这样可将故障对舒适/信息 CAN 总线的两条导线的影响降至最低（与驱动

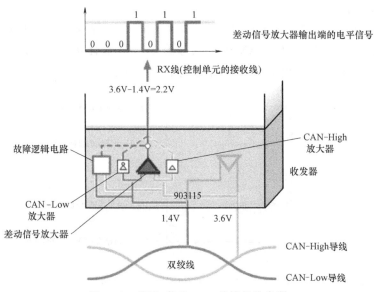

图 9-40 舒适/信息 CAN 总线的收发器

CAN 总线一样)。

3. 舒适/信息 CAN 总线的单线工作模式

舒适/信息 CAN 总线具有单线工作能力。如果因断路、短路或与蓄电池电压相连而导致两条 CAN 导线中的一条不工作了,那么舒适/信息 CAN 总线就会切换到单线工作模式。在单线工作模式下,只使用完好的 CAN 导线中的信号,这样就使得舒适/信息 CAN 总线仍可工作。同时,控制单元记录一个故障信息,系统工作在单线模式。单线工作模式下的电压波形如图 9-41 所示。

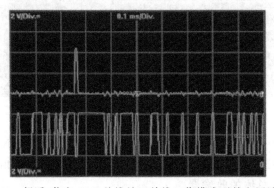

图 9-41 舒适/信息 CAN 总线处于单线工作模式下的电压波形图

4. 终端电阻(负载电阻)

在线性网络两端(相距最远的两个同心端口上),并联在一对通信线上的电阻称为终端电阻。终端电阻可以吸收网络上的反射波,有效增强信号强度。

从信号传输的角度看,连接在 CAN 总线上的控制单元相当于 CAN 导线上的一个负载电阻(只是控制单元内部装有电子元件),其阻抗取决于连接的控制单元数量及电阻阻值。

图 9-42 所示为 CAN 数据总线上的负载电阻。发动机控制单元的负载电阻为 66Ω,其他

控制单元的负载电阻均为 2.6kΩ。所有控制单元形成的总电阻约为 53~66Ω。如果关闭点火开关（切断 15 号电源），即可用万用表测量 CAN-High 导线和 CAN-Low 导线之间的电阻值。

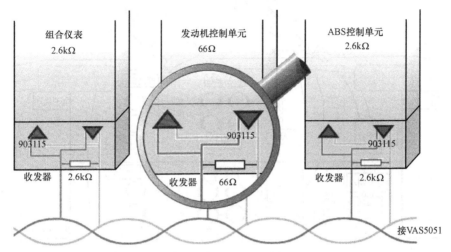

图 9-42　CAN 数据总线上的负载电阻

舒适/信息 CAN 总线的特点：控制单元内的负载电阻不是作用于 CAN-High 导线和 CAN-Low 导线之间，而是体现在每根导线对地或对 5V 之间。如果蓄电池电压被切断，那么电阻也就没有了，这时无法测出其电阻值。

9.4　其他总线系统简介

9.4.1　LIN 总线

LIN 是 local interconnect network 的缩写，意为局域互联网。LIN 总线所控制的控制单元一般都分布在距离较近的空间内（如车顶、仪表板、车门等处），因而 LIN 也称为"局域子系统"。

1. LIN 总线的应用及特点

LIN 总线在汽车上的应用领域主要有防盗系统、自适应大灯、氙气前照灯、驾驶人侧开关组件、外后视镜、中控门锁、电动天窗、空调系统的鼓风机及加热器控制等，如图 9-43 所示。

LIN 总线系统的突出特点是仅靠一根导线传输数据，是单线式总线。

2. LIN 总线系统的构成

LIN 总线系统的构成有三部分：LIN 上级控制单元，也即 LIN 主控制单元；LIN 从属控制单元，也即 LIN 从控制单元；单根导线，如图 9-44 所示。

(1) **LIN 主控制单元**　LIN 主控制单元的功能包括以下方面：

1) 监控数据传输过程和数据传输速率，发送信息标题。

2) LIN 主控制单元的软件内已经设定了一个周期，该周期用于决定何时将哪些信息发

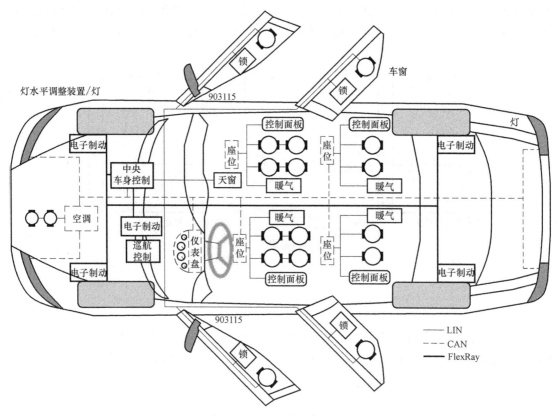

图9-43 LIN总线的应用领域

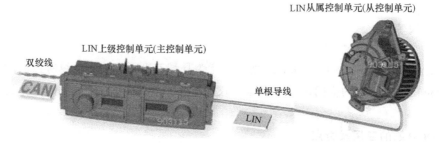

图9-44 LIN总线系统的构成

送到LIN数据总线上多少次。

3) LIN主控制单元在LIN数据总线系统的LIN控制单元与CAN总线之间起"翻译"作用,它是LIN总线系统中唯一与CAN数据总线相连的控制单元,如图9-45所示。

4) 通过LIN主控制单元进行与之相连的LIN从控制单元的自诊断。

(2) **LIN从控制单元** 在LIN数据总线系统内,单个的控制单元(如新鲜空气鼓风机)或传感器及执行元件都可看作LIN从控制单元,如图9-46所示。

LIN从控制单元等待LIN主控制单元的指令,仅根据需要与主控制单元进行通信。

为结束休眠模式,LIN从控制单元可自行发送唤醒信号。LIN从控制单元安装在LIN总线系统设备上(如空调出风口风门伺服电动机等)。

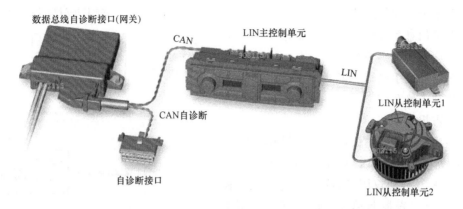

图 9-45　LIN 主控制单元实现 LIN 总线与 CAN 总线之间的连接

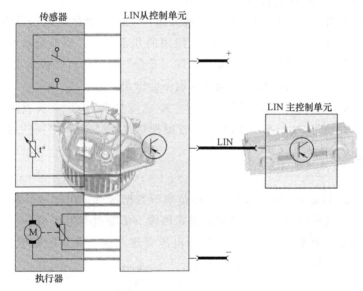

图 9-46　LIN 总线信息的单线传输

LIN 总线的数据传输速率为 1~20kbit/s，在 LIN 控制单元的软件内已经设定完毕。

9.4.2　K 总线协议

K 总线协议采用线形、单线的网络结构，数据传输速率为 9.6kbit/s。K 总线协议基于 K 总线技术，由发射器、接收器和一根单线导线构成，如图 9-47 所示。

K 总线协议在宝马车载网络系统中属于子总线系统，其用途非常广泛。K 总线协议目前用于下列系统：

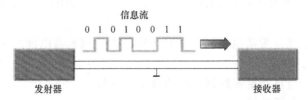

图 9-47　K 总线协议的单线数据传输

1) 多重乘员保护系统。
2) 电子信息系统控制单元（紧急呼叫）。
3) 座椅占用识别装置。
4) 车门外把手电子装置。
5) 驾驶人侧车门。
6) 防盗报警系统。
7) 多功能座椅调整操作面板（图 9-48）。

在美规宝马 E83（X3）车型的多重乘员保护系统中，K 总线协议用于多重乘员保护系统控制单元与组合仪表控制单元、灯光开关控制中心、OC3 座椅占用识别装置之间的通信。OC3

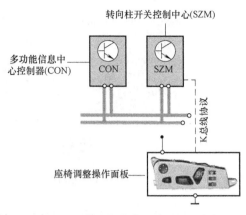

图 9-48　多功能座椅调整操作面板

座垫的电子分析装置通过 K 总线协议向多重乘员保护系统控制单元发送数据信息。如果座椅被识别为未占用，或者安装了一岁以下儿童使用的儿童座椅，则前乘员侧安全气囊停用。多重乘员保护系统控制单元激活安全气囊警告灯，安全气囊警告灯亮表示前乘员侧安全气囊停用，即便遇到撞车情况，前乘员侧安全气囊也不会膨出。

在宝马 E83（X3）全景玻璃天窗系统中，K 总线协议用于全景玻璃天窗控制单元（MDS）、灯光开关控制中心（LSZ）以及基本控制模块（GM5RD）之间的通信。

9.4.3　BSD 总线

BSD 是 bit-serial data interface 的简称，即位串行数据接口。在宝马车系中，BSD 总线属于子总线系统，采用线形结构，数据以单线形式传输，传输速率为 9.6kbit/s。

在早期生产的宝马车系中，BSD 总线用于电源管理系统，在智能蓄电池传感器（IBS）与发动机控制单元之间传输数据，实现通信，如图 9-49 所示。

1. 智能蓄电池传感器（IBS）的功能

智能蓄电池传感器（IBS）的功能主要包括以下方面：

1) 持续检测车辆各种行驶状态下蓄电池的电流、电压和电解液温度。
2) 检测蓄电池运行参数，作为计算蓄电池的充电状态（sate of charge, SOC）和蓄电池的健康状态（state of health, SOH）的基础。

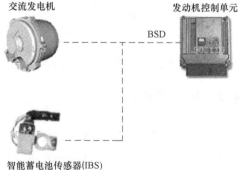

图 9-49　电源管理系统中的 BSD 总线

3) 计算蓄电池起动电流特性曲线，以确定蓄电池的 SOH，并平衡蓄电池充电/放电电流。
4) 向上级控制单元（发动机控制单元）传输数据，通报蓄电池的 SOC 值和 SOH 值。
5) 车辆休眠电流监控。
6) 故障自诊断，全自动更新控制软件和自诊断参数。
7) 休眠模式下的自醒功能。

2. 拓展的 BSD 总线功能

在近期生产的宝马车型中，BSD 的通信功能得到了进一步的拓展，除了连接智能蓄电池传感器（IBS）与发动机控制单元之外，BSD 还将机油状态传感器、发动机电动冷却液泵与发动机控制单元连接起来，如图 9-50 所示。

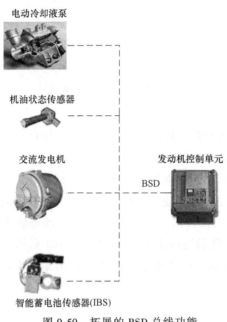

图 9-50　拓展的 BSD 总线功能

9.4.4　FlexRay 总线

1. FlexRay 简介

目前，FlexRay 总线已经成为汽车网络系统的标准，并在未来引领汽车网络系统的发展方向。FlexRay 是继 CAN 和 LIN 之后的最新研发成果，可以有效管理多重安全和舒适功能，如 FlexRay 适用于线控操作（X-by-Wire）。

由于目前通过 CAN 总线实现联网的方式已经达到其效率的极限，业界普遍认为，FlexRay 将是 CAN 总线的替代标准。FlexRay 是一种新型通信系统，目标是在电气与机械电子组件之间实现可靠、实时、高效的数据传输，以确保满足未来新的汽车网络技术的需要。

FlexRay 的最大数据传输速率为每通道 10Mbit/s，明显高于以前在车身和动力传动系统/底盘方面所用的数据总线。以前只有使用光纤才能达到该数据传输速率。

2. FlexRay 的特性

（1）冗余数据传输　在容错性系统中，即使某一总线导线断路，也必须确保数据能继续可靠传输。这一要求可以通过在第二个数据信道上进行冗余数据传输（图 9-51）来实现。

具有冗余数据传输能力的总线系统使用两个相互独立的信道。每个信道都由一组双线导线组成。一个信道失灵时，该信道应传输的信息可在另一条没有发生故障的信道上传输。

（2）确定性数据传输　FlexRay 是一种时间触发式总线系统，它也可以通过事件触发方

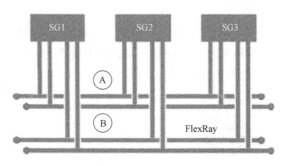

图 9-51 冗余数据传输
A—信道 1 B—信道 2

式进行部分数据传输。在时间控制区域内，时隙分配给确定的信息。一个时隙是指一个规定的时间段，该时间段对特定信息（如转速）开放。

对时间要求不高的其他信息则在事件控制区域内传输。确定性数据传输用于确保时间触发区域内的每条信息都能实现实时传输，即每条信息都能在规定时间内进行传输。

（3）**唤醒和休眠特性**　主动转向系统和 VDM（垂直动态管理系统）不通过唤醒导线唤醒，而是通过总线信号唤醒。随后通过接通供电直接由 VDM 启用四个减振器卫星式控制单元。

FlexRay 的唤醒信号曲线如图 9-52 所示，由图可以清楚地看出车辆开锁（打开车门锁）和起动时的典型电压曲线。

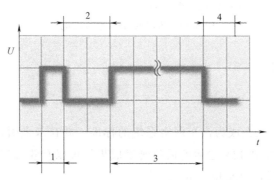

图 9-52 FlexRay 的唤醒信号曲线
1—打开车门　2—等待　3—起动　4—准备工作状态

（4）**同步化**　为了能够在联网控制单元内同步执行各项功能，需要有一个共同的时基。由于所有控制单元内部都是利用其自身的时钟脉冲发生器工作的，必须通过总线进行时间匹配。

控制单元测量某些同步位的持续时间，据此计算平均值并根据这个数值调整总线时钟脉冲。同步位在总线信息的静态部分中发送。

系统启动后，只要便携进入及起动系统（CAS）控制单元发送一个唤醒脉冲，FlexRay 上的两个授权唤醒控制单元之间就会开始进行同步化。该过程结束时，其余控制单元相继自动在 FlexRay 上注册，计算出各自的差值并进行校正。

此外，在运行期间还会对同步化进行计算校正。这样可以确保最小的时间差，从而在较长时间内不会导致传输错误。

3. FlexRay 在汽车上的应用

宝马车系 F01 车型 FlexRay 总线的拓扑结构如图 9-53 所示。根据车辆配置情况，中央网关模块（ZGM）带有一个或两个星形连接器，每个星形连接器都有四个总线驱动器。

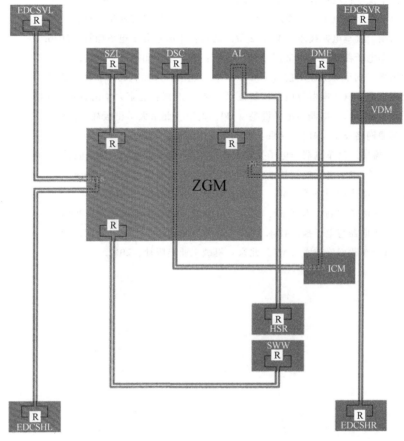

图 9-53　BMW 车系 F01 车型 FlexRay 总线的拓扑结构

AL—主动转向系统　DME—数字式发动机电子系统　DSC—动态稳定控制系统
EDCSHL—左后电子减振器控制系统卫星式控制单元　EDCSHR—右后电子减振器控制系统卫星式控制单元
EDCSVL—左前电子减振器控制系统卫星式控制单元　EDCSVR—右前电子减振器控制系统卫星式控制单元
HSR—后桥侧偏角控制系统　ICM—集成式底盘管理系统　SWW—变道警告系统　SZL—转向柱开关中心
VDM—垂直动态管理系统　ZGM—中央网关模块

思 考 题

1. 车载网络的基本原理是什么？
2. 简述 CAN 总线数据传输过程。
3. 什么是网关？网关的作用是什么？
4. 大众公司 CAN 数据总线分为哪三类？
5. CAN 数据总线为什么常用双绞线？

参 考 文 献

[1] 杨保成. 汽车电器与电子控制技术 [M]. 北京：清华大学出版社，2016.
[2] 杨保成. 汽车发动机电控技术 [M]. 北京：清华大学出版社，2018.
[3] 麻友良. 汽车电器与电子控制系统 [M]. 3版. 北京：机械工业出版社，2014.
[4] 王林超，徐刚. 汽车电控技术 [M]. 2版. 北京：中国水利水电出版社，2016.
[5] 凌永成. 汽车电子控制技术 [M]. 3版. 北京：北京大学出版社，2017.
[6] 舒华，姚国平. 汽车电子控制技术 [M]. 3版. 北京：人民交通出版社，2012.
[7] 司景萍，高志鹰. 汽车电器及电子控制技术 [M]. 北京：北京大学出版社，2012.
[8] 唐文初，张春花. 汽车电器与电子设备 [M]. 北京：北京大学出版社，2015.
[9] 凌永成. 车载网络技术 [M]. 北京：机械工业出版社，2013.
[10] 曲金玉，崔振民. 汽车电器与电子控制技术 [M]. 北京：北京大学出版社，2012.
[11] 周云山，张军. 汽车电子控制技术 [M]. 北京：人民交通出版社，2014.
[12] 于京诺. 汽车电子控制技术 [M]. 北京：机械工业出版社，2014.
[13] 何勇灵. 汽车电子控制技术 [M]. 北京：北京航空航天大学出版社，2013.
[14] 姚胜华. 汽车电器与电子控制技术 [M]. 广东：华南理工大学出版社，2010.
[15] 付百学. 汽车车载网络技术 [M]. 北京：机械工业出版社，2012.